Ursula Goldmann-Posch
Unheilige Ehen

Ursula Goldmann-Posch

UNHEILIGE EHEN

Gespräche mit Priesterfrauen

verlegt bei Kindler

Umschlaggestaltung: Werner Rebhuhn
Satzarbeiten: Compusatz GmbH, München
Druck und Verarbeitung: Freiburger Graphische Betriebe
Printed in Germany
8-1-8-9-5
ISBN 3-463-40030-8

Inhalt

I

Der Zölibat, das ungeliebte Thema 11
Der Zölibat, wie er entstand 17
Der Zölibat, was ist das? 25
Der Zölibat, die seelische Zeitbombe 34
Der Zölibat, die Tarnkappe 42

II

Der Zölibat, wie die Frauen ihn erleben 49
Es gibt nur eine Kraft, die solche Nähe und Ferne zugleich aushält: die Liebe 57
Manchmal fühle ich mich als die vom Bahnhof, Gleis 5 71
Mir geht's jetzt gut, mir geht's jetzt besser 78
Und du sitzt da und heulst innerlich 95
Du, Papi, wenn du von hier weggehst, dann dürfen wir nie dabeisein 114
Bunte Kniestrümpfe 119
Mein Heiliger Geist sah aus wie eine Möwe und die Flammen wie Edelsteine 136
Die Zeit mit Gregor ist mein Boden, auf dem ich wachse, werde und lebe 152
Auch wenn's schwerfällt, ich kann warten 164
In diesem Freiraum drohe ich mich manchmal zu verlieren 176
Ich bin heute nicht mehr diejenige, die draufzahlt 185
Mit dieser Todsünde lebe ich ganz gut 198
Bevor ich weg war, habe ich gedacht, irgend etwas macht der Jochen jetzt mit dir 207
Jetzt kann ich diese verschiedenen Teile von mir einfach leben lassen 222
Ruth, bleibe da wach und laß mich da nicht so einfach los 242

Für Martha und alle anderen Priesterfrauen,
die an diesem Buch mitgearbeitet haben.

I

»Entsprechend ihrem Wissen, ihrer Zuständigkeit und ihrer hervorragenden Stellung haben die Gläubigen das Recht und bisweilen sogar die Pflicht, ihre Meinung in dem, was das Wohl der Kirche angeht, den geistlichen Hirten mitzuteilen und sie unter Wahrung der Unversehrtheit des Glaubens und der Sitten und der Ehrfurcht gegenüber den Hirten und unter Beachtung des allgemeinen Nutzens und der Würde der Personen den übrigen Gläubigen kundzutun.«

Aus dem »Codex des Kanonischen Rechtes«,
promulgiert am 25. Januar 1983 von
Papst Johannes Paul II.

Der Zölibat, das ungeliebte Thema

Die Bibliothek eines Priesterseminars in der Bundesrepublik: Dienstag, 20 Uhr. Fünfundzwanzig Priesteramtskandidaten im zweiten Semester, junge Männer im Alter von 20 bis 23 Jahren, sind zu ihrem monatlichen Meeting zusammengekommen. Hier werden sie regelmäßig in Vorträgen auf ihr geistliches Amt eingeschworen. Mit Spannung blicken die Theologiestudenten dem Referat dieses Abends entgegen: »Priestertum und Zölibat«.

Der ehemalige Priester-Anwärter Kurt, 30, heute verheiratet und als Laientheologe tätig, erinnert sich noch genau an diese »gespenstische Sitzung«, wie er rückblickend sagt. Zwei Stunden lang sei von Paulus und vom Korintherbrief und von Jesus die Rede gewesen. Und vor allem vom Matthäus-Evangelium und dessen umstrittenem Vers 12 im 19. Kapitel. Der lautet: »Manche sind von Geburt an zur Ehe unfähig, manche sind von den Menschen dazu gemacht, und manche haben sich selbst dazu gemacht – um des Himmelreiches willen. Wer das erfassen kann, der erfasse es.« (Einheitsübersetzung)

Kurt und die anwesenden Kollegen sind keine Eunuchen, sondern vitale Männer. Der Referent hat Mühe, die Aufmerksamkeit der Seminaristen bei sich zu behalten. Doch plötzlich fällt ein Satz, der die Anwesenden aufhorchen läßt: »Auch der Priester lebt seine Geschlechtlichkeit.« Jetzt muß es also kommen, das, worauf die meisten Priesteramtskandidaten an diesem Abend gewartet haben. Eine Antwort auf die Frage: Wie sollen wir umgehen mit unserer Sexualität? Wie sollen wir sie künftig bewältigen als Priester?

Die Antwort bleibt aus. Kurt und die anderen verlassen enttäuscht die Bibliothek. Außer jeder Menge Bibelzitaten und Theologie war nichts. Kurts Fazit heute: »Seminarleiter haben eine ausgeklügelte Methode entwickelt, unangenehme Themen so weit zu verallgemeinern, bis sie sich gefahrlos beantworten lassen, ohne etwas auszusagen.«

Wie die Ehelosigkeit »um des Himmelreiches willen« zu verstehen und die Unterdrückung des Sexualtriebs zu bewerkstelligen sei, formuliert dafür treffend die bischöfliche Kommission für das kirchliche Unterrichtswesen in einem »Leitfaden für die Erziehung zum Zölibat« aus dem Jahre 1976. Da heißt es: »Die Beherrschung des sexuellen Begehrens ist eine Forderung des geistlichen Lebens in Christus. Mit Christus leiden heißt, die eigenen Leidenschaften abtöten,um sich mystisch dem Gekreuzigten gleichförmig zu machen. Es erscheint unmöglich, zugleich der Begierde zu willfahren und das Leben im Heiligen Geist zu führen.«

Mit solchen Aussagen zum Problem »Priester und Sexualität« wollen sich die Aspiranten auf das Priesteramt heute nicht mehr zufriedengeben. Freilich werden sie dabei oft brüsk von der Mutter Kirche zurückgepfiffen. Als ein Priesteramtskandidat dieses Thema in den Mittelpunkt seiner theologischen Diplomarbeit stellen wollte und zu diesem Zweck auch noch einen Fragebogen an seine Kollegen in den Priesterseminaren versandte, herrschte in Klerikerkreisen Aufregung. Der Fragebogen – »Wie stehen Sie zur Enthaltsamkeit, zur Selbstbefriedigung, zur Homosexualität, zum weiblichen Geschlecht?« – wurde von dem Seminarleiter konfisziert, die geplante Diplomarbeit vor die Deutsche Bischofskonferenz gebracht. Wenige Wochen später ließ der zuständige Professor seinem Studenten mitteilen, das Thema solle im Moment nicht weiterverfolgt werden.

So ist denn alles in bester Ordnung, zumindest oberflächlich gesehen. Daß in der Bundesrepublik bereits rund 4000 Priester des Zölibats wegen aus dem Amt geschieden sind, scheint offiziell keiner Diskussion würdig zu sein. Genausowenig wie die Amtsaufgabe der etwa 200 Geistlichen in der Schweiz, der 1000 Priester in Spanien, der 8000 in Italien, der 4000 in Brasilien, der 17000 katholischen Seelsorger in den USA oder der 8000 in Frankreich, die inzwischen geheiratet haben – mit oder ohne den Segen ihrer Kirche. Unberücksichtigt in diesen Angaben bleibt die Dunkelziffer derer, die unter Beibehaltung ihres Amtes mit einer Frau zusammenleben. Nach Schätzungen der im März 1984 in Bad Nauheim gegründeten »Vereinigung katholischer Priester und ihrer Frauen« muß man weltweit von rund 80000 Priestern ausgehen, die mit oder ohne kirchliche Erlaubnis geheiratet haben. Bei 409000 Geistlichen, die das Vatikanische Jahrbuch 1982 verzeichnet, heißt das, daß ein Fünftel des Weltklerus sich aus dem Amt in die Ehe verabschiedet hat.

Nach fünfzehn Jahren Schweigen machen katholische Priester mit und ohne Amt, unverheiratete und verheiratete, wieder mobil gegen dieses »kapitale Gesetz unserer lateinischen Kirche«, wie Papst Paul VI. den Zölibat einmal genannt hat. Vom 25. bis 31. August 1985 trafen sich die Zölibatsgegner aus aller Welt zu ihrer zweiten »Allgemeinen Synode der verheirateten Priester und ihrer Frauen« in Rom. Für Dr. Heinz-Jürgen Vogels, seit 1979 verheirateter Priester und deutsches Mitglied der Vorbereitungskommission der Anti-Zölibats-Synode, ist die Standortwahl Rom symbolträchtig: »Rom ist auf dem Grab des Apostels Petrus erbaut, der nicht nur ein verheirateter Priester, sondern – wenn man so will – ja auch ein verheirateter Papst war. Und wenn Christus die Kirche gerade einem solchen Mann anvertraut hat, und eben nicht so einem speziellen Elitemenschen wie dem Apostel Johannes, der unverheiratet war, dann muß sich Christus doch etwas dabei gedacht haben.« Dennoch sei der Tagungsort Rom keine Provokation des Vatikans. Im Gegenteil, sagt Vogels. Die Priester-Solidaritäts-Gruppen, die diese Synode ausgerichtet haben und sie auf nationaler Ebene fortführen, verstehen sich als Interessenvertretung der zur Ehe berufenen Priester. Heinz-Jürgen Vogels: »Wir sind ja nicht in die Ehe geflüchtet, sondern wir sind als Priester auch zur Ehe berufen. Wir haben es hier mit einer besonderen Art von Berufung zum kirchlichen Dienst zu tun, die es immer schon in der Kirche gegeben hat. Auch wenn diese das nicht wahrhaben will.«

Paolo Camellini, Generalsekretär des »Synodus universalis pro catholicis presbyteris coniugatis eorumque uxoribus«, so die offizielle lateinische Bezeichnung dieser Versammlung, bleibt dennoch optimistisch: »Die Tatsache, daß das Zweite Vatikanische Konzil den Stand der Ehe als ein ›Heiligungs-Mittel‹ bezeichnet hatte, kann einfach nicht mehr willkürlich für uns Priester ausgeklammert werden. Die Abschaffung des Pflichtzölibats ist de facto längst im Gange. Die gesetzliche Regelung wird nicht mehr lange hinter diesen Tatsachen herhinken.«

Wähend der Amtszeit von Papst Paul VI. (1963 – 1978) wurden rund 32000 Priester aus aller Welt laisiert, das heißt von ihrem Amt und damit von der Verpflichtung zur Ehelosigkeit entbunden. Seit 1980 spricht der Vatikan so gut wie keine Laisierungen mehr aus. Von einem »Laisierungs-Stau« in Rom ist die Rede. Es soll über einen neuen Beurteilungsmodus für dieses Verfahren nachgedacht werden. Derweilen liegen – inoffiziellen Zahlen zufolge – über 10000 Anträge auf Eis.

Viele Priester haben längst ohne päpstliche Zustimmung geheiratet. Andere suchen sich eine Nische als Akteure eines demütigenden Doppelspiels »im Konkubinat«, wie das vom kanonischen Recht genannt wird. Einige Priester aber legen Wert darauf, mit der Kirchenobrigkeit ins reine zu kommen, bevor sie heiraten. Sie warten und leiden. Und die betroffenen Frauen mit ihnen.
Doch solche Unbill interessiert Rom offenbar wenig. Professor Audomar Scheuermann, ehemaliger Ordinarius für Kirchenrecht an der Universität München, begründet diese Haltung des Vatikans: »Der Priester steht mit seinem ehelosen Leben auch im Dienst des bonum commune. Dieses steht für den kirchlichen Gesetzgeber höher als das bonum individuale, das Wohl des einzelnen, das einer sucht, wenn er seine freiwillig übernommene Verpflichtung löst.«
Man muß sich fragen, was hinter einer solchen Geisteshaltung steht. Was dies alles für die Glaubwürdigkeit einer Kirche bedeutet, die Nächstenliebe und Barmherzigkeit gegenüber jedem Menschen predigt, wird im zweiten Teil dieses Buches deutlich.
Bischöfe und Päpste haben in den vergangenen Jahrhunderten immer wieder versucht, das Thema Zölibat »abschließend« zu behandeln, um es vom Tisch zu bekommen. Freilich ohne Erfolg. Bereits nach den Beschlüssen der Laterankonzile im 12. Jahrhundert erschienen innerhalb eines Zeitraums von nur 100 Jahren weit über 1000 Schriften über Sinn und auch Unsinn des Zölibats. Nicht anders war es im 16. Jahrhundert nach dem Tridentinischen und 1965 nach dem Zweiten Vatikanischen Konzil.
Daß die Diskussion um den Zölibat gegenwärtig wieder hochgeschwappt ist, hat freilich nicht nur mit schwerwiegenden Defiziten in dessen theologischer und psychologischer Begründung zu tun. Es gibt dafür auch einen sehr pragmatischen Grund: Die katholische Kirche leidet unter einem beängstigenden Prozeß personeller Auszehrung. Im Jahr 1965 arbeiteten immerhin noch 20204 weltliche Priester in der Bundesrepublik, 1982 waren es nach Angaben des Vatikanischen Jahrbuches nur mehr 16739. Kaum anders, wenn auch nicht ganz so dramatisch, verlief die Entwicklung bei den Ordensgeistlichen. Dort sank die Zahl der Patres von 6428 im Jahr 1965 auf 5907 im Jahr 1982.
1983 gab es in der Bundesrepublik 276 Neupriester, im vergangenen Jahr waren es lediglich 238. Während die Zahl der Pfarrgemeinden und Seelsorgsbezirke (12427) seit Jahren unverändert ist,

rechnen Experten für das nächste Jahrzehnt mit einem weiteren Absinken der Priesterzahl um noch einmal rund 5000.
Schon sieht der Vorsitzende der katholischen Bischofskonferenz von England und Wales, Kardinal Basil Hume, »die Priesterweihe verheirateter Männer in bestimmten Gegenden der Welt« unausweichlich kommen, um den Priestermangel in vielen Teilen der Welt zu begegnen. Denn von den insgesamt 433089 Welt- und Ordenspriestern, die 1973 noch zur Verfügung standen, kann der Vatikan in seinen Statistiken für 1982 nur noch 408945 vorweisen. Im Jahr 1973 wurden auf der ganzen Welt 7169 junge Männer zu Ordens- oder Weltpriestern geweiht, neun Jahre später waren es nur noch 5957.
Die Zukunftsvision von den »priesterlosen Gemeinden« wird von der Amtskirche gerne auf ein modisches Schlagwort reduziert. Und das Gegenteil auch mit Zahlen belegt. Hinter dem Zweckoptimismus der Ordinariate und Generalvikariate steckt freilich ein statistischer Kniff: Kann eine Pfarrgemeinde nicht mehr vom eigenen Pfarrer versorgt werden, muß der Nachbarpfarrer einspringen und die Seelsorge mitübernehmen. In den Diözesen Limburg, Speyer und Trier wird auch schon mal ein (verheirateter) Pastoralreferent samt Familie in das leere Pfarrhaus gesetzt. Er betreut als »Bezugsperson« die Gemeinde, nimmt Wortgottesdienste, Beerdigungen und Eheschließungen vor. Nur zum Sonntagsgottesdienst, zu Taufe, Beichte und Erstkommunion reist der Priester aus der zugeordneten, nächstgrößeren Zentralpfarrei an. In beiden Fällen gelten die Gemeinden nicht als priesterlos. Eleganter läßt sich – mit Hilfe der Statistik – die dramatische personelle Situation der Kirche nicht verschleiern.
Dennoch wird auch diese Zahlenakrobatik den Rückgang der Priesterzahlen nicht mehr lange beschönigen können. Die personell starken Priesterjahrgänge kommen langsam ins Alter und sterben aus. Von unten rücken zuwenig junge Geistliche nach, um die Lücken zu schließen. Nicht zuletzt wegen der Schwierigkeiten im Umgang mit dem Pflichtzölibat. Wenig Zweifel herrscht unter den Priestern und Theologiestudenten darüber, wie mit der Zölibatsregelung verfahren werden soll. Eine unlängst vom »Arbeitskreis Zölibat« in Auftrag gegebene Umfrage unter 1500 Priestern im Erzbistum Köln ergab, daß 76 Prozent aller Befragten der Meinung waren, viele Geistliche würden ohnehin mit einer Frau zusammenleben.

Gleichgültig, von wem in den letzten Jahrzehnten eine Erhebung durchgeführt wurde, immer sprach sich eine Mehrheit gegen die Beibehaltung des Zölibats aus. 67,47 Prozent der Leser der katholischen Zeitschrift WELTBILD votierten 1970 für verheiratete Priester. 53,4 Prozent der Geistlichen des Bistums Passau waren im gleichen Jahr für die Abschaffung des Zölibats. Und bei einer Befragung Münchner Theologiestudenten im Jahr 1968 waren es 94,4 Prozent. Sogar bei der von der Deutschen Bischofskonferenz in Auftrag gegebenen Studie »Priester in Deutschland« aus dem Jahr 1970 hielten 51 Prozent es zumindest für »erwägenswert« (28 Prozent davon sogar für »notwendig«), daß die Zölibatsverpflichtung in Zukunft aufgehoben und die Entscheidung dem einzelnen überlassen wird. 16 Prozent der Geistlichen meinten, dies sei »nicht notwendig«, und 28 Prozent hielten eine Aufhebung für »unvertretbar«.
Jüngere Zahlen sind nicht mehr bekannt geworden. In den Schubladen der Deutschen Bischofskonferenz schlummert zwar Zahlenmaterial von Anfang der achtziger Jahre, die Ergebnisse sind jedoch nie zur Veröffentlichung freigegeben worden.
Der Papst und die Mehrheit der Bischöfe wollen auch künftig am »gottgeweihten Zölibat der Priester«, am »kostbaren Edelstein« (Papst Paul VI., 1. Februar 1970) festhalten. »Wir werden auch in Zukunft die Priester aus den Reihen derer berufen, die die Gnadengabe der Ehelosigkeit um des Himmelreiches willen ergreifen«, verlautbarte die Frühjahrsvollversammlung der Deutschen Bischofskonferenz zwei Wochen später, am 19. Februar 1970. Was damals noch als aktive Möglichkeit des »Ergreifens einer Gnadengabe« angeboten wurde, klingt aus dem Munde von Papst Johannes Paul II. bereits als etwas, das der Priester als Opfer über sich ergehen lassen muß: »Die lateinische Kirche wollte und will weiterhin, daß nach dem Beispiel Christi, unseres Herrn, entsprechend der apostolischen Lehre und der ganzen diesbezüglichen Tradition, alle jene, die das Weihesakrament empfangen, diesen Verzicht um des Himmelreiches willen auf sich nehmen.«
Die Tradition, die hier heraufbeschworen wird, war nie so unumstritten, wie es sich hier anhören mag. Für die Zölibatsdiskussion ist es entscheidend, die Wurzeln und das zeitgeschichtliche Umfeld zu sehen, in dem der Zölibat entstand.

Der Zölibat, wie er entstand

Nach dem Kreuzestod Jesu war die Urgemeinde verunsichert. Es gibt weder ein Neues Testament (NT) noch andere klare Anweisungen, wie es weitergehen soll. Noch ist es nicht klar, wer die »Sache Jesu« führen soll. Zunächst reisen Apostel durch das Land und werden nicht müde zu erzählen, was ihnen widerfahren ist. Doch da die Zahl der Gemeinden – dies ist im Sinne von Hausgemeinschaften zu verstehen – immer größer wird, können die zwölf Apostel bald nicht mehr überall sein. Sie beginnen ihre Erlebnisse aufzuschreiben. Markus als erster. Matthäus und Lukas folgen, schreiben wohl zum Teil von Markus ab, ergänzen aber auch eigene Erinnerungen und theologische Ansichten. Schließlich folgt – etwa gegen Ende des ersten Jahrhunderts – auch Johannes mit seinem Bericht.

Was wir heute von den vier Evangelisten kennen, hat bereits vorher in Bruchstücken existiert, Auszüge und Kurzfassungen gleichsam, für die Eucharistiefeier geschrieben.

Sowie die Gemeinden ohne die Apostel Gottesdienst feiern mußten, stellte sich natürlich auch die Frage, wer der Feier eigentlich vorstehen solle. Denn Jesus hatte keine eindeutigen Anweisungen hinterlassen, wer nun warum und durch wessen Vollmacht welches Amt übernehmen sollte. Im Gegenteil, selbst unter den Aposteln hatte er keine Hierarchie geschaffen, sieht man von persönlichen Vorlieben ab: Es gab einen Lieblingsjünger Johannes, und es gab Petrus (»Du bist Petrus, der Fels, und auf diesen Felsen will ich meine Kirche bauen«, Matthäus 16, 18). Mit anderen Worten: Jesus hat weder eine eindeutige Anweisung zum Zölibat noch zur Priesterweihe, noch zu einer kirchlich-hierarchischen Ordnung gegeben. Was auch immer Theologen, Kirchenlehrer oder Päpste aus den Evangelien herausgelesen haben wollen, es sind und bleiben Deutungen und persönliche Rückschlüsse. Zum Beispiel vom Leben der Apostel, die Jesus selbst auserwählt hatte.

Als sicher gilt: Der größere Teil der Jünger war verheiratet, hatte Beruf und Familie. Daß Petrus im Stand der Ehe lebte, bezeugt eine Stelle in der Bibel. In Matthäus 8,14 ist von seiner Schwiegermutter die Rede. Von demselben Evangelisten (im 19. Kapitel des Matthäus-Evangeliums) ist der bereits erwähnte Ausspruch Jesu,

von dem die Kirche den Zölibat ableitet: »Manche sind von Geburt an zur Ehe unfähig, manche sind von den Menschen dazu gemacht, und manche haben sich selbst dazu gemacht – um des Himmelreiches willen. Wer das erfassen kann, der erfasse es.«
Generationen von Theologen haben diesen Vers hin und her gewendet, um nachvollziehen zu können, was Jesus damit hatte sagen wollen. Als gesichert gilt heute folgende Auslegung: Wie die Eunuchen, die aus körperlichen Gründen nicht fähig zur Ehe sind, gibt es in den Augen Jesu auch Menschen, die von der Nachfolge Christi so sehr fasziniert sind, daß sie gar nicht anders können, als auf die Ehe zu verzichten. (Die ganze Passage steht in der Bibel übrigens ohne jeden erkennbaren Bezug zum Apostel- oder Priestertum.) Zweifel gibt es bis heute über die Bedeutung des Nachsatzes: »Wer das erfassen kann, der erfasse es!« Entweder will Jesus sagen: So etwas gibt es, auch wenn dies einige nicht verstehen können. Oder er meint damit: Wer diese Ehelosigkeit wegen der Faszination Gottes erfassen, verstehen kann, der soll so leben. Unausgesprochen bleibt der Nachsatz: Und wer es nicht kann, der soll eben heiraten.
Noch lange bevor es einen Pflichtzölibat gab, wurde dieser Bibeltext als Botschaft zur freiwilligen Entscheidung zwischen Ehe und Ehelosigkeit um des Himmelreiches willen aufgefaßt. Freiwillig ist der Zölibat rein formal auch heute noch. Allerdings hängt die Weihe zum Priester davon ab, daß der Kandidat dieses Versprechen »freiwillig« leistet. Wie es schließlich zu diesem unglücklichen Junktim zwischen Zölibatsversprechen und Priesteramt kommen konnte, hat vielfältige Ursachen.
In den ersten Gemeinden wäre ein eheloser Leiter der Eucharistie schlicht undenkbar gewesen. Schließlich entstammten die Mitglieder der Urgemeinden dem jüdischen Glauben und der alttestamentlichen Gedankenwelt. Dort galten Kinder – und die möglichst zahlreich – als Hinweis, daß die Gnade Gottes auf dem Mann wohnt. Kein Wunder, daß schon im alttestamentlichen Israel vor allem kinderreiche Männer zu Priestern berufen wurden. Diese Tradition fand ihre organische Fortsetzung in der urchristlichen Gemeinde. Ort der Begegnung war jeweils das Haus einer Familie. Es waren Familienväter, die aus den Apostel-Berichten und später die Evangelien vorlasen und damit der kultisch-christlichen Feier vorsitzen durften. Es ergab sich ganz automatisch, daß der Familienvorstand gleichzeitig als Vorsitzender der Eucharistie fungierte.

Diese Praxis prägte mehr und mehr das Bild des Gottesdienstleiters. Die beiden Paulus-Mitarbeiter Timotheus und Titus schrieben in ihren neutestamentlichen Briefen: »Wenn aber jemand seinem eigenen Haus nicht vorzustehen weiß, wie wird er für die Gemeinde Gottes Sorge tragen können?« (1 Tim. 2,2.4–5.12; Tit. 1,6–9) und machten damit deutlich, wie eng Familie und Eucharistie-Leitung miteinander verknüpft waren. Allerdings mit Einschränkungen.

Laut Timotheus und Titus wurde von diesen Männern verlangt, daß sie nur »der Mann *einer* Frau sein« sollten (1 Tim. 3,2.12; 2 Tim. 2,24; Tit. 1,6). Und noch etwas war zu beachten: Die strengen Regeln für den sakralen Dienst, die die ersten Christen aus der alttestamentlichen Welt mitgebracht hatten. Sie besagten, daß Geschlechtsverkehr unrein mache und deshalb am Tag und in der Nacht vor der Feier nicht vollzogen werden dürfe. Vorschriften dieser Art tauchen immer wieder in den Büchern Exodus und Leviticus auf. Dort heißt es unter anderem, daß eine Frau, die ihre Menstruation hat, als unrein gilt. Sie darf erst wieder nach genau vorgeschriebenen Waschungen am Kult teilnehmen. Und: Wer innerhalb der heiligen Zeiten mit einer Frau Geschlechtsverkehr hat, muß sich vor dem Kult Reinigungen unterziehen.

Enthaltsamkeit auf Zeit – während bestimmter heiliger Tage oder vor der Kultfeier – ist ein Relikt aus dem Alten Testament. Und das Alte Testament steht damit nicht allein da. Ähnliche Reinheitsvorschriften gab es bereits in der griechisch-hellenistischen Kultur und im Römischen Reich, wie der Dienst der jungfräulichen Vestalinnen am Heiligen Feuer zeigt. Sogar die Inkas und die Indianer hatten sich solche Regeln auferlegt.

Von daher ist es naheliegend, daß die ersten Christen sehr bald ihren eingeübten alttestamentlichen Kult-Kodex übernahmen und ebenfalls am Tag und in der Nacht vor der christlichen Eucharistie enthaltsam lebten. Mit der Zeit wurde der Gottesdienst immer häufiger abgehalten. Als man schließlich dazu überging, die Eucharistie täglich zu feiern, wurde aus der zeitlich begrenzten sexuellen Abstinenz ein Dauerzustand.

Das ist die Situation zum Ende des ersten und Anfang des zweiten Jahrhunderts. Es gibt noch immer kein einheitliches Priesterbild. Begriffe wie »Priester«, »Diakon«, »Subdiakon«, »Presbyter« werden gebraucht und wieder verworfen. Das hat seine Gründe.

Die ersten Gemeinden gingen aufgrund der Apostel-Erzählungen davon aus, daß mit der Rückkehr Jesu nahezu täglich zu rechnen war. Hatte er doch gesagt: »Und wieder eine kleine Weile und ihr werdet mich wiedersehen.« Aber die kleine Weile dauerte. Die ersten Augenzeugen starben, die Gemeinden standen vor der Frage: Wie geht es weiter?

In dieser Situation der Unklarheit und Unsicherheit, in dieser Pionierzeit mit den ersten Versuchen, so etwas wie ein Priesterbild zu formen, treten die ersten Orden auf. Bereits im Alten Testament, in der Zeit um 150 vor Christus, besaßen Einsiedeleien und monastische Gemeinschaften wie die jüdischen Essener (aramäisch: »die Frommen«) großes Ansehen und Einfluß. Sie, die den Tempel- und Opferdienst in Jerusalem für entartet hielten und sich fastend in die Wüste zurückgezogen hatten, blieben natürlich ehelos. Nun beginnen auch engagierte Christen sich zu vergleichbaren Gemeinschaften zusammenzuschließen. Sie prägen das neue Bild des Priesters, der sein sollte wie sie: asketisch, enthaltsam, vergeistigt, ein Leben nur Gott gewidmet.

Es dauert nicht lange, bis die führenden Kirchenväter der damaligen Zeit dieses Ideal aufgreifen und zum allgemeinen Priesterbild erheben. Dabei kommt ihnen entgegen, daß der Apostel Paulus in seinen Briefen nach Korinth und Rom ganz begeistert von seinem Entschluß zur Ehelosigkeit spricht, sie auch weiterempfiehlt, freilich ohne die Ehe abzuwerten. Paulus wird dadurch zum unfreiwilligen Kronzeugen der katholischen Kirche gegen den verheirateten Priester. Bis zum heutigen Tag.

Gegen Ende des 2. und während des 3. Jahrhunderts wird die Forderung nach dem Ideal der ehelos lebenden Priester immer lauter. Doch die Realität sieht anders aus. Der größte Teil des Klerus ist verheiratet. Bis hinauf in die Bischofsränge. Gregor von Nazianz, einer der großen Kirchenlehrer, ist Sohn eines verheirateten Bischofs. Auf den verschiedenen Synoden und Konzilien der frühen Kirche tauchen immer häufiger Anträge auf, die Ehelosigkeit der Priester auch lehramtlich festzuschreiben. Das erste Zeugnis für einen solchen Beschluß stammt aus dem Jahr 306 von einer Bischofssynode im spanischen Elvira. Hier bereits beginnen sich die unterschiedlichen Wege von Kirche Ost und Kirche West abzuzeichnen. Während die Verteter der lateinischen Westkirche – wie in Elvira – die totale Enthaltsamkeit der Kleriker fordern, setzt sich ab dem 4. Jahrhundert in der katholischen Ostkirche die Praxis durch, nur die Bischöfe aus den Kreisen der ehelosen Priester – meist Mönche – heraus zu wählen. Priester vor Ort dagegen dürfen verheiratet sein, allerdings »in geweihtem Zustand« nicht mehr heiraten. Wenn ihre Frau starb, war ihnen eine erneute Eheschließung verboten. Bei dieser Praxis ist es in der Ostkirche bis heute geblieben.

Im Westen dagegen häufen sich in den darauffolgenden Jahrhunderten die Entscheidungen zugunsten eines zölibatären Amtsträgers. An der Basis jedoch ändert sich kaum etwas. Zahlreiche Kirchengeschichtler – allen voran der 1973 wegen Heirat aus der Kirche ausgeschiedene Georg Denzler (»Das Papsttum und der Amtszölibat«) – berichten, daß es in den Pfarrhäusern ganz anders aussah, als es sich die Kirchenführung vorstellte. Da war der verheiratete Priester mit Kindern der Normalfall. Übrigens auch aus ökonomischen Gründen. Denn schließlich mußte irgend jemand den Lebensunterhalt des Geistlichen erwirtschaften. Also besorgten Frau und Kinder das Feld, während der Vater die Seelsorge betrieb.

Für die Gemeinden schien dies überhaupt kein Problem zu sein. Ganz anders dagegen für den Episkopat. Der suchte nämlich seit dem Ende des 4. Jahrhunderts den Zölibat noch aus einem weiteren, sehr handfesten Grund durchzusetzen. Die Kinder eines Pfarrers waren auch dessen Erben. Der Pfarrer lebte nicht zuletzt auch von dem, was ihm aus kirchlichen Pfründen zufloß. Wenn er starb, hätte der (Kirchen-) Besitz unter den Kindern aufgeteilt werden müssen. Das wollte Rom, wo sich inzwischen ein Papsttum institutionalisiert hatte, nicht mitmachen.

Da griff die Kirchenspitze zu einem radikalen Mittel und erklärte die Ehen der Kleriker für ungültig. Ein Priester solle seine Frau entweder fortschicken oder ab sofort wie ein Bruder mit ihr leben. Ein in der gesamten Kirchengeschichte ebenso einmaliger wie ungeheuerlicher Vorgang. Denn normalerweise legt die katholische Kirche sehr viel Wert auf die Feststellung, daß »der Mensch nicht trennen könne, was Gott vereint habe«, wie es bis heute in der Eheschließungsformel heißt. Karl-Heinz Vogels, der in seinem Buch »Pflichtzölibat – eine kritische Untersuchung« 1978 eine vielbeachtete Analyse zum Thema vorgelegt hat, geht angesichts dieser Vorgänge noch weiter: »Bisher für gültig gehaltene, bereits geschlossene Priesterehen wurden ›getrennt‹ und damit vor Gott bestehende Ehebande gelöst. Beides war nach damaligem und heutigem Rechtsverständnis unmöglich, weil das Recht auf Ehe ein Naturrecht ist (Gen 1,28; 2,18.24) und weil die einmal gültig geschlossene Ehe unauflöslich ist.«

Die Doppelmoral im Namen des Zölibats geht weiter. 1023 beispielsweise wird Papst Benedikt VIII. für seine Donnerpredigten gegen jene Teile des Klerus bekannt, die im Konkubinat leben oder verheiratet sind. Dabei hatten viele Priester nur nachgemacht, was ihnen Päpste durch Jahrhunderte hindurch vorgeführt hatten. Die pflegten ihre – noch dazu zahlreichen – weiblichen Bekanntschaften teilweise recht intensiv und keineswegs immer diskret.

Das 12. Jahrhundert wird entscheidend für die weitere Geschichte des Zölibats. Wie schon 600 Jahre zuvor, als es zu ersten synodalen Beschlüssen zugunsten des ehelosen Priesters gekommen war, haben die Orden Hochkonjunktur. Auf dem Stuhl Petri wechseln sich Männer ab, die aus den geistlichen Gemeinschaften stammen und ein entsprechend geformtes Priesterbild mitbringen. Angesichts der immer noch fruchtlosen Zölibats-Kampagne, der tumultartigen Protest-Aktionen auf einzelnen Regionalsynoden gegen den Zölibat, greift Papst Gregor VII. scharf durch und verbietet jeglichen Versuch, die Ehe von Priestern theologisch oder geschichtlich zu begründen. Und nun folgt ein Sperrfeuer von Konzilsentscheidungen: 1123 beschließt das Erste Laterankonzil unter Papst Calixtus II., das Eheband bei Klerikern müsse gebrochen werden. 1139 stellt das zweite Laterankonzil unter Papst Alexander II. endgültig fest: Subdiakone, Diakone oder Priesterkandidaten, die bereits verheiratet sind, dürfen keine höheren Weihen empfangen, wenn sie nicht alle Beziehungen zu ihrer Frau abbrechen. Erst seit diesem Konzil wird von den Klerikern der lateinischen Kirche nicht nur die Enthaltsamkeit von sexueller Ehegemeinschaft gefordert, sondern schlechthin der Zölibat. Aus dem Charisma, der Gabe Gottes, wie Jesus sie im Matthäus-Evangelium formuliert, ist ein juristisch-kirchlicher Strafparagraph geworden, der bis heute unverändert besteht.

Daß es soweit kam, liegt auch in der Psychologie kirchlicher Entscheidungen und an der ihrer Entscheidungsträger begründet. Wann immer sich die Vatikanische Kirchenleitung Anfeindungen von außen gegenübersah oder einzelne Positionen der Lehre nicht mehr als selbstverständlich hingenommen wurden, reagierte sie statt mit Diskussion mit Machtdemonstration: Sie schrieb die eigene Position lehramtlich fest. Als die Päpste des 11. und 12. Jahrhunderts die ganze Mißwirtschaft des Ämterkaufes, der sexuellen Ausschweifungen des Klerus und anderes sahen, reagierten sie, statt mit klarer Führung, mit der Zölibatsverpflichtung. Als im 16. Jahrhundert Martin Luther keine Reformation, sondern nur eine Reform wollte und dabei auch den Zölibat hinterfragte, war die Reaktion nicht anders: Das Tridentinische Konzil klopfte das Zölibatsgesetz nur noch fester. Nach demselben Schema lief auch die Zölibatsdiskussion auf dem Zweiten Vatikanischen Konzil in den sechziger Jahren ab: Zwar war in aller Welt bereits mit einer Lockerung des Zölibats gerechnet worden, doch einmal mehr setzten sich dessen Befürworter durch.

Im Vorfeld des Konzils hatten zahlreiche Bischöfe und Kardinäle ihre Bereitschaft erkennen lassen, über die Zölibatsverpflichtung nachzudenken. Im zuständigen Konzilsarbeitskreis waren die Gespräche offensichtlich sogar soweit gediehen, daß bei der angesetzten Abstimmung der Fall des Zölibatsgesetzes für möglich gehalten wurde. Doch ohne Angabe von Gründen wurde die Abstimmung von den Zölibats-Anhängern und Papsttreuen abgesetzt. Mit anderen Worten: Eine Entscheidung über ein Problem, das die Existenz der Kirche berührt, fand nicht statt. Und das, obwohl die gleichen Konzilsväter im Text des Dokuments »Priester – Dienst und Leben« einräumten, daß die »vollkommene und ständige Enthaltsamkeit um des Himmelreiches willen... nicht vom Wesen des Priestertums selbst gefordert ist, wie die Praxis der frühesten Kirchen und die Tradition der Ostkirchen zeigen« (Artikel 16). Dennoch, heißt es weiter, »sei der Zölibat in vielfacher Hinsicht dem Priestertum angemessen«. Durch die »Jungfräulichkeit und die Ehelosigkeit um des Himmelreiches willen werden die Priester in neuer und vorzüglicher Weise Christus geweiht; sie hangen ihm leichter ungeteilten Herzens an, schenken sich freier in ihm und durch ihn dem Dienst für Gott und die Menschen, dienen ungehinderter seinem Reich und dem Werk der Wiedergeburt aus Gott und werden so noch mehr befähigt, die Vaterschaft in Christus tiefer zu verstehen.«

In diesem langen, inhaltsschwangeren Passus sieht Heinz-Jürgen Vogels den entscheidenden Ansatz zur Lösung des Zölibatsproblems. »Die Konzilsväter haben ausdrücklich vermieden zu schreiben, ›hangen ihm leichter *und* ungeteilten Herzens an‹, weil das bedeutet hätte, daß man in der Ehe Christus *nicht* ungeteilten

Herzens anhängen und ihm dienen könne.« Das Hauptgebot, »Gott mit ganzem Herzen zu lieben, richtet sich aber an alle Menschen«, folgert Vogels weiter. »Wer die Ehe als Sakrament ernst nimmt, in ihr also ein ›Heiligungs-Mittel‹ erkennt, wie es das Zweite Vatikanum bestätigt hat, der muß ihr auch die Fähigkeit zugestehen, einen Priester zu heiligen.« Somit ist ein ausgelassenes »und« für den verheirateten Priester Heinz-Jürgen Vogels der Silberstreif am Horizont der Diskussion um den Zölibat. Vogels: »Würden die Konzilsväter aus ihrem bewußt oder unbewußt weggelassenen ›und‹ die Konsequenzen ziehen, hieße das einzugestehen: Auch ein Priester kann durch eine Ehe geheiligt werden. Auch verheiratete Priester können ganz für Gott da sein.«

Der Zölibat, was ist das?

Seit fast 800 Jahren existiert der Zölibat in der heutigen Form, ohne jede Änderung. Daß es dazu auch in absehbarer Zeit nicht kommen wird, haben seit dem Zweiten Vatikanischen Konzil Päpste und Bischöfe immer wieder deutlich gemacht. Zunächst Papst Paul VI. mit seiner Enzyklika »Sacerdotalis caelibatus« 1967, dann Papst Johannes Paul II. in jedem der traditionellen Gründonnerstags-Briefe an die Priester sowie auf allen seinen Auslandsreisen. Auch die deutschen Bischöfe weisen häufig auf den Zölibat hin – auf der Gemeinsamen Synode der Bistümer in der Bundesrepublik Deutschland, in Hirtenbriefen und Rundschreiben an den Klerus. Was sich da nach 2000 Jahren Christentum als Zölibat präsentiert, scheint denn auch allen historischen Zweifeln zum Trotz ein fest gefügter monolithischer Block zu sein, unangreifbar, ein Prestige-Objekt der katholischen Kirche. Was ist der Zölibat theologisch gesehen nun genau?
Der junge Mann, der katholischer Priester werden will, empfängt etwa zwei Jahre vor seiner Priesterweihe die Weihe zum Diakon, durch die er zum Kleriker wird. Voraussetzung für den Empfang dieser »höheren Weihe« ist, daß der junge Mann feierlich vor dem Bischof und der Gemeinde gelobt, daß er bereit ist, freiwillig den Zölibat zu übernehmen. Wer dieses Versprechen nicht abgibt, wird von der katholischen Kirche nicht zum Priester geweiht. Damit ist der Zölibat rein formal freiwillig. Denn – so argumentieren die Kirchenrechtler – es ist ja niemand gezwungen, Priester zu werden. Er kann ja auch als (ungeweihter) Laie Jesus nachfolgen. Tatsächlich ist die Kirche aufgrund ihrer Stellung berechtigt, einen entsprechenden freiwilligen Verzicht von ihren Priestern zu fordern. Dies hat der Staat durch die Anerkennung der Eigengesetzlichkeit der Kirchen akzeptiert. Deshalb regelt der reformierte Codex Iuris Canonici (CIC), das vom 1. Adventsonntag 1983 an verbindliche Gesetzbuch der lateinischen Kirche, alle Fragen des Zölibats und der Verstöße gegen das Versprechen.
Der alte Gesetzestext von 1917 – damals Canon 132, Paragraph 1 – war vor allem darauf überprüft worden, ob in der juristischen Umschreibung noch der charismatische Grundgedanke des Zöli-

bats durchscheint. Professor Audomar Scheuermann: »Der Canon 277, in dem heute die Zölibatsverpflichtung festgelegt ist, wurde deswegen wortreicher formuliert, um die Theologie der Evangelischen Räte, von denen die Ehelosigkeit um des Himmelreiches willen ja einer ist, sichtbar zu machen.« Teile dieses Canons erinnern stark an den bereits zitierten Konzils-Text: »Die Kleriker sind gehalten, vollkommene und immerwährende Enthaltsamkeit um des Himmelreiches willen zu wahren; deshalb sind sie zum Zölibat verpflichtet, der eine besondere Gabe Gottes ist, durch welche die geistlichen Amtsträger leichter mit ungeteiltem Herzen Christus anhangen können und sich freier dem Dienst an Gott und den Menschen widmen können.«

Bis zur Neufassung stand auf einen Verstoß gegen diese Grundregel die schwerste Kirchenstrafe: die Exkommunikation. Das hat sich geändert. Seit 1983 sind Kleriker eo ipso suspendiert und dürfen keine priesterlichen Handlungen mehr vornehmen.

Heinz-Jürgen Vogels kommentiert diese Neuregelung aus seiner Sicht: »Wir verheirateten Priester sehen in dieser Korrektur eine Unsicherheit des Gesetzgebers in der Beurteilung des Straftatbestandes. Viele von uns sprechen bereits von einem ersten Schritt auf eine völlige Änderung und Abschaffung des Zölibats hin.«

Die kirchliche »Strafverfolgung« abtrünniger Zölibatärer setzt ohnehin nicht sofort ein. Professor Scheuermann: »Die unerlaubte Beziehung eines Priesters zu einer Frau ist Sünde und kirchenrechtlich strafbar, wenn das Vergehen erwiesen ist (Canon 1395 § 1). In diesem Fall wird der kirchliche Obere vor einer Bestrafung an das Verantwortungsgefühl des Priesters appellieren und etwa zunächst eine Verwarnung aussprechen. Erfolgt jedoch ein ›öffentlicher Akt‹, nämlich eine zivile Eheschließung, bedarf es keines Nachweises mehr; vielmehr ist der Priester eo ipso suspendiert, das heißt, er darf keine priesterlichen Handlungen mehr vornehmen; diese Strafe kann durch weitere Verfügungen verschärft werden (Canon 1394 § 1). Solche Eheleute gelten als ›öffentliche Sünder‹, die von der Eucharistie ausgeschlossen sind (Canon 915). Sie können, solange die unzulässige Verbindung besteht, in der Beichte nicht von den Sünden losgesprochen werden. Früher war dieses Vergehen mit der schwersten Kirchenstrafe, nämlich der Exkommunikation, belegt worden.«

Mit anderen Worten: Leben ein Priester und eine Frau in »wilder Ehe« zusammen, mag dies moralisch vielleicht verwerflich sein, kirchenrechtlich interessant aber wird es erst dann, »wenn das Vergehen erwiesen ist«. Will das Paar den beklagenswerten Zustand des »Konkubinats« beenden und – in Ermangelung einer kirchlichen – eine zivile Eheschließung versuchen, gilt dies als »öffentlicher Akt« mit den beschriebenen Konsequenzen. Ein deutscher Theologieprofessor, seit 15 Jahren mit einer Frau liiert, kann denn auch aus Erfahrung berichten: »Es gibt Bischöfe, die geben dem betroffenen Priester sogar noch den Rat, er sollte doch einfach so mit seiner Frau zusammenleben. Er, als Bischof, würde das tolerieren. Nur im Falle einer Ehe sähe er sich gezwungen, Maßnahmen zu ergreifen.« Vielfach gehe es nur mehr darum, die Ordnung aufrechtzuerhalten, meint dieser Theologe. »Wenn das System als solches gewahrt bleibt, kann man im Einzelfall sehr viele Ausnahmen zulassen. Das finde ich schlimm. Ich habe manchmal den Eindruck, daß die Kirche nur noch eine Institution zur Aufrechterhaltung des Zölibats und der Ordnung ist.«

Dem Priester, der diese Gratwanderung zwischen stillschweigender Tolerierung und illegalem Zusammenleben nicht mitmachen will, der ganz offen seine Partnerschaft leben will, heiraten möchte, und das mit dem Segen der Kirche, dem bleibt nur eine Möglichkeit. Leider die mit den wenigsten Aussichten: Der Priester muß seinem Bischof einen Antrag einreichen mit der Bitte, in den Stand eines Laien zurückversetzt zu werden. Im bischöflichen Ordinariat oder Generalvikariat wird das Anliegen geprüft und an die Glaubenskongregation im Vatikan weitergeleitet. Dort erfolgt eine weitere Prüfung, bevor der Präfekt der Glaubenskongregation den Fall dem Papst vorträgt. Der allein entscheidet. Erst wenn vom Papst ein »Ja« kommt, ist der Priester von seinen Amtspflichten entbunden. In einem – formal getrennten, aber meist gleichzeitigen – zweiten Akt kann der Papst den Priester auch vom Zölibat entbinden. Dann darf dieser auch kirchlich heiraten.

Aber Priester bleibt er Zeit seines Lebens. Die katholische Kirche geht nämlich davon aus, daß mit dem Sakrament der Priesterweihe dem Kandidaten ein sogenanntes unauslöschliches Merkmal (character indelebilis) eingeprägt wurde. In der Theologie wird von einem »der vernunftbegabten Seele eingeprägten Unterscheidungszeichen« gesprochen, mit dem der Mensch, der sich freiwillig in den Dienst Gottes stellt, von diesem gleichgestaltet wird. Christus nimmt den Menschen, der sich für ihn entscheidet,

in seinen Dienst und baut mit ihm die Kirche als sichtbare Kult- und Gnadengemeinschaft auf. Sie ist damit – im Verständnis der Theologie – letztlich von Christus selbst konstituiert (und zwar ständig neu, weil immer wieder Priester berufen werden). Ein Gedanke, der in dem Bild von Christus als Bräutigam und der Kirche als seiner Braut zum Ausdruck kommen soll. Diese bildhafte Parallele ist freilich nicht zufällig gewählt. Professor Audomar Scheuermann: »Wir müssen aufgrund unserer theologischen Überzeugung und des Neuen Testaments von den Menschen verlangen, daß sie an ihrer Ehe festhalten. Wenn jetzt den Priestern gestattet wird, daß sie relativ leicht aus ihrer Beziehung zur Kirche und zu Gott entlassen werden können, ist das dem Laien mit Recht unverständlich. Denn beides – Ehe und Priesterweihe – sind Sakramente. So wenigstens sieht es der Laie.«
Das dürfte ein wesentlicher Grund dafür sein, warum die Kirche die Reform des Zölibats immer noch auf die lange Bank schiebt: Ehe und Priesterweihe sind als Sakramente unauflöslich. Wird die Priesterweihe und der damit verbundene Zölibat widerrufbar, könnten – fürchtet die Kirche – morgen Hunderttausende von Eheleuten die Lösung ihrer Ehe fordern.
Weil dies aber nicht möglich sein soll, gibt es im Kirchenrecht nur einen Weg, Ehe wie Priesterweihe für »nichtig«, das heißt, für erst gar nicht zustande gekommen erklären zu lassen. Professor Scheuermann: »Dies ist möglich, wenn jemand nachweisen kann, daß er die Weihe unfrei oder in einem Zustand sittlicher Unreife empfangen hat.« Das müssen dann psychiatrische oder psychologische Gutachter entscheiden.
Die kirchenrechtliche Theorie ändert aber nichts an der Tatsache, daß der Papst derzeit solche Dispensen ohnehin nur in Ausnahmefällen gewährt. Erschwert diese römische Praxis nicht – zusätzlich zu allen anderen theologischen und historischen Zweifeln – eine positive Würdigung des Zölibats? »Nein, sicher nicht«, erklärt Professor Scheuermann. »Papst Paul VI. hatte 1963 eine etwas entgegenkommendere Disziplin eingeführt. Davon war ich nie sehr angetan. Denn damit wurde den Klerikern auch ein schlechter Dienst erwiesen. Nur wenn ein Kleriker davon überzeugt ist, daß er eine Pflicht übernommen hat, die er nicht so leicht abschütteln kann, macht er in einer Krise alle moralischen Energien mobil. Aber eben nur, wenn er weiß, daß er von der Bindung nicht so leicht gelöst wird.«

Abschreckung durch Aussichtslosigkeit. Damit es gar nicht erst soweit kommt, mahnt das Kirchenrecht schon vorab, sich »mit der gebotenen Klugheit gegenüber Personen zu verhalten, mit denen umzugehen die Pflicht zur Bewahrung der Enthaltsamkeit in Gefahr bringen oder bei den Gläubigen Anstoß erregen könnte« (CIC Canon 277 § 2). Und: »Dem Diözesanbischof steht es zu, darüber eingehendere Normen zu erlassen und über die Befolgung dieser Pflicht in einzelnen Fällen zu urteilen« (§ 3). Es lohnt sich, diese Formulierungen genauer zu lesen: Entscheidend ist, ob die Gläubigen Anstoß nehmen. Unwichtig ist offensichtlich, was objektiv für eine Beziehung vorliegt. Der Priester einer Gemeinde im Süden der Bundesrepublik, der sich einige Zeitlang menschlich und pastoral besorgt um die noch junge Mutter kümmerte, die mit zwei kleinen Kindern nach dem Unfalltod ihres Mannes alleinstand, mußte sich dann auch wenig später vor seinem Bischof rechtfertigen. Pflichtbewußte Gemeindemitglieder hatten dem Oberhirten die vermeintlichen Zölibatsverstöße ihres Pfarrers hinterbracht. Der Bischof schenkte den – anonymen (!) – Schreibern Glauben. Wer als Geistlicher mit dem Kirchenrecht Ernst machen will, tut demnach gut daran, sich der besonders intensiven Seelsorge an jüngeren Frauen zu enthalten, damit kein Verdacht aufkommt. In der Priestererziehung wird dieser Punkt bis heute besonders betont. So unglaublich es klingen mag, noch im Jahre 1984 wurde den Priesteramtskandidaten einer bundesdeutschen Diözese geraten, im pastoralen Gespräch darauf zu achten, daß zwischen ihnen und einer Frau stets ein Möbelstück steht.

Angesichts solcher Verkrampfungen, die in dieser extremen Form Einzelfälle sein mögen, ist es kaum verwunderlich, daß seit dem Zweiten Vatikanischen Konzil die Zölibatsdiskussion immer noch nicht verebbt ist. Nicht zuletzt deshalb, weil es neben historisch-theologischen Zweifeln auch Defizite an überzeugenden Pro-Argumenten gibt. Neben dem rein praktischen Hinweis, der Priester könne als Unverheirateter den Anforderungen seines Amtes besser entsprechen (als Gegenbeispiel seien Ärzte, Journalisten, Schichtarbeiter und andere Berufsgruppen genannt), verweisen Befürworter vor allem auf die Symbolwirkung des Zölibats. Professor Johannes Gründel, Moraltheologe an der Universität München: »Der Zölibat als frei gewählte Ehelosigkeit um des Reiches Gottes willen trägt eschatologischen Charakter, das heißt, er ist in

dieser unserer Welt ein Zeichen dafür, daß gelebte Ehe und sexuelle Erfüllung ›nicht alles‹ sind; sie werden angesichts der endzeitlichen Erfüllung des Menschen in Gott relativiert. Zudem kann gerade für junge Menschen, die in einer ihnen schicksalhaft zukommenden Ehelosigkeit leben müssen, aber auch für die, deren Ehe gescheitert ist, durch die frei gewählte Ehelosigkeit angedeutet werden, daß auch ein eheloses Leben sinnvoll und erfüllend sein kann, wenn es entsprechend motiviert und um einer Aufgabe willen gelebt wird. Wer diese Lebensform wählt, muß sich prüfen, ob er auch die rechte Motivation besitzt. Bequemlichkeit oder gar Minderbewertung von Sexualität und Ehe wären ein nicht zu verantwortendes Motiv. Es geht um den Einsatz für den Dienst am Reiche Gottes, um eine größere Freiheit und darum, mit diesem frei gewählten Verzicht ein Zeichen zu setzen für die Relativität aller irdischen Werte. Dabei dürfen die menschliche Bereitschaft und Fähigkeit zu Partnerschaft und Liebe nicht verkümmern.«
Sehr häufig verkümmern sie aber doch. Und dann verkehrt sich die Zeugniskraft des Zeichens ins Gegenteil. Auch das theologische Standardwerk »Lexikon für Theologie und Kirche« (LThK) schreibt mit durchaus zweifelndem Unterton: »Die aktuelle Fragestellung beachtet die christlichen Traditionswerte des Zölibates und seine im Gesellschaftswandel der Gegenwart liegende Gefährdung. Seit der allgemeinen Aufwertung des Sexuellen werden Enthaltsamkeit und Zölibat minder geschätzt, der oft falsch verstandene Begriff der vollkommenen Keuschheit abgelehnt. Zudem zeigen religionssoziologische Daten, daß das Zeugnis der christlichen Ehe vielerorts stärker anspricht denn das des Zölibates. Wenn der Zölibatäre jedoch Strahlkraft besitzt, und wenn seine Hingabe die Liebe Gottes verdeutlicht, wird er bejaht, auch beneidet. Ist er aber menschlich zurückgeblieben, so ›beweist‹ er gegen den Zölibat.«
Tatsächlich bezweifeln nicht zuletzt auch Theologen die Zeugniskraft des Zölibats. Professor Norbert Greinacher, Pastoraltheologe an der Universität Tübingen: »Ich gehe auch davon aus, daß es so etwas wie eine Krise im sexuellen Verhalten gibt. Frühere sittlich-gesellschaftliche Selbstverständlichkeiten sind aufgehoben. Ich beobachte so etwas wie einen sexuellen Konsumismus. Aber ich bin deshalb noch lange nicht davon überzeugt, daß in dieser Atmosphäre der Pflichtzölibat überhaupt beachtet wird, geschweige denn eine wegweisende Rolle spielen könnte.«

Solche Zweifel hegen im übrigen auch die in der Seelsorge stehenden Priester, wie die bereits zuvor erwähnte Bischofs-Enquête von 1970 zeigt. Mehr als die Hälfte plädierte zumindest für eine Überprüfung der Aufhebung des Zölibats. Daß dieser Wunsch vor allem von den Geistlichen in der Praxis kommt, also von jenen, die die Glaubwürdigkeit ihres Zeugnisses besonders konkret erleben, sollte zu denken geben. Professor Norbert Greinacher ist denn auch überzeugt: »Der Pflichtzölibat spielt in der heutigen Pastoral eine negative Rolle. Ich glaube nicht, daß er noch eine großartige Zeugnisfunktion hat. In einer Gesellschaft, in der Ehe und Verheiratetsein für Mann und Frau mehr oder weniger selbstverständlich sind, was ja nicht immer so war, hat die Ehelosigkeit ihren Hinweischarakter auf das Reich Gottes verloren. Der Priester wird als ein Exot angesehen, als ein Mann, der eben diesen Hinweis auf das Reich Gottes nicht mehr erbringt.«

Fazit: Die Kirche müßte flexibel sein, um in einer sich wandelnden Gesellschaft die Zeugnisfunktion aufrechterhalten zu können. Professor Franz Böckle, Moraltheologe an der Universität Bonn, forderte deshalb schon vor etlichen Jahren eine Einstellungsänderung. Bisher gehöre das »Ausharren in der freigewählten Lebensform sozusagen zur Substanz des Zölibats«. Richtiger müßte dagegen die Entscheidung des einzelnen zugunsten des Priestertums als »unkündbare« Entscheidung für Christus, »aber nicht unkündbar für eine bestimmte Zeugnisform« verstanden werden. Ein Priester könne – so Böckle weiter – sogar »in der Treue zur Sache Christi verpflichtet sein, seine Entscheidung zu ändern, falls er erkenne, daß der Adressat einer anderen Zeugnisform besser glaube oder daß für ihn selbst eine bestimmte Form nicht die richtige sei«.

Damit hat diese theologisch-soziologische Reflexion ein Zölibatsverständnis zutage gefördert, bei dem der Zölibat letztlich nicht mehr als Verpflichtung nötig ist. Professor Johannes Gründel: »Ich glaube, daß der Zölibat als bewußt gelebtes Zeichen auch und gerade heute in der übersexualisierten Atmosphäre unserer Zeit seine Zeichenhaftigkeit wiedergewinnen und erhalten kann. Die sogenannten Evangelischen Räte der Armut, der Ehelosigkeit oder Jungfräulichkeit und des Gehorsams gelten nicht nur für den Stand der Ordensleute, sondern in irgendeiner Weise auch für jedes Christsein: Es geht um ein rechtes Verhältnis (und auch eine

gewisse Distanz) zum Besitz, zur Ehe und zur Eigenentscheidung bzw. zum Gehorsam. Mit ›Jungfräulichkeit‹ ist eine Grundhaltung und Bereitschaft gemeint, sich mit seinem Leben ganz in die Nachfolge des Herrn zu begeben. Eine solche Bereitschaft sieht für den Verheirateten anders aus als für den, der in frei gewählter Ehelosigkeit lebt, und wieder anders für den, der in schicksalhaft zugewiesener Ehelosigkeit leben muß. Für jeden Menschen ist gefordert, sich um eine rechte Haltung gegenüber der eigenen geschlechtlichen Prägung und gegenüber dem anderen Geschlecht zu bemühen. Eine solche Bereitschaft zur rechten Gestaltung der Geschlechtlichkeit wird mit dem heute oft nicht mehr recht verständlichen Wort ›Keuschheit‹ beschrieben.«
Ehefrau, Ehemann und Priester sollen also die rechte Einordnung ihrer Geschlechtlichkeit anstreben und so leben, daß sie über die irdische Wirklichkeit hinaus auf Gott hin orientiert sind. Ein solches Zeugnis wäre auch vom verheirateten Priester möglich. Bedarf es dazu des Zölibats?
»Nein, das ist richtig«, räumt Moraltheologe Gründel ein. »Mit dem Priestertum ist keineswegs von vorneherein notwendig Ehelosigkeit verbunden. Das Neue Testament berichtet, daß Petrus – und wohl auch der größteTeil der anderen Apostel – verheiratet waren. Insofern ist der Zölibat keine biblische Forderung. In der Ostkirche gibt es den verheirateten Priester. In der römisch-lateinischen Kirche wird – etwa bei der Konversion eines evangelischen Theologen – unter Umständen auch die Priesterweihe gespendet unter Beibehaltung der schon geschlossenen Ehe des Betreffenden. Das Ehepaar, das wirklich personale Liebe und Treue lebt, gibt ein Zeugnis dafür, wie radikal Liebe zu verstehen ist. Der Unverheiratete, der freiwillig auf die Ehe verzichtet, gibt seinerseits ein Zeugnis dafür, daß eben um des Reiches Gottes willen auch hohe Werte hintangestellt werden dürfen!«
Und dennoch bleibt die Frage, ob eine Einheit von glaubwürdig gelebtem Priestertum und glaubwürdig gelebter Ehe nicht doch als ein sehr viel prägnanteres Zeugnis für die Wirklichkeit Gottes empfunden würde. Das bestätigen nicht zuletzt die bereits vorliegenden Erfahrungen der (meist verheirateten) Gemeindereferenten oder Pastoralassistenten. Professor Gründel: »Die Lebensweise von verheirateten Gemeindereferenten oder Gemeindeassistenten könnte in der Tat ein echtes Modell dafür sein, daß es neben dem unverheirateten Priester auch verheiratete Priester in der

Seelsorgsarbeit gibt. Es zeigt sich durchaus, daß in der Ehe lebende Gemeindereferenten bei schwierigcn Lebenslagen eher als Gesprächspartner gesucht werden, weil sie aus eigener Erfahrung heraus sich auch besser in die Alltagswelt der Gläubigen einfühlen können.«

Der Zölibat, die seelische Zeitbombe

Bedauernd stellt das »Lexikon für Theologie und Kirche« fest, daß unter den »jugendlichen Anwärtern für das Priestertum«, die das Ziel der Weihe erreichen, auch solche mit Versorgungsdenken seien. Gelegentlich würden sogar »pathologische Berufswahlmotive (latente Homosexualität, Pädophilie: nicht selten in einer extremen Mutterbindung wurzelnd)« eine Rolle spielen. »Da vitale Naturen zu häufig ausscheiden«, heißt es in dem Text, »bleibt zu überlegen, wie sich eine solche Kontraselektion vermeiden läßt.« Normalerweise ist der Priesteramtskandidat zwischen 24 und 26 Jahre alt, wenn er sein Theologiestudium abgeschlossen hat und nun als Voraussetzung für seine Weihe die Zölibatsverpflichtung übernehmen soll. Nur jeder 20. Priester, zeigte die Umfrage der Deutschen Bischofskonferenz, hatte vorher einen anderen Beruf und kam später zum Beruf des Geistlichen. Die Regel ist also, daß noch relativ junge Männer eine für den Rest ihres Lebens bindende und zugleich eher außergewöhnliche Entscheidung treffen müssen, die der menschlichen Natur nicht unbedingt entspricht. Kann man davon ausgehen, daß in diesem Alter eine solche Entscheidung wirklich bewußt und von einer affektiv gereiften Persönlichkeit gefällt wird? Theologen und Psychologen sind da unterschiedlicher Meinung. Professor Johannes Gründel: »Es ist sicherlich eine riskante Entscheidung. Aber der Entschluß zu heiraten, den junge Männer und Frauen ebenfalls in diesem Alter treffen, ist nicht minder riskant, wenn Ehe wirklich als personale Lebensgemeinschaft bis zum Tod verstanden wird.« Für den Psychologen dagegen ist dieser Vergleich nicht zulässig. Die Ehe entspricht mehr der menschlichen Natur, deshalb muß beim Zölibat von einer in jeder Hinsicht ungewöhnlichen Entscheidung ausgegangen werden. Professor Erwin Ringel, Leiter des Instituts für Medizinische Psychologie am Allgemeinen Krankenhaus Wien, ist überzeugt: »Man kann nicht sagen, daß diese sehr tiefgreifende Entscheidung von einer wirklich ausgereiften Persönlichkeit getroffen wird. Im Gegenteil: Es ist vielmehr zu befürchten, daß diese jungen Männer gar nicht vollständig erfassen, zu was sie sich da verpflichten. Daß sie in einer Begeisterung und damit in einem psychologisch eingeengten Zustand das Opfer, das sie bringen sollen, bei weitem unterschätzen.« In der 1978 verabschiedeten »Rahmenordnung für die Priesterbildung« sind die »menschlichen Qualitäten« festgelegt, die auf eine »Eignung für den Priesterberuf« schließen lassen. So gehören zur »sittlichen und affektiven Reife« Eigenschaften wie »Gewissenhaftigkeit, Verantwortungsbewußtsein und Entscheidungsfähigkeit, innere Beständigkeit und Treue, Gerechtigkeitssinn und Aufrichtigkeit«. Aber auch »Belastbarkeit bei Schwierigkeiten, Kritik, Enttäuschungen und Einsamkeit« sind gefragt. An letzter Stelle dieses Eignungs-Katalogs steht die Forderung nach einer »integrierten Geschlechtlichkeit mit geordneter sexueller Triebhaftigkeit und gefestigter Keuschheit«.

Die Amtskirche geht davon aus, daß diese persönliche Reifung und die sich daraus ergebende »integrierte Geschlechtlichkeit« im Alter von 25 Jahren, zum Zeitpunkt der Zölibatsentscheidung, bereits gegeben ist. Das mag auch der Grund sein, warum Priesteramtskandidaten während ihrer Seminar- und Konviktzeit so gut wie keine psychologische Hilfestellung zur Entscheidungsfindung bekommen. In den bundesdeutschen Seminaren (und wahrscheinlich auch in denen anderer Länder) wird die alte Feindschaft Psychologie – Theologie gepflegt. Die Mitglieder der jeweiligen Hausleitung sind zwar durch ein solides Theologie-Studium gegangen, doch nur wenige haben sich darüber hinaus und wenn, dann freiwillig und amateurhaft, Kenntnisse in psychologischen Fragen und Aspekten der Menschenführung angeeignet. Der junge Priesteramtskandidat, der vor dem Problem steht, ob er sich den Zölibat zutrauen soll oder nicht, wird mit seinen Fragen alleingelassen, wenn nicht sogar vom Gruppendruck mitgerissen. Noch verständlicher wird das, wenn man sich die Atmosphäre der Theologenkonvikte und Priesterseminare vorzustellen vermag, in denen bis zu hundert junge Männer auf engstem Raum leben, die sich zum Priester berufen fühlen. Da ist für individuelle Fragen und Eigenheiten kaum Platz. Es ist leichter, im Strom mitzuschwimmen, als eigenen Freiraum zur wirklichen Erprobung seiner Bedürfnisse zu beanspruchen.

Dieser Umstand wird überdies durch die äußere, soziale Situation eines Priesteramtskandidaten verstärkt: Was soll er denn beruflich machen, wenn er kurz vor der Weihe aussteigt? Dann ist er Mitte Zwanzig, hat ein abgeschlossenes Studium hinter sich, mit dem er kaum etwas anderes anfangen kann. Lehrerstellen sind rar, und

kirchlicherseits wird man ihm kaum entgegenkommen. Einige Diözesen in der Bundesrepublik weigern sich ganz offiziell, Ex-Priesteramtskandidaten in anderen Berufen einzustellen. Bei diesen Aussichten ist es verständlich, wenn Bedenken wegen eventueller sexueller Defizite bereits im Keim verdrängt werden.
Daß es Mangelzustände, auch Opfer im Leben eines Priesters geben könnte, wird von offizieller kirchlicher Seite zugestanden. Tiefenpsychologisch angehauchte Theologen erinnern in diesem Zusammenhang daran, daß die sexuellen Triebenergien sublimiert, auf andere Lebensbereiche gelegt werden sollten, um sie dort verstärkt nutzbar zu machen. Dabei wird häufig von einem vollkommen falsch verstandenen Begriff der Sublimierung ausgegangen. Professor Ringel: »Sublimierung im ursprünglichen Sinne bedeutet, daß ich zuerst etwas weiß, auf das ich dann, um eines höheren Zieles willen, verzichte. Wenn ich aber – wie beim Zölibat – gar nicht weiß, auf was ich verzichte, ist auch keine Sublimierung möglich. Freuds Tochter Anna hat noch Weitergehendes gezeigt. Die Triebenergien eines Wunsches, den man sublimiert, bleiben erhalten. Wenn ich also gezwungen bin, den Wunsch zu verdrängen, so verdränge ich mit dem Wunsch auch zugleich die dazugehörige Triebenergie. Die Folgen: Es findet eine Verunstaltung und Einengung, in gewissem Sinne sogar eine Verstümmelung statt.«
In der Diskussion um den Zölibat wird seit kurzem, auch von seiten der Kirche, exakt unterschieden zwischen dem Ausschluß einer sexuellen Betätigung und dem Recht auf ein geschlechtliches Leben ganz allgemein. Im Alltag ist das oft nur graue Theorie, die mit den Problemen der Betroffenen nichts zu tun hat. In der Praxis heißt Zölibat eben nicht nur eine Entsexualisierung des Priesters, sondern auch eine Neutralisierung des Mannes, konkret: die Aufgabe jeder Geschlechtlichkeit. Das bedeutet den Verlust von menschlicher Nähe, von Zuwendung, Zuneigung und Gesten, vielleicht auch von Zärtlichkeit – alles Dinge, die auch leiblich erfahrbar werden müssen, da der Mensch als Körperwesen geschaffen wurde. Geschlechtlichkeit meint nicht zuletzt die fruchtbare Ergänzung und befruchtende Polarität von Mann und Frau. Nicht zufällig steht Gottes Einsicht »Es ist nicht gut, daß der Mensch allein bleibt« (Gen. 2,18) ganz am Anfang der Bibel. Professor Johannes Gründel: »Das Leben im Zölibat bedeutet nicht, daß auf jeden zwischengeschlechtlichen Dialog und Bezug auf die Frau verzichtet wird. Die Begegnung mit dem andersge-

schlechtlichen Partner macht für jeden Menschen doch einen wesentlichen Teil seines Lebens aus.«

Mit anderen Worten: Es gibt keinen asexuellen Priester. Wie soll das aber konkret für den Priester im alltäglichen Leben aussehen?

Professor Gründel: »Es gibt auch keinen asexuellen Menschen. Die Geschlechtlichkeit gehört zum Leben des Menschen. Nur führt der Begriff ›Sexualität‹ in dem Augenblick zu Mißverständnissen, wenn ich darunter genitale Sexualität verstehe. Man sollte eher von einer zwischengeschlechtlichen Partnerschaft sprechen, die in vielfachen Formen und Intensitätsgraden verwirklicht werden kann – für den verheirateten wie für den unverheirateten Menschen. Es ist durchaus denkbar, daß auch leiblich erfahrbare Zeichen der Zuwendung oder Zärtlichkeit noch nicht der bestehenden Ehe oder einer frei gewählten Ehelosigkeit widersprechen müssen. Es gibt Kommunikationsweisen, derer man sich in sinnvoller Weise dort bedienen darf, wo sie auch wahrhaftig, das heißt Ausdruck einer vorhandenen Zuneigung und Liebe sind, ohne daß damit eine Grundentscheidung zu einer ehelichen Bindung wie auch zum Zölibat aufgegeben oder mißachtet wird. Im übrigen wäre es falsch, wollte man meinen, ein Priester, wie überhaupt ein Christ, müsse alle Menschen ›gleich lieben‹. Das hat nicht einmal Jesus getan. Nach dem Zeugnis des Neuen Testaments hatte Jesus zu Maria, der Schwester des Lazarus, eine weitaus intensivere Beziehung als zu deren Schwester Martha. Es ist durchaus denkbar, daß also in der Beziehung eines zölibatär lebenden Priesters eine gewisse erotische Liebe aufglühen kann, ohne daß damit sofort eine Kompensation für die fehlende eheliche Bindung oder ein Verrat an der frei gewählten Ehelosigkeit erfolgen würde. Allerdings bedarf es der Wachsamkeit, daß man sich nicht gegenseitig etwas vormacht und im Grunde genommen durch fragwürdige Kompensationen einen Weg geht, der dann seine Zeichenhaftigkeit, aber auch den Charakter der Wahrhaftigkeit verliert.«

Gründels Vorstellung von einer differenzierten, semi-erotischen Beziehung ohne »fragwürdige Kompensationen« kann Professor Paul Matussek, Leiter der Forschungsstelle für Psychopathologie und Psychotherapie in der Max-Planck-Gesellschaft, München, nicht folgen: »Eine asexuelle, erotisch getönte Beziehung zwischen Priester und Frau wird heute häufiger als früher als zölibatskonform diskutiert. Ich glaube aber, daß man sich hier etwas vormacht, nicht nur wegen der schwierigen Grenzziehung bei zölibatskonformer und zölibatswidriger Zärtlichkeit. Handelt es sich zum Beispiel bei Liebkosungen einer entblößten Frauenbrust um ein leibliches Zeichen einer noch zölibatären Lebensoffenheit oder schon um den Beginn eines Ausstiegs aus dem Zölibat? Auch wenn man solche, nicht seltenen Praktiken als zölibatskonform einstufen will, stellt sich die Frage nach der sexuellen Abreaktion. Die geschieht meist in Form der Masturbation. Damit aber ergibt sich die Spaltung einer erotischen Beziehung und einer allein und für sich vollzogenen Masturbation. Von einer persönlichen Reifung mit einer Integrierung der Geschlechtlichkeit, wie in den oben zitierten Rahmenbedingungen für die Priesterausbildung gefordert, kann wohl dann nicht geredet werden. Die Spaltungen zwischen Sexualität und Erotik sind natürlich nicht spezifisch für Zölibatäre, wenn auch da besonders deutlich. Untersuchungen an evangelischen Pastorenehen haben dasselbe Phänomen gezeigt und damit angedeutet, daß auch der vollzogene Geschlechtsakt keineswegs die Garantie für eine integrierte und personenbezogene Liebesbeziehung ist.«

Sehr viel fataler aber dürften die Konsequenzen für den Menschen sein, der versucht, den gesamten geschlechtlichen Bereich aus seinem Leben auszuklammern und erst gar nicht »stattfinden« zu lassen. Professor Ringel: »Die Folgen hängen natürlich davon ab, ob es sich um einen echten Verzicht oder um eine Verdrängung handelt. Im Falle einer Verdrängung ist ein Ausklammern ohne Auswirkungen auf das menschliche Dasein nicht möglich. Die gesamte Entwicklung der Persönlichkeit, freie Entfaltung, Wachstum, Heranbildung einer ausgereiften Emotionalität – all das kann nicht in entsprechender Weise erfolgen. Das zeigt, daß der Zölibat in der heutigen gültigen Form einer gesunden Entwicklung der Person, der Religion und einem abgeklärten Umgang mit anderen Menschen im Wege steht. Gerade im letzten Bereich werden die Folgen besonders deutlich. Priester sind im Kontakt mit anderen Menschen befangen.«

Solche Beobachtungen widersprechen völlig jenen Auffassungen und Erwartungen, die den Zölibat als eine gesteigerte Form des Fastens oder gar des Verzichts sehen wollen, um so zu einer größeren Vergeistigung und Angleichung an Gott zu kommen. Matussek: »Man darf nicht dem Glauben anheimfallen, daß die äußere Askese schon automatisch eine Höherentwicklung beinhaltet, wie sie letztlich vom Zölibatär angestrebt wird.«

Für Professor Ringel ist genau diese Frage ein Kernpunkt der Zölibatsdiskussion: »Verzichten und Verdrängen sind zwei verschiedene Dinge. Verzichten meint ja einen wirklich freiwilligen Akt. Wird, wie beim Zölibat, ein Verzicht erzwungen, ist es immer eine Verdrängung. Darin sehe ich einen sehr zentralen Punkt in der Zölibatsdiskussion. Weil der Zölibat eben nicht freiwillig übernommen wird – und deshalb auf Geschlechtlichkeit nicht echt verzichtet, sondern diese nur verdrängt wird –, bewirkt sie bei Priestern diese unterschwellige Befangenheit. Es ist eine Befangenheit, die die Effizienz des Fischertums im Sinne des Petrusamtes entscheidend behindert. Die katholische Kirche kann heute noch so oft sagen, ihre Einstellung zur Sexualität habe sich gewandelt und sei freiheitlicher. Solange die Menschen im Priesteramt so einengend, kastrierend und befangen erzogen werden, bleiben derartige verbale Versicherungen der Kirche unglaubwürdig, ist eine wirklich freiere Sicht der Sexualität gar nicht möglich, werden sie auch in der Frau immer die Verführerin, die Versuchung und das Böse schlechthin sehen müssen. Die Befangenheit, die Barriere zwischen den Menschen und dem Priester, bleibt damit bestehen. Und das behindert die pastorale Effizienz – ich drücke mich vorsichtig aus – um mindestens 80 Prozent. Wenn die Leitung einer Fabrik mit einem derart niedrigen Effizienzkoeffizienten arbeiten würde wie die katholische Kirche, wäre sie längst abgesetzt worden.* In der Kirche aber wiegt man sich statt dessen in dem Glauben, daß alles in Ordnung sei.«
Daß alles in Ordnung ist, davon kann wahrlich nicht die Rede sein. Zahlreiche Priester, die den Zölibat halten, haben sich längst andere »Auswege« gesucht, zum Beispiel den Alkohol. Vor wenigen Monaten fand in Nordrhein-Westfalen eine eigens anberaumte Dechanten-Konferenz zum Thema »Priester und Alkohol« statt. »Es ist ja nicht wahr, daß katholische Priester nicht verheiratet sind«, konstatierte der ehemalige Benediktiner-Mönch Edmund Steffensky bereits Ende der sechziger Jahre. »Viele sind mit tausend Dingen verheiratet; angefangen vom guten Essen und Trinken über viele andere Dinge bis hin zur Selbstbefriedigung, zur Freundin und zur Homosexualität.« Das brachte Steffensky erst mal eine Klage des Kölner Erzbischofs Joseph Kardinal Höffner ein, die allerdings wieder rückgängig gemacht wurde.

* Vgl. Ringel, Erwin: Religionsverlust durch religiöse Erziehung, Freiburg–Wien 1985

Solch heftige Reaktionen gegen derartige Behauptungen gehören wohl mit zur Zölibats-Ideologie, wie Professor Matussek sie versteht: »Ich verstehe darunter die Annahme mancher Gläubigern, daß der Priester sexuell unbefriedigt lebt, ohne sich über die vielen Ersatzbefriedigungen im klaren zu sein.« Mit anderen Worten: Von einer asexuellen Existenz der Priester kann keine Rede sein. Das bestätigt aus seiner Sicht auch Professor Erwin Ringel: »Nach meinen Erfahrungen lebt die Mehrzahl der Priester nicht asexuell. Das verschärft das Problem noch. Denn wenn ein Priester sich nicht an den Zölibat hält, muß er mit einem furchtbar schlechten Gewissen leben. Und das schafft wiederum Barrieren, Befangenheit zwischen den Menschen und ihm. Ganz abgesehen von der ungeheuer demütigenden Rolle, die seiner Frau oder Freundin und ihm zugemutet wird.«
Nicht nur Betroffene leiden. Unter dem gegenwärtigen Zölibats-Rigorismus leidet – so Matussek – auch die Glaubwürdigkeit der Kirche und damit die des Evangeliums: »Die Ideologie des Zölibats schädigt ja nicht nur den Zölibatären, sondern auch den Gläubigen durch ein falsches Bewußtsein. Dieser glaubt nämlich vom Priester ein Opfer und eine Lebensweise erwarten zu können, die dieser schlechthin gar nicht zu leisten in der Lage ist.«
So findet sich der katholische Priester häufig in der Zwangslage, eine Rolle weiterspielen zu müssen, die ihm nicht mehr entspricht. Über die psychologischen Gründe, warum er einst als junger Mann dennoch den Zölibat übernommen hatte, liegen nur wenige Untersuchungen vor. Als gesichert gilt jedoch der außergewöhnlich starke Einfluß der Priestermutter auf ihren Sohn. Während das »mangelhafte Vatererlebnis in hochsignifikanter Weise die Mädchenfreundschaft bei Theologen« verhindert, seien sich »die Versuchspersonen eines bestimmten Einflusses der Mutter auf Beruf und Leben bewußt«, schreibt der Schweizer Psychoanalytiker Karl Guido Rey in seiner 1969 veröffentlichten Arbeit über das Mutterbild des Priesters. War ihr Einfluß negativ, »begünstigt er berufliche Krisenerscheinungen und stört die harmonische charakterliche Reifung«. O-Ton eines 41jährigen amtierenden Pfarrers, der seit neun Jahren in einer eheähnlichen Beziehung mit einer Frau zusammenlebt: »Ich bin Priester geworden, weil meine Mutter mich dazu ausersehen hatte. Ich verwechselte damals ihren Willen mit dem Willen Gottes. Nach ersten beruflichen Schwierigkeiten und großen Problemen mit meiner Sexualität (ich verspürte damals fast

täglich den Drang zu Selbstbefriedigung, was unheimliche Schuld- und Minderwertigkeitsgefühle auslöste), war ich psychisch ziemlich am Ende und immer mehr in Gefahr, in den Alkoholismus abzugleiten. In einem verzweifelten Aufbäumen gegen meine hoffnungslose Lage ging ich damals auf meine jetzige Frau zu.«

»Man muß darauf achten«, kommentiert Professor Erwin Ringel, »daß bei der Zölibatsdiskussion nicht gleich das ganze Priesteramt mit verworfen wird. Ich bin fest davon überzeugt, daß es Menschen gibt, die zu einer pastoralen Existenz wirklich berufen sind. Und ich glaube sogar, daß es Menschen geben kann, die für diese pastorale Existenz auf die Geschlechtlichkeit in freier Entscheidung ohne Verdrängung und unbefangen verzichten können. Aber die sind eben extrem selten. In der Regel werden die Durchsetzungsfähigkeit und die positive Gestaltung einer pastoralen Existenz durch die Zölibatsproblematik eher behindert denn gefördert. Wenn ein junger Mann wirklich zum Priester und Seelsorger berufen ist, steckt er immer in einer Zwickmühle: Entweder er verzichtet darauf, seine pastorale Existenz zu leben, weil er den Zölibat nicht halten kann. Oder aber er verspricht die Ehelosigkeit, um seiner Berufung nachgehen zu können, und ist dann nicht imstande, sie zu verwirklichen. In jedem Fall ist er persönlich, menschlich, emotional in einer großen Krise.«

Auch für Professor Matussek ist der geschilderte Fall beispielhaft: »Man kann durchaus die These wagen, daß nicht wenige aus neurotischen Gründen den zwangszölibatären Priesterberuf wählen.« Dabei sieht Matussek hinter der Entscheidung junger Männer mehr als nur einfach einen unverarbeiteten Mutterkomplex: »Die Palette der unbewußten Motive ist sicherlich breiter, als allgemein angenommen, aber die Tatsache einer neurotischen Fehlhaltung ist bei vielen nicht zu übersehen. Es ist leicht, von der Kanzel über Liebe und Frieden zu predigen, aber schwer, diese Wahrheiten in einer Familie zu leben.« Deshalb sei auch kaum anzunehmen, daß – wie die Bischöfe fürchten – bei einer Freigabe des Zölibats ein Großteil der Priester heiraten würde. Professor Matussek: »Es würde wahrscheinlich etwas ganz anderes passieren. Ich nehme an, daß ein großer Teil der Männer, die geheiratet haben, Priester werden würde. Und das ist ein Potential, das die Kirche heute wirklich brauchen kann: engagierte, kritische, überzeugte und vor allem kontaktfreudige Männer, die glaubwürdige Priester und Ehemänner sein könnten.«

Der Zölibat, die Tarnkappe

Damit ist – nach historischen, theologischen und psychologischen Zweifeln an der Begründung, Haltbarkeit und Sinnhaftigkeit des Zölibats als verpflichtende Voraussetzung zum Priesteramt – eine weitere Kernfrage angesprochen: Braucht ein Priester heute überhaupt den Zölibat? Stimmt es – wie Professor Greinacher es ausgedrückt hat –, daß nicht der Zölibat, sondern die christlich gelebte Ehe auf Gott hinweist?

Dazu ein betroffener Priester, 52 Jahre alt, der seit neun Jahren an der Seite einer Frau lebt: »Das Problem, das sich in dem Begriff Zölibat ausdrückt, ist nicht nur ein sexuelles Problem, nicht nur ein Problem von Kirche und Sexualität. Ich glaube, daß es auch mit der Sakralität des Amtes zusammenhängt. Der Amtsträger sollte zölibatär sein, damit er ein sakraler Amtsträger ist. Und wenn man das nicht nur theologisch, sondern auch psychologisch und sozialpsychologisch sieht, läuft das auf eine Entfremdung des Amtsträgers von den Menschen hinaus, für die er da ist und mit denen er da sein sollte.« Das Problem der Entfernung des Verantwortlichen in der katholischen Kirche von den Erfahrungen und Sorgen der Menschen heute sei aber nicht allein auf dem Weg der Zölibatsaufhebung zu lösen, gibt der im Lehrberuf tätige Geistliche zu bedenken. »Der Amtsträger sollte in seiner Lebensform ganz allgemein wieder in den Zusammenhang aller Menschen integriert werden. Er sollte leben wie die Menschen, mit denen er umgeht. Das heißt im Blick auf den Zölibat, daß er eine Ehe leben kann, wenn er das will, daß er Kinder haben kann, und auch, daß er sein Geld so verdient wie andere.« Auf derselben Ebene argumentiert ein 47jähriger Pfarrer, der ebenfalls seit Jahren dem Zölibat untreu ist: »Ich meine sogar, daß mein Verhältnis zu einer Frau sich sehr positiv der Gemeinde gegenüber auswirkt. Kaum ein Pfarrer erhält eine Korrektur oder Kritik, die direkt an ihn herangetragen wird, wenn, dann höchstens hinten herum. Die Tatsache, eine Lebensgefährtin zu haben, gibt mir die Möglichkeit, mich ungeschützt und offen ihr gegenüber verhalten zu können und zu erfahren, daß man nicht immer recht hat und nicht immer alles richtig macht.« Und ein weiterer »Zölibatsbrecher« bringt seine

Erfahrung auf den kurzen Nenner: »Seit ich eine Partnerin zur Seite habe, die an meinen beruflichen Freuden, Sorgen und Nöten Anteil nimmt, macht es mir wieder Spaß, Priester zu sein.«
Für Pastoraltheologen wie den Tübinger Norbert Greinacher signalisiert denn auch die innerkirchliche Zölibats-Diskussion ein Tief im Selbstverständnis des Priestertums überhaupt: Es gibt so etwas wie eine Identitätskrise des Priesteramtes. Wir haben jahrhundertelang eine geschichtlich bedingte Priestergestalt gehabt, die ich mit dem Begriff ›sakrales Priestertum‹ umreißen möchte: Ein Mann also, der kraft der Priesterweihe jenseits aller menschlichen Vorstellungen und Prinzipien stand und der gleichsam der sakralisierte Mittler zwischen Gott und Mensch war. Dieses ganz und gar nicht biblische, sondern geschichtlich gewachsene Priesterbild bricht zusammen. Ich sehe eine neue Entwicklung aufbrechen. Unter Besinnung auf das biblische Bild des Gemeindeleiters kommt es zu einer neuen Identitätsfindung in der Gestalt des ordinierten Gemeindeleiters, der den Vorsitz in der Eucharistie hat, der aber auch andere Aufgaben wahrnimmt. Und mit diesem Priesterbild, das sehr gut biblisch begründet ist, ist der Zölibat nicht notwendigerweise verbunden.«
Tatsächlich zeigt die Praxis, daß die strikte Trennung der priesterlichen Tätigkeit von der des Laien, wie sie beispielsweise im Gemeindebild der Gemeinsamen Synode der Bistümer in der Bundesrepublik enthalten ist, nicht durchgehalten werden kann. Demnach ist der Priester ausschließlich für den sakralen Mittelpunkt der Gemeinde zuständig, die Laien aber haben den Weltdienst zu versehen. Dieses Modell ist zwar theoretisch einsichtig, praktisch aber nicht nachvollziehbar. Der Priester bleibt im öffentlichen Bewußtsein der alleinige Repräsentant der Kirche. Die Glaubwürdigkeit des christlichen Zeugnisses wird von der Glaubwürdigkeit der Kirche abhängig gemacht und diese wiederum vom Zeugnis des Priesters. Das mag unsinnig, lästig und theologisch völlig falsch sein – die Erwartungen und Anforderungen an den Priester werden dennoch gestellt.
Der aber lebt in seinem Berufs- und Priesterbild jenseits des Lebens der Gläubigen, von deren Alltagswelt er – in den meisten Fällen – nur wenig Ahnung hat, weil seine Aufgabe – entsprechend den kirchenamtlichen Dokumenten – nur das Sakrale ist. Der Unterschied zwischen dem vorgeschriebenen Selbstver-

verständnis des Priesters und seinem öffentlichen Image trennt Kirche und Gläubige, entfernt den Menschen letztlich auch vom Glaubensinhalt. Der Zölibat verstärkt diesen Effekt auf beiden Seiten, weil der Priester dadurch auch nach außen sichtbar als »Exot« (Greinacher) wirkt und vom verheirateten Gläubigen aus dieser Rolle nicht entlassen wird.

In der praktischen Seelsorge wird der Priester darüber hinaus in einige Problembereiche nicht eingeweiht, weil er als Zölibatärer dazu doch keinen Zugang hat. Ein Eindruck, den viele Priester verstärken, wenn sie eine Gemeindearbeit praktizieren, die schon am Tagesablauf einer normalen Familie völlig vorbeigeht. Häufig legt der katholische Priester-Junggeselle seiner Pastoral auch Ziele und rein organisatorisch Srukturen eines Unverheirateten zugrunde, die Verheiratete oft gar nicht mitvollziehen können, selbst wenn sie es wollten. Das alte Argument, der Zölibatär sei in der Praxis der bessere, weil ständig verfügbare Mann, schlägt somit genau ins Gegenteil um.

Auch pastoralpsychologisch akzeptieren Gläubige heute den Priester in vielen Problemfällen nicht mehr als Gesprächspartner, weil er »ahnungslos« ist. Im Gegensatz zu manchen kirchlichen Kreisen, wo immer noch mit psychologischer Amateurhaftigkeit behauptet wird, ein Priester, der bei Problemen unbeteiligt und unabhängig ist, könne besser helfen, akzeptieren die Betroffenen eher jemanden, der in einer vergleichbaren Situation lebt. Einfühlsamkeit und Identifikationsfähigkeit sind gefragt, nicht Distanz.

»Aus der Sicht der Pastoral spricht nichts gegen den verheirateten Priester«, sagt der katholische Theologe Greinacher. Selbstverständlich wäre es falsch, dem zölibatären Priestertum als einzige Alternative die Idealform der Ehe gegenüberzustellen. Diese gibt es genauso wenig wie eine für alle gültige Idealform der Ehelosigkeit. Vergleichen kann nur der Betroffene selbst. Deswegen darf es auch nur darum gehen, jedem Priesteramtskandidaten freizustellen, ob er sein Amt als Verheirateter oder Alleinstehender ausüben will. Dabei hätte der verheiratete Priester vermutlich einige Pluspunkte, wenn es um die Glaubwürdigkeit geht. Die Umfragen der letzten Jahre zeigen, daß die Autorität der Kirche gerade in Fragen von Ehe und Familie, Moral, Sexualität und Familienplanung drastisch abgenommen hat. Sogar in Kreisen, die sich selbst als »gut katholisch« einstufen.

Ein verheirateter Priester hätte die gleichen Fragen, Anliegen und Probleme wie eine ganz normale katholische Familie. Seine Aussagen zu den Themen Ehe, Familie, Moral und Sexualität hätten den Vorteil, daß er weiß, wovon er spricht. Vermutlich wäre es, gäbe es verheiratete Priester auch in höheren kirchlichen Kreisen, zu einigen moralisch-ethischen Positionen in der heute bestehenden Absolutheit nie gekommen. Mit anderen Worten: Ein verheirateter Priester könnte nachvollziehen, welche Fragen die Menschen haben, zu denen er eine christlich verstandene Geschlechtlichkeit predigt. Und das gerade in einem Bereich, von dem die Glaubwürdigkeit der kirchlichen Arbeit heute entscheidend abhängt.

Natürlich würde der verheiratete Priester eine Ehe wie im Schaukasten führen, weil die Gläubigen verständlicherweise beobachten, wie ernst er es mit seinen eigenen moralischen Forderungen nimmt. Aber er könnte, seine eigenen Erfahrungen interpretierend, deutlicher als bisher machen, daß auch ein Mann Gottes und die Kirche eben nur Menschenwerk sind – mit Fehlern und Mängeln behaftet, selber noch der Zuwendung Gottes bedürftig. Davon ist heute im kirchlichen Handeln und Leben wenig zu spüren.

Der verheiratete Priester wäre gezwungen, sich Zeit für seine Familie und für sich selbst zu nehmen. Es gibt nicht wenige Geistliche, die unter dem Diktat der ständigen Verfügbarkeit leiden, mit dem der Zölibat theologisch untermauert, aber letztlich sehr pragmatisch begründet wird. Für Priester würde dann endlich gelten, was bisher offenbar nur für normale Arbeitnehmer zutrifft: Daß Zeiten der Pause, der Entspannung nichts mit Faulenzen, sondern mit Rekreation zu tun haben.

Weitere Konsequenzen würden sich in der Praxis ergeben: Manch ein Priester hätte vermutlich zum ersten Mal einen Menschen, der ihm ehrlich und offen auch Kritisches ins Gesicht sagt. Die Sprache unserer Predigten dürfte sich wohltuend ändern. Manch eine fernab jeder Realität umherschwebende Bibelauslegung würde auf den Boden der Tatsachen heruntergeholt. Sehr zum Vorteil der Gemeinde.

Das Spektrum der Gemeindemitglieder, die ein verheirateter Priester ansprechen könnte, würde sich deutlichh vergrößern. Nicht zuletzt deshalb, weil auch die Priester-Frau von vielen als Gesprächspartnerin aufgesucht würde. Schließlich reagiert sie als

Frau mit anderer Sensibilität auf Probleme und Ereignisse in der Gemeinde.
Gäbe es so etwas wie eine Kosten-Nutzen-Analyse für den Zölibat, dürfte er sich schon längst von selbst erledigt haben. Die katholische Kirche muß sich fragen lassen, »ob wir nicht nur das Recht, sondern sogar die Pflicht haben, unter echter und wirklicher Rückbesinnung auf dic neutestamentlichen Grundlagen ein neues Priesterbild zu schaffen« (Greinacher). Es geht um weit mehr, als nur um eine punktuelle Korrektur beim Zölibat. Dennoch würde mit der Aufhebung des Zölibats ein wichtiger Schritt in diese Richtung gemacht.
Die Autorin dieses Buches steht nicht draußen, auch nicht an der Schwelle, sie ist *in* der Kirche. Und will auch weiterhin darin zu Hause sein. Gerade deshalb scheint es ihr nötig aufzuzeigen, »wie es den Menschen in der Kirche tatsächlich zumute ist, wie die Menschen denken und empfinden, was sie lieben und wünschen, woran sie sich stoßen, was ihnen schwer und hart vorkommt, worin sich ihr Empfinden geändert hat, was sie an Problemen beunruhigt, wo sie eine traditionelle Antwort oder Regelung für unzureichend empfinden« *(Karl Rahner: »Das Freie Wort in der Kirche«)*. Dieses Buch will Anstoß geben für eine neue Diskussion um die uralte Wunde der katholischen Kirche: den Zölibat. Daß die freiwillig gewählte Ehelosigkeit »um des Himmelreiches willen« auch heute noch eine Lebensform ist, der Bewunderung und Achtung gebührt, steht außer Zweifel. Daß der Pflichtzölibat »um der Amtskirche willen« geradezu anti-evangelisch ist, muß ebenfalls gesehen werden.
»Barmherzigkeit will ich nicht und nicht Opfer«, hielt Jesus einmal den hundertachtzigprozentigen Pharisäern entgegen. Gott will von den Menschen nicht in erster Linie das Schwere und Untragbare, sondern das Gute. Nicht jedes Opfer, nicht jeder Verzicht, nicht jedes Kirchengesetz, das den Gläubigen abverlangt wird, ist gottgewollt. Gottes Wille ist alles, was die Liebe, die Hoffnung, die Gerechtigkeit unter den Menschen fördert.
An diesem Maßstab muß sich auch das von der katholischen Kirche gemachte Zölibats-Gesetz messen lassen.
Der gute Kern am Ursprung dieser Verhaltensempfehlung steht heute in keinem gesunden Verhältnis mehr zu dem, was der Pflichtzölibat an Entwürdigung und Entmündigung über die betroffenen Männer und Frauen bringen kann. Auskunft darüber geben fünfzehn Frauen im folgenden Teil dieses Buches.

II

Die hier wiedergegebenen Gespräche sind authentisch. Die Tatbestände entsprechen den Darstellungen der Interviewpartner. Die Namen der Personen, deren Funktionen, die Orte und die sich daraus ergebenden unmittelbaren Bezüge mußten geändert werden. Dadurch entstehende Ähnlichkeiten wären zufällig. Am jeweils geschilderten Sachverhalt hat sich nichts geändert.

Der Zölibat, wie die Frauen ihn erleben

Alle Frauen, die an diesem Buch mitgearbeitet haben, müssen sich hinter geänderten Personalien verstecken. Dieses Verstecken haben sie gründlich und leidvoll einüben müssen im Laufe ihrer Liebe zu einem katholischen Priester: die Pfarrsekretärin, die Therapeutin, die Pfarrhausfrau, die Gemeindereferentin, die Lehrerin, die Sozialpädagogin, die Pastoralassistentin, die Kindergärtnerin... Denn, nach den Gesetzen der römisch-katholischen Kirche muß ein Priester auf Ehe und gelebte Geschlechtlichkeit verzichten.
Launige Wortschöpfungen an klerikalen und weltlichen Stammtischen machten diese Frauen zu »Pfarrer-Liebchen«, »Zölibatessen« oder »Kipp-Loren«, wie die Berliner in Anspielung auf das Umkippen der Priester vor den Forderungen des Zölibats sagen. Doch nur wenige Menschen kennen die Not dieser Frauen: den ständigen Verzicht auf Öffentlichkeit, die Selbstzweifel und Schuldgefühle, die Isolation und Zukunftsangst, den Druck des Doppelspiels – die vielen menschlichen Tragödien, die der kirchlich verordnete Zölibat erst möglich macht.
Einige der Frauen sind heute mit ihrem Priester verheiratet, vorwiegend standesamtlich, ohne den Segen der Kirche. Eine kirchliche Trauung ist nur nach einem langwierigen Laisierungsverfahren möglich, an dessen Ende die Kirchenspitze über den Priester ein lebenslängliches Berufsverbot verhängt.
Die Mehrheit der Frauen lebt ein verstohlenes Dasein an der Seite eines amtierenden katholischen Priesters. Gerade heute, in einer Zeit akuten Priestermangels, befreit der Vatikan so gut wie keinen Geistlichen von seinem Amt; heute, in einer Zeit verschärfter Arbeitslosigkeit, sind für einen Priester die Möglichkeiten eines beruflichen Neubeginns, etwa als Lehrer oder Lektor, gleich Null.
So bleibt den meisten Priester-Paaren nur der »dritte Weg« oder »die interne Lösung«, wie der Zölibatsbruch unter Beibehaltung des Priesteramtes im Sprachgebrauch der Betroffenen heißt.
Die Hauptlast der Probleme, die sich aus einer im Widerstand zur römischen Amtskirche geschlossenen Beziehung ergeben, haben die Frauen vom dritten Weg zu tragen. Sie leisten den eigentli-

chen Verzicht in diesen »unheiligen Ehen«. Sie verzichten auf soziale Kontakte dort, wo die Angst vor Entdeckung es ratsam erscheinen läßt. Sie verzichten (meist) auf ihre Verwirklichung in einer Mutterschaft. Sie verzichten auf gesellschaftliche Anerkennung als Ehefrau. Sie verzichten auf Absicherung durch die Institution Ehe. Sie müssen ihre Identität an der Tür zum Pfarrhaus abgeben. Schutzlos sind sie ihrer freiwillig gewählten Selbst-Losigkeit ausgeliefert. Der Priester hingegen genießt einen doppelten Schutz: Das Selbstverständnis des idealisierten Priestersohns setzt sich lückenlos fort in seinen Rollen als männlicher Priester und priesterlicher Mann. Der Priester behält Beruf und Berufung und gewinnt durch seine Partnerschaft mit einer Frau oft nur dazu. So ist es zu verstehen, wenn eine der fünfzehn Priesterfrauen, die nachstehend zu Wort kommen, im Gespräch feststellt: »Von uns beiden halte *ich* den Zölibat.«

Warum nehmen sie das alles auf sich? Was sind das für Frauen, die Priesterfrauen? Gibt es besondere Lebensgeschichten und Lebensumstände, die Frauen für eine Priester-Beziehung vorherbestimmen? Hat der Priester-Mann eine Aura, der sich gewisse Frauen nicht entziehen können?

Das Leben der Frauen, die in diesem Buch zu Wort kommen, weist häufig tiefe Kerben von Kränkungen und Enttäuschungen auf. Haben sie sich den Seel-Sorger gesucht, weil er und seine Bindung an den Zölibat die Bedrohlichkeit unbedingter Hingabe entschärft? Scheint doch der Priester mit seiner familiären und klerikalen Mitgift der beste Partner für diesen Wechselgesang zwischen Beziehungssehnsucht und Beziehungsangst.

In den Schilderungen der meisten Interviewpartnerinnen zeichnet sich das Bild einer starken, liebevoll beherrschenden Mutter ab. Das Vatergefühl dieser Frauen weist hingegen Lücken und Bruchstellen auf. »Mein Vater läßt das über meine Mutter regeln«, sagte eine Priesterfrau im Laufe des Gesprächs und kennzeichnet damit den Stellenwert, den die Väter der befragten Frauen einnehmen.

In diesem Zusammenhang ist es wichtig anzumerken, daß drei der Frauen, die im folgenden über ihr Leben mit einem Priester berichten, außerehelich geboren wurden und ohne Vater aufgewachsen sind. Bei zahlreichen anderen spielte der Vater keine oder lediglich eine negative Rolle. Suchen diese Frauen in der Gestalt des Priesters den Vater? Das verlorene, abwesende, andere, neue

Vaterbild? Dafür böte der Priester ideale Voraussetzungen: Er ist ein Mann und muß doch keiner sein. An die Stelle der Bedrohung durch das Mann-Sein rückt die heiligende Funktion des Priesters, die die eingesponnenen Ängste der Frauen zu erlösen verspricht. Doch auch der Priester sucht Erlösung. Der Bruch eines katholischen Geistlichen mit dem Zölibat ist häufig nur Ausdruck dafür, daß er sich aufgemacht hat, Erziehung, Rolle, Amt und Institution neu zu überprüfen. In der Zeit seiner Auseinandersetzung mit der Mutter Kirche und der daraus folgenden Verlustgefahr sucht er in der Liebesbeziehung zu einer Frau so etwas wie einen alternativen Mutter-Schutz.

Partner-Konstellationen wie diese erinnern an das Grimmsche Märchen vom Eisenofen, in dem sich Prinz und Königstochter gegenseitig aus ihrer Abhängigkeit erlösen: Die Königstochter befreit den Prinzen aus seiner einsamen Existenz als Eisenofen, der Prinz schickt die Königstochter auf einen langen, schmerzhaften Weg über Schwerter und Glasberge, verhilft ihr so zur Eigenständigkeit und schließlich zum Glück zu zweit.

In diesem eisenbewehrten Prinzen (Priester) und in seiner Partnerin (Priesterfrau) glüht neben der unerlösten Selbstfindung auch ein Stück unerlöste Aggression: Rebellion des Priester-Mannes gegen die häufig erdrückend dominante leibliche Mutter; Rache der Priesterfrau an einer stiefmütterlichen Kirche, die sie jahrhundertelang als »defizientes Wesen« (Thomas von Aquin) hingestellt hat.

Sicherlich läßt sich diese sehr besondere Form der Beziehung nicht nur durch das Eisenofen-Syndrom erhellen. Es wäre der sensiblen Situation der befragten Frauen nicht angemessen, wollte man sie in ein pauschales Psycho-Korsett zwingen. Zu unterschiedlich gestalten sich die Voraussetzungen, unter denen diese Frauen das Wagnis ihrer schwierigen Liebe eingegangen, zu individuell die Lebensformen, in die diese Beziehungen eingebettet sind.

Ein Schicksal ist ihnen dennoch gemeinsam. An den Priesterfrauen entzünden sich, so massiv wie sonst selten, Urängste und Sehnsüchte, Haß und Liebe zugleich. Der Priester-Mann sieht in ihr eine Möglichkeit, sein durch Erziehung und Familie und Priester-Seminar gespaltenes Frauenbild – hier Lustobjekt Eva, da Jungfrau Maria – auf dem Boden der Tatsachen zu einer gesunden Ganzheit werden zu lassen. Für die Priestermutter ist die Frau des Priesters nicht nur Nebenbuhlerin, sondern auch eine Gefährdung der eigenen Identität; war doch der Aufstieg ihres Sohnes zu den Altären auch ein großer Teil eigener Selbstverwirklichung. In den Augen des normalen Kirchenvolks gilt die Priesterfrau, so ihre Existenz in Gerüchten bekannt ist, als menschliche Schwäche des Priesters, die ihm wohlwollend, ein wenig maliziös freilich, zugestanden wird, gleichsam als Persilschein für die eigenen Sünden. Die betroffene Frau hingegen kann mit solch einem augenzwinkernden Verständnis nicht rechnen: Im mildesten Fall wird ihr Charakterschwäche bescheinigt.

Bei der Kirchenobrigkeit muß ebenfalls die Frau als Zielscheibe für Angriffe herhalten, wenn so ein Priesterverhältnis öffentlich wird. Sie ist die wahre Schuldige, die Eva, die dem Adam den Apfel reicht, die Hexe, die Hure, die Priesterverderberin. Steht sie im kirchlichen Dienst, was sehr häufig der Fall ist, geht die Amtskirche mit allen Mitteln der kirchlichen Macht gegen sie vor. Dem beteiligten Priester-Mann hingegen wird nahegelegt, auf Kur zu gehen, um dann seinen Dienst in einer anderen Pfarrei fortzusetzen.

Bei Pfarrer S. war selbst das nicht nötig. Genau 20 Jahre sind es her, daß eine Kindergärtnerin aus seiner Gemeinde ein Kind von ihm erwartete. Über Nacht mußte sie gehen. Pfarrer S. durfte bleiben, er war ohnehin für Höheres vorgesehen. Heute ist der Schandfleck aus der Jugendzeit längst vergessen, heute ist Pfarrer S. Domkapitular. Ehrensache, daß die Kirchenbürokratie für das Kind aufgekommen ist.

Eine Pfarrhelferin aus Baden-Württemberg machte durch ihre Mutterschaft sogar Karriere im kirchlichen Raum. Als ihr klar wurde, daß sie vom Ortspfarrer ein Kind erwartete, mußte sie umgehend in einem Kinderdorf untertauchen, dessen Träger die katholische Kirche ist. Dort konnte sie in Ruhe ihr Kind aufziehen und nebenbei an ihrer Ausbildung feilen. Heute ist die ehemalige Pfarrhelferin Heilpädagogin. Heute ist sie mit dem Leiter des Kinderdorfes verheiratet.

Nicht nur Caritas, sondern auch ein Stück Frauenverachtung spricht aus der Gepflogenheit in den bischöflichen Ordinariaten und Generalvikariaten, Alimente für uneheliche Priesterkinder zu zahlen. Die finanzielle Zuwendung ist immer mit der Auflage verbunden, daß der Priester seiner Versetzung zustimmt und die Mutter seines Kindes nie mehr wiedersieht. Anders ausgedrückt: Die Kirchenleitung erkauft sich vom künftigen Vater sein Verbleiben im Amt. Was aus Frau und Kind, was aus der Beziehung wird, ist Nebensache.

Der Vikar einer norddeutschen Gemeinde wollte sich auf diesen Handel nicht einlassen. Das Angebot des Personalchefs vom zuständigen Generalvikariat, »im Falle Ihres Bleibens würde für das Kind gesorgt«, war ihm eine weitere Bestätigung für die Richtigkeit seines Schrittes. Seit Juli dieses Jahres hat die betreffende Gemeindereferentin einen Ehemann und das Kind einen Vater.

Weniger glücklich dürfte eine Münchnerin sein, die in diesen Tagen ihr drittes Kind von einem Ordensmann erwartet, wenig getröstet auch von dem Versprechen des Abtes eines großen oberbayerischen Klosters: »Tragen Sie das Kind ruhig aus, wir werden für es sorgen, aber lassen Sie diesen Mann in Ruhe.« Gemeint war der Vater ihrer Kinder, ein Pater aus seinem Kloster. Gemeint waren die rund 500 Mark monatlich, die der Mutter künftig für ihr drittes Baby zustehen.

Überhaupt geht, wenn es um den Zölibat geht, die Aufrechterhaltung der Ordnung und des Scheins vor. Ein Pater aus einem norddeutschen Orden trug tagtäglich sein Essen aus dem Konvent ein paar Häuser weiter zu der Frau, die er liebte. Seit Jahren wird das stillschweigend gestattet. Weil er ein guter Priester ist und erfolgreich in der Volksmission.

Vor wenigen Monaten mußte eine katholische Frauenorganisation das Kind einer Nonne zur Adoption vermitteln. Begründung der Mutterschaft: Vergewaltigung. Daß das Kind aus einer Liebesbeziehung mit einem Priester stammt, solle sie besser vergessen, hatte ihr die Ordensleitung nahegelegt.

Vollends ad absurdum geführt wird der Zölibat durch gängige Bemerkungen wie die eines niederbayerischen Stadtpfarrers. Als ein Priesterkollege ihm vor elf Jahren seine Eheabsichten eröffnet hatte, meinte der: »Jetzt stell dich nicht so an, das ist doch noch kein Grund zum Heiraten. Such dir eine Pfarrei, die ein bißchen weiter weg ist, und ihr eine schöne Wohnung. Das geht doch auch so.«

Aus diesem Blickwinkel malen die Geschichten der Frauen in diesem Buch auch das Sittenbild einer von Männern beherrschten Kirche.

Ein Mann wie der Bischof von Berlin sieht das anders. In einem Antwortschreiben an die Adresse einer verheirateten Priesterfrau äußert sich der 51jährige Joachim Kardinal Meisner am

29. März 1985 zu den Vorwürfen einer frauenfeindlichen Zölibatsgesetzgebung: »*Ich weise mit Entschiedenheit Ihre Unterstellungen zurück, daß, wie Sie schreiben, die Amtskirche – gemeint ist wohl der Bischof – Verhältnisse von Priestern mit Frauen toleriert und für die Kinder Alimente bezahlt. Ich kann Ihnen nur versichern, daß mir nicht ein einziger solcher Fall bekannt ist. Wäre Ihnen ein solcher bekannt, sollten Sie ihn mir auch nennen.*
Weiterhin muß ich entschieden Ihre Behauptung zurückweisen, daß die Kirche die Frau, die Familie und den Ehestand diskriminiert. Ich brauche Sie wohl darüber nicht zu belehren, wer als einzige Institution in dieser Welt an der Unauflöslichkeit der Ehe festhält und darum in der Verletzung des heiligen Zölibates nicht nur einen Angriff auf die Treue gegenüber der Kirche sieht, sondern auch gegenüber der christlichen Ehe. Ich bin zutiefst überzeugt, daß die Untreue vieler priesterlicher Mitbrüder gegenüber ihrem Weiheversprechen nicht zu einer Stärkung der Treue unserer Eheleute beigetragen hat. Die Kirche hat solchen Mitbrüdern die Möglichkeit geschaffen, in der Laisierung eine Ehe zu schließen. Geschiedene Wiederverheiratete empfinden das als ein Unrecht, weil ihnen eine zweite kirchliche Ehe nicht mehr möglich ist. Sie sollten sehr dankbar für diese Möglichkeit sein und nicht den Papst bzw. das kirchliche Amt bezichtigen, daß durch sie verheiratete Priester und ihre Frauen diskriminiert würden.«
Zahlreich sind die »priesterlichen Mitbrüder«, die ihrem Weiheversprechen untreu geworden sind, zahlreich die Frauen, die eine Existenz im Schatten des »heiligen Zölibat« führen. Inoffizielle Zahlen schätzen sie in der Bundesrepublik auf 4000. Ein Bruchteil von ihnen, rund 90 Priesterfrauen haben jetzt in einer »Initiativgruppe vom Zölibat betroffener Frauen« zueinandergefunden, um sich gegenseitig Mut zu machen. Anne Lueg, 31, aus Solingen, seit sechs Jahren standesamtlich verheiratet mit dem ehemaligen Kreisjugendseelsorger Heiner Lueg, hatte im April 1983 in einer Anzeige verheiratete und unverheiratete Priesterfrauen zum Erfahrungsaustausch aufgerufen. Die engagierte Sozialpädagogin und Mutter zweier Kinder hat die heimlichen Jahre vor ihrer Ehe noch gut und schmerzlich in Erinnerung. Aber auch die Diffamierungen klatschsüchtiger Durchschnitts-Katholiken nach ihrer Eheschließung mit einem Priester. Die Sache mit dem Alt-Solo, das Anne Lueg vor zwei Jahren im Kirchenchor ihrer Pfarrgemeinde beim Weihnachtsgottesdienst singen sollte, ist nur eine von

vielen bitteren Arabesken am Rande: Die gegensätzlichen Meinungen der ortsansässigen Kirchgänger darüber, ob die Priesterfrau Lueg ihr Solo singen dürfe oder nicht, prallten derart aufeinander, daß der zuständige Generalvikar eingeschaltet werden mußte. Der rettete den Weihnachtsfrieden, indem er entschied, daß Anne Lueg ihr Solo singen dürfe. Aber nur diesmal, und dann nie wieder.

Im vergangenen März traf sich die Gruppe der unter dem Zölibat leidenden Frauen zum fünften Mal, diesmal in Düsseldorf, ein ganzes Wochenende lang. Ein Drittel dieser Frauen ist mit einem Priester ohne Amt verheiratet; zwei Drittel sind inoffizielle Priesterpartnerinnen. Von den letzteren sind rund 50 Prozent mit Weltpriestern, die andere Hälfte mit Ordenspriestern liiert.

Die Kinderfrage wird bei den Treffen immer wieder aufgegriffen. Nur wenige, vierzehn Frauen in der Gruppe, haben ihren Wunsch nach Mutterschaft verwirklicht. Eine von ihnen, seit fünfzehn Jahren mit einem Priester verbunden, hat vier Kinder aus dieser Beziehung. Den bischöflichen Hilfsfonds nimmt sie nicht in Anspruch. Sie kommt auch sonst gut allein zurecht. Als ihr das Vormundschaftsgericht weismachen wollte, daß sie eine ihrer Töchter nur auf dem Gymnasium anmelden könne, wenn der Vater namentlich bekannt sei, hat sie laut gelacht.

Ebenfalls vier Kinder hat eine Frau, die in der Gruppe als Ausnahme von der Ausnahme gilt, die von manchen Schicksalsgenossinnen sogar mit ein bißchen Argwohn betrachtet wird. Im Glauben, keine Kinder bekommen zu können, adoptierten die Frau und ihr Ehemann ein Zwillingspaar. Als die Ehefrau später eine Freundschaft mit einem Priester einging und sie schwanger war, wußte sie, daß die Kinderlosigkeit ihrer Ehe nicht an ihr gelegen haben konnte. Inzwischen ist ein zweites Priesterkind dazugekommen. Die Beziehung besteht immer noch, mit dem Wissen des Ehemannes.

Manche Priesterfrauen in der Gruppe lehnten es jedoch ab, Kinder in die Welt und in eine so ungeklärte Partnerschaft zu setzen. »Es gibt auch Fälle«, sagt Anne Lueg, »in denen Frauen in Absprache mit ihrem Priester abgetrieben haben.«

Die Solidarität, die sich da breitzumachen beginnt unter den Priesterfrauen, geht den betroffenen Männern noch ab. »Wie könnte es sonst möglich sein«, fragte Anne Lueg, »daß sich beim letzten Treffen die jeweiligen Partnerinnen von Kaplan und Pfarrer aus

demselben Pfarrhaus begegnet sind und durch Zufall feststellten, daß ihre Männer seit Jahren unter einem Dach leben?«
Zwei meiner Gesprächspartnerinnen in diesem Buch gehören zu der »Initiativgruppe«. Die übrigen versuchen alleine mit der Not eines Lebens im Verborgenen fertigzuwerden. Die Frauen, die hier Auskunft über sich geben, nachdenken, auch weinen, sich erinnern, wirken auf eine anrührende Weise herb, stark und verletzlich zugleich. Sie sind die Eva-Marias der katholischen Kirche. Und ein Hauch von heiliger Johanna ist auch dabei.
Viele der vom Zölibat betroffenen Frauen sind bereit, für ihre Beziehung zu kämpfen. Sie sind oft wehrhafter und wahrhafter als die Priester an ihrer Seite. Nicht weil sie weniger zu verlieren haben. Sie stehen oft selbst im Dienst der Kirche. Vielleicht ist es eine gerade den Frauen eigene Sehnsucht nach Ganzheit und Echtheit, die sie treibt. Und sicher auch ein Mut, aus der Not geboren.
Der Tag, an dem ein Priester hinter die Frage seines Generalvikars: »Schlafen Sie mit ihr?« ein Nein setzte, dieser Tag muß ein schmerzlicher im Leben der Priesterfrau gewesen sein.
Was die Frauen offen aussprechen, versucht man in Priester-Kreisen nicht selten durch Witze zu bewältigen. »Zölibatsverstärker« ist ein beliebter iocus clericorum und meint jene Frauen, die es durch ihre angebliche Unattraktivität den Priestern leicht machen, gesetzestreu zu bleiben. Lohnenswerter als die ironische Aburteilung von Frauen wäre die Beschäftigung mit der Frage, was der Zölibat selber verstärkt. Daß er nicht nur Austragungsort für ekklesiogene Neurosen ist, sondern auch das durch die Jahrhunderte eingeschliffene Rollenverhalten der beiden Geschlechter konserviert, wird aus den Frauengesprächen in diesem Buch deutlich. Im Fokus des heiligen Zölibats erweisen sich diese »unheiligen Ehen« als Lehrstücke für die Beziehung von Mann und Frau schlechthin.
Priesterfrau ist überall. In diesem Sinne empfinde ich mich als Autorin eins mit allen Frauen in diesem Buch.

Es gibt nur eine Kraft, die solche Nähe und Ferne zugleich aushält: die Liebe

Seit drei Jahren ist Bettina, 45, in dritter Ehe mit einem Priester verheiratet. Standesamtlich und ohne den Segen der Kirche.
Im April 1982 verließ Pater Michael, 45, nach 20 Jahren seinen Orden. Heute arbeitet er als Psychoanalytiker in der Schweiz. Bettina ist Redakteurin an einer großen Schweizer Zeitung.

(Szene aus einem Hörspiel)
Bettina: Zwei Jahre?
Dorothee: Zwei Jahre, ja.
Bettina: Bis er endgültig ging?
Dorothee: Zwei volle Jahre vom Austritt aus dem Rat von Unterwalden bis zu dem Tag, da er uns für immer verließ. Warum willst du das alles wissen?
Bettina: Es geht mich an.
Dorothee: Was ich erlebt habe, geht dich an?
Bettina: Ich erlebe es auch. Daß einer ganz nah ist und doch weit weg. Gebunden, unerreichbar.
Dorothee: Sprich deutlicher.
Bettina: Ich kann nicht.
Dorothee: Du kannst nicht und fragst mich aus. Mit welchem Recht?
Bettina: Zu lernen von dir.
Dorothee: Was gäbe es von mir zu lernen?
Bettina: Daß einer nah ist und doch unerreichbar. Ihn lieben und doch wissen, ich werde nie an seiner Seite sein. Nie, verstehst du? Du bist es immerhin gewesen, 20 Jahre lang. Du hast mit ihm gelebt, ihr habt Kinder gehabt zusammen, ein Haus, ein Dach, ein Leben, bevor dein Mann, Niklaus von Flüe, an jenem 16. Oktober 1467 sein Bündel nahm.
Dorothee: Gott hat ihn mir genommen.
Bettina: Mir wird er ihn nie geben.

Sie haben ein Hörspiel geschrieben, ein Zwiegespräch zwischen Ihnen und Dorothee, der Frau des Niklaus von Flüe. Nach 20 Jahren Ehe verließ der Schweizer Nationalheilige Frau und Kinder, um dem Ruf Gottes zu folgen. Zehn Minuten von seinem ehemaligen Wohnhaus entfernt, lebte Bruder Klaus fortan in einer Einsiedelei in unmittelbarer Nähe seiner Familie. Und dennoch unerreichbar: »Ganz nah und weit weg«, wie der Titel Ihres Hörspiels sagt. Was teilen Sie mit Dorothee? Wer war für Sie so nah und doch weit weg?

Ich bin als fragende Frau von heute an diese andere Frau herangetreten, weil ich von ihr wissen wollte, was es für sie bedeutete, alleingelassen zu werden von einem Mann, der behauptete, daß Gott ihn rufe. Ich wollte wissen, wie ihr Weg aussah – der Weg aus Angst und Verzweiflung hin zu jenem Ja des Verzichts auf den

Gefährten, auf Ehe und häusliches Glück, auf Ansehen und Geborgenheit. Und sie sagte mir, daß es nur eine Kraft gibt, die eine solche Nähe und Ferne zugleich aushält: die Liebe.

Dorothee: Du sagst, du weißt, was Liebe ist?
Bettina: Ja.
Dorothee: Dann weißt du auch die Antwort.
Bettina: Ihn lassen, aus Liebe, meinst du das?
Dorothee: Ihn lassen, wenn es das ist, was er braucht.
Bettina: Und ich? Und du? Was ist mit uns?

Ich habe lange gebraucht, bis zu dem Augenblick, bis ich ja dazu sagen konnte, daß der Mann, den ich liebe, sein Leben im Kloster verbringen wird; bis ich – wie Dorothee – Jesus' Gebet am Ölberg sprechen konnte: »... Vater, nicht wie ich will, sondern wie du willst.«
Im Sommer 1981 haben Michael und ich gemeinsam Ferien gemacht in meinem Refugium im Tessin. Das erste Mal drei Wochen, an einem Stück, nur wir beide. Und es war sehr schön. Und es war so, wie es eigentlich immer hätte sein können, also wie es heute ist. Und dennoch hatte ich das Gefühl, nein, das wird nicht, er wird es nie tun, er wird nie kommen.
In diesen Ferien haben Michael und ich eine Wanderung gemacht zu einem kleinen Benediktinerinnen-Kloster, das hoch oben auf einer Bergkuppe sitzt. Das ist ein beschwerlicher Aufstieg durch den Wald. Und dann kommt man raus. Die Sonne scheint, und dieses alte Gemäuer, in dem fünf, sechs alte Nonnen wohnen, steht wie verzaubert vor einem. Es ist ein paradiesischer Flecken Erde mit einem wunderbaren Blick hinunter ins Tal. In der Kirche war gerade Vesper. Wir knieten da zusammen mit den paar alten Schwestern. In dieser Stille durchfuhr es mich: Da gehört er hin. Ich darf ihn nicht wegnehmen, ich muß ihn lassen, ich muß ihn dort lassen, wo er hingehört.
Von diesem Moment an hab ich mich – das klingt ein bißchen blöd, aber ich sag's jetzt ruhig – im Verzicht geübt. Ich wußte zwar nicht, wie ich das mit der Zeit leben sollte, ob es zu einer Trennung kommen würde oder ob ich vielleicht eines Tages so eine abgeklärte Verfassung erreichen würde, daß ich das aushalten, daß ich das leben kann. Aber ich habe ganz bewußt diesen Verzicht innerlich und geistig vollzogen.

In dieser Zeit fing ich an, mich mit Dorothee zu beschäftigen. Wie hat sie das gemacht? Wie hat sie das ausgehalten? Irgendwie war mir gefühlsmäßig klar, sie muß ja dazu gesagt haben. Das kann nicht so eine zerknirschte Opferhaltung mit einem Schuß Frust und gebeugtem Kopf gewesen sein, das war *sie,* das war auch ihr Entschluß. Erst später stieß ich auf historische Quellen, die mir das bestätigten.
Als ich dieses Hörspiel schrieb, war ich ganz Dorothee. Die meisten Szenen habe ich zu Hause, im Bett geschrieben. Ich habe ein Heft gehabt, das hieß Dorothee. Darin habe ich alles notiert, was ich von ihr wissen, was ich ihr sagen wollte. Und auch das, was sie einer Frau wie mir geantwortet hätte.
Michael war der erste, dem ich die einzelnen Passagen vorgelesen habe. Er hat die Entstehung dieses Hörspiels Stück für Stück miterlebt. Wir haben am Tisch gesessen und geweint, wenn ich ihm vorgelesen habe. Das war meine Botschaft, wie es um mich steht. Doch trotz Verzicht und Dorothee blieb in einer Ecke meiner Seele eine Hoffnung.
Heute könnte ich mir denken, daß Michael durch mein Sich-selbst-Zurücknehmen erst richtig frei geworden ist für eine Entscheidung. Als ich durch war, so richtig loslassen konnte, da ist er gekommen. Da fing er plötzlich an, Pläne zu machen. Da wurde es langsam konkret. Aber der ganze Prozeß dauerte bei uns ja nicht so lange.

Wie lange?

Zwei Jahre.

Bis er endgültig ging?

Zwei volle Jahre vom Tag unseres Kennenlernens bis zu seinem Austritt aus dem Kloster.

Wie sind Sie überhaupt Dorothees Schwester geworden? Wie kam es, daß Sie in einer heimlichen Beziehung zu einem Ordensmann standen?

Ich war in zweiter Ehe mit einem Schriftsteller verheiratet. Sieben Jahre hatte unsere Beziehung gedauert, die zwei letzten waren wir ein Ehepaar. Er war ein schwieriger Mensch – halt ein Schriftsteller – und machte es allen schwer, die ihn liebten. Er stellte einen

ununterbrochen auf die Probe, um zu sehen, ob man ihn auch noch dann liebte, wenn er ganz garstig ist. Also manchmal wie ein kleines Kind. Er hat getrunken. Er war eine ganz extreme Natur, labil und ausufernd und ungeheuer anstrengend, total radikal, alles, was man will. Er war einfach strapaziös, wobei mir klar war, daß ich diesen Mann nie im Stich lassen würde, weil ich ihn nicht wissentlich zum Selbstmord treiben wollte.
Ende des Jahres 1978 bekam mein damaliger Mann Lungenkrebs. Diese Krankheit dauerte ziemlich genau ein Jahr. Mit Krankenhausaufenthalten und wieder zu Hause und wieder Krankenhaus und wieder zu Hause. In dieser Zeit stieß ich auf Horst Eberhard Richters Buch »Der Gotteskomplex«. Es war ein bißchen wie eine Eröffnung für mich. Vor allem die Kapitel, wo er sich mit der Ohnmacht der Medizin auseinandersetzt, auch mit dem Akzeptieren dieser Ohnmacht, mit dem Gedanken, in Gottes Namen ja sagen zu müssen, daß ein Mensch stirbt. Ja sagen zu den Grenzen der Wissenschaft. Über dieses Buch habe ich damals eine Sendung im Rundfunk gemacht. Es war der 4. Mai 1979, ein Donnerstag. Eine gute Sendung, wie ich meine, weil man vermutlich spürte, wie engagiert ich bei diesem Thema war.
Michael hat diese Sendung im Radio gehört und ließ sich vom Studio meine Adresse geben. Noch am gleichen Nachmittag rief er mich an. Zuerst habe ich etwas kühl und zurückhaltend zugehört, was er da zu sagen hatte. Und dann kam ein Gespräch zustande. In dieser Viertelstunde am Telefon erzählte ich diesem wildfremden Menschen die ganze Geschichte meiner Not. Es war etwas Vertrauenswürdiges in seiner Stimme, und als Angehörige eines Schwerkranken empfand ich es als unheimlich wohltuend, daß da jemand ist, der auf mich eingeht, der fragt, wie's *mir* geht. Denn meistens wird in so einer Situation nur gefragt, wie geht's dem Patienten, was macht der Patient?
Zum Schluß wollte ich wissen, was er denn von Beruf sei. Als er dann sagte, ich bin Kapuziner, da war ich sehr verlegen. Beim Einhängen habe ich so gedacht, das ist ein Kontakt, den möchtest du nicht ganz verlieren.
Irgendwann kam eine Karte von ihm. Vielen Dank für das Gespräch, stand darauf. Und dann noch: Ich bete für Sie beide.
Das hat mich sehr berührt. Ich bin evangelisch aufgewachsen, aber bei uns zu Hause ging's eher lau her mit dem Glauben. Seit ich mit 25 Jahren aus der Kirche ausgetreten war, lebte ich so frisch-fröh-

lich agnostisch vor mich hin; sicherlich mit Interesse an weltanschaulichen Fragen, aber eher philosophisch geprägt. Dieses Ich-bete-für-Sie hat noch nie jemand zu mir gesagt in dieser säkularen Gesellschaft, in der ich verkehrte.
Überhaupt war ich viel empfänglicher geworden für Religiöses seit der Krankheit meines Mannes. Wie eine Eruption, wie ein Vulkanausbruch ist das in meinem Leben aufgebrochen. Meinem Mann ging es ähnlich. Er wollte ursprünglich einmal evangelischer Pfarrer werden, konnte aber aus finanziellen Gründen keine höhere Schule besuchen.

Ist ja auch merkwürdig, daß Sie bereits vor Ihrer Ehe mit einem Priester mit einem Beinahe-Pfarrer verheiratet waren. Oder?

Ja, ich habe ihn dann immer lachend getröstet und gesagt, du bist ja Schriftsteller, du predigst ja auch die Leute an. Er ist dann aus der Kirche ausgetreten, hat sich dem Sozialismus zugewandt und hätte sich wahrscheinlich in guten Zeiten als Atheisten bezeichnet. Während der Krankheit kreiste unser Denken ständig um den Sinn des Leidens, um die Begrenztheit unserer Existenz, um diesen Gott, der solche Dinge zuläßt. Durch die ständige Nähe des Sterbens wurde ich angerührt im Glauben, daß es noch etwas mehr geben könnte als nur dieses Leben hier.
Die Verbindung mit diesem Pater Michael riß nicht ab. Ich hörte seine Radioansprachen und sagte ihm meine Meinung dazu. Je schlimmer es bei mir zu Hause wurde, desto mehr bedrängte ich ihn mit Fragen. Fernmündlich und schriftlich. Er war der einzige in meinem Bekanntenkreis, mit dem ich über Dasein und Endlichkeit und Sinnhaftigkeit hätte reden können. Er war wie ein Beichtvater für mich, wie eine seelische Stütze in dieser Zeit. Er hat mir auch ein bißchen beigebracht von dem, was man Sterbebegleitung nennt. Das war wichtig für mich, nicht so allein zu sein mit einem Todkranken.
Ein paar Monate bevor mein Mann starb, hörten wir gemeinsam eine Predigt von Pater Michael im Radio. Es ging um die Hoffnung. Du, den möchte ich mal kennenlernen, lad den doch mal ein, sagte mein Mann. Das hab ich dann gemacht. Und im September des gleichen Jahres, Ende September kam er zum Nachtessen.
Wir haben uns zum erstenmal gesehen. Es war ein spontanes

Einverständnis zwischen uns, eine Verwandtschaft, so ein Gefühl, den kennst du schon lange. Auch die beiden Männer mochten sich, wofür ich im nachhinein sehr dankbar bin.

Es wurde ein sehr schöner Abend, obwohl der Patient schon im Rollstuhl saß und sehr schlecht dran war.

Der Kranke starb zu Hause. Ganz zentral war ein Satz, der mir wie ein Vermächtnis des Sterbenden gewesen ist, zwei Tage vor seinem Tod. Es kam ganz aus der Tiefe des Bewußtseins und war so etwas vom Letzten, was er noch sagen konnte: Wenn ich jetzt sterbe, kommst Du dann mit? Es muß eine Vorausahnung gewesen sein, daß es ein Wohin doch geben muß. Denn wäre der Tod das Ende, gäbe es kein Mitkommen.

Seit damals fing ich an, mich noch intensiver mit Kirche und Gott zu beschäftigen. Die zunehmend intensivere Freundschaft mit Michael spielte da sicherlich mit hinein. Und auch das Gefühl, wenn ich mich jetzt nicht in seine Welt hineinbegebe, werde ich nie etwas von ihm verstehen.

Nach dem Tod im November ging es eigentlich ziemlich schnell mit uns beiden, so schnell, daß ich mich manchmal ein bißchen geschämt habe. Auf der anderen Seite hatte ich einen so wahnsinnigen Hunger nach Leben, nach diesem Todes-Jahr. Dieses Jahr der Krankheit war so schlimm, daß der Tod nur noch willkommen war. Es war nicht mehr etwas, womit ich gehadert habe, das war ein Ende, das man herbeigesehnt hat.

Michael riet mir, für zwei Wochen in ein Frauenkloster zu gehen, am selben Ort, wo auch sein Kloster ist.

Diese vierzehn Tage im Kloster waren eine ganz, ganz schöne und wichtige Erfahrung für mich. Mit viel Stille und viel leerer Zeit, die manchmal auch schwer auszuhalten war. Mit diesen Frauen, die mich umgaben und dennoch auf Distanz blieben. Die keine Fragen stellten, aber zuhörten, wenn ich reden wollte. Die mir einen Halt und einen Rahmen gaben, allein schon durch den Tagesablauf. Wichtig war mir auch, in Michaels Nähe zu sein, um Einblick zu bekommen in die Welt, in der er lebt.

Nach meiner Rückkehr haben wir uns immer häufiger getroffen. Ich war sehr unsicher und sicher nicht die treibende Kraft, die daraus eine Liebesbeziehung machen wollte. Ich hatte halt so ein bißchen Lieschen-Müller-Vorstellungen von einem Priester: Ein Priester darf das ja nicht, also tut er's auch nicht. Jedem anderen Mann hätte ich spontan gesagt, gehn wir noch zu mir nach Hause,

statt immer im Café herumzusitzen; bei ihm hab ich mich unheimlich gequält, ob ich nun diesen Satz sagen darf.
Ende Januar 1980 hab ich ihn ausgesprochen. Mit viel Herzklopfen. Und ich merkte, daß er nur darauf gewartet hatte. Später habe ich erfahren, daß diese ganze Entwicklung, die damit begonnen hatte, nicht ein absoluter Anfang war. Daß ich nicht der Grund und der alleinige Auslöser für seine Zölibatsuntreue war. Als wir uns kennenlernten, hatte er bereits Beziehungen mit Frauen hinter sich. Da war für ihn längst klar gewesen, daß er den Zölibat nicht mehr halten kann. Ich bin gewissermaßen auf einen fahrenden Zug gesprungen.

War das eine Entlastung für Sie?

Ja, und trotzdem hatte ich unheimliche Probleme. Vor allem dann, wenn ich ihn in seiner Welt besucht habe. Wenn ich in einen Gottesdienst ging, den er hielt. Wenn ich ihn dann im vollen Ornat gesehen habe. Diese Gewänder strahlten auf mich so etwas wie Rühr-mich-nicht-an aus. Ich hatte ihn ja in Zivil kennengelernt. Und mit einem Mal steht er da vorne am Altar, in all diesem Glanz, und ich sitze unter den Leuten und denke, mein Gott, wenn die wüßten. Das waren schmerzliche Momente, wo ich am liebsten losgeheult hätte. Wo ich gedacht habe, nein, das darfst du nicht, das kannst du nicht, das ist einfach nicht erlaubt. Nicht kirchenrechtlich, sondern eben doch irgendwie vor diesem Gott.
Und diese tränenreichen Abschiede hinterher. Wenn er in einer Ortschaft Messe las, zur Aushilfe, fuhr ich manchmal dorthin. Hinterher haben wir dann noch irgendwo einen Wein getrunken. Das waren immer sehr zerrissene Begegnungen, weil er aus dem Innersten kam und ich so von außen als Eindringling. Dann mußten wir uns wieder trennen, und man durfte sich nicht anfassen. Und immer wieder habe ich gedacht, das tust du nicht mehr, das tust du dir nicht mehr an, und trotzdem hab ich's immer wieder gemacht. Ein bißchen Masochismus ist da schon dabei. Das Bedürfnis, sich zu sehen, war stärker als alle Rücksicht sich selber gegenüber.
Einmal bin ich heulend in irgendeinem Zug gesessen. Da hat ein Bäuerchen zu mir gesagt: »So, hät's en Abschied gä?«
Das war alles in einer Zeit, wo es absolut nicht klar war, daß er mal austreten wüde. Das war eigentlich bis zuletzt nicht klar. Das ging

so in Wellen. Mal schien es wahrscheinlicher, mal unwahrscheinlicher. Dabei habe ich nie das Gefühl gehabt, er scheut vor der Bindung zurück, wenn er unentschlossen war. Ich glaube, es war in der Hauptsache die Angst vor der Zukunft: Was wird aus mir? Und die Angst vor dem Rollenverlust: Wer bin ich dann noch? Und sicher auch – darüber hat er wenig gesprochen, das ist seins – die Schuldgefühle, die Skrupel, ein Gelübde zu brechen, Freunde zu verraten, einem Weg und einem Lebensentwurf untreu zu werden. In der ganzen Geschichte habe ich mir vorgenommen, nie zu drängen, nie zu fragen und schon gar nicht ultimativ zu fordern. Weil ich mir sagte, ich will nicht schuld dran sein, wenn's schiefgeht. Es soll, soweit das möglich ist, freiwillig sein.
Was ich nicht verbergen konnte, waren meine Tränen und mein Leiden. Mein Gefühl, das mich manchmal befiel, jetzt halt ich's einfach keine Sekunde und keine Stunde und keinen Tag mehr aus.
Das war auch die Zeit mit Dorothee und dem Hörspiel. Das war die Zeit, wo ich beschloß, ihn aufzugeben, um mich nicht ganz aufzugeben.
Das hat dann den Entscheidungsprozeß bei Michael so richtig in Gang gesetzt. Als er im April 1982 zu mir kam und sagte, daß es Grund zur Hoffnung gibt, da habe ich natürlich nicht gesagt, nein danke, ich hab bereits verzichtet.

Und wie wurde Michaels Entscheidung vom Orden aufgenommen?

Ende 1981 setzte er seinen Ordens-Oberen in Kenntnis der Situation. Er sagte, er kenne da jemanden, da sei er häufig, und es wäre durchaus möglich, daß etwas Ernsteres daraus würde, was seinen Austritt zur Folge haben könnte. Er habe das Gefühl, daß er dieses Doppelleben auf Dauer nicht mehr leben dürfe und wolle. Er könne auch nicht mehr guten Gewissens vor die Leute hintreten. Er sei unglaubwürdig. Den Menschen gegenüber und auch der Frau, die er liebt.
Es hat damals Leute gegeben, die sagten: »Ja, muß denn gleich dieser Schritt gemacht werden, geht es denn nicht auch so?«
Als ich das hörte, bin ich sehr zornig geworden, weil ich Verlogenes hasse. Und er war eher traurig. Sein Naturell neigt weniger zum Zorn, mehr zur Trauer. Fortan wußte er, daß er sich nicht

mehr länger zum Komplizen eines Systems machen wollte, das diese Doppelbödigkeit mitspielt und unterstützt.
Langsam fingen wir an, Zukunftspläne zu schmieden, über seine berufliche Zukunft zu reden. Einmal kam er an und fragte, was denkst du, was könnte ich machen? Und ich hab immer nur gesagt, ich kann dir nicht eine fertige berufliche Situation auf dem Tablett präsentieren. Ich kann dir nur versichern, wir nagen nicht am Hungertuch, und ich habe meinen Beruf. Ich habe auch Beziehungen und ein bißchen Geld. Er hat dann selbst die Initiative ergriffen und begann sich umzuhören. Zum Schluß zeichnete sich die Möglichkeit einer psychoanalytischen Ausbildung ab, die er heute abgeschlossen und in einen Beruf umgesetzt hat.
Bei seinem Austritt, Ende April 1982, war Michael 42. Er ist mein Jahrgang. Wir haben nur standesamtlich geheiratet, am 12. August desselben Jahres. Auf ein langatmiges Laisierungsverfahren hat mein Mann verzichtet.
Michael mußte noch mal die Schulbank drücken. Mit seinem abgeschlossenen Studium saß er da wie ein kleiner Student und hörte Vorlesungen. Und das in einem Alter, wo andere Männer längst arriviert sind. Er hat sich nie beklagt, er hat nie viel darüber geredet, aber es war schon schwierig für ihn.
Ich glaube, es war ihm eine große Erleichterung zu wissen, du hast eine Frau, die hat ihren Beruf und ihr Geld, die kann eine gewisse Zeitlang den Karren ziehen und die Sache schmeißen. Zu wissen, die steht mit beiden Beinen im Leben.

Sind Sie das wirklich?

Ja, ich denke schon. Unlängst hat mir ein Profi-Astrologe meine Sternbild-Konstellation auseinandergetüftelt, und obwohl ich nichts davon halte, war ich überrascht, wieviel davon auf mich zutraf.

Was waren das für Eigenschaften?

Ich bin Widder und habe nicht nur die Sonne im Widder, sondern auch den Jupiter. Das spreche, sagte dieser Astro-Mensch, für eine stark ausgeprägte Vitalität und für viel Kraft und Durchsetzungsvermögen. Es gibt da auch noch irgendeine Konstellation, die auf starken Willen hindeutet.

Wer mich einigermaßen kennt, weiß, daß das bei mir ganz intensiv vorhanden ist. Das ist manchmal auch wieder eine Gefahr bei mir, daß ich zu sehr mit dem Kopf durch die Wand will, daß ich mich willensmäßig auch vergewaltigen könnte, wenn's sein müßte. Ich weiß, daß ich ungeheuer viel kann, wenn ich will. Und gar nichts, wenn ich nicht will.
Und dann war noch etwas ganz Lustiges: Venus und Mars, also das männliche und weibliche Zeichen, waren ganz nah beisammen und bildeten zusammen mit dem Mond so eine Dreiergruppe. Das bedeutet, daß die männliche und weibliche Seite in meinem Wesen sich fast die Waage halten.
Und das ist eigentlich auch etwas, was ich bei mir spüre. Meine Art zu denken und zu sein geht sehr nach beiden Richtungen. Und würde, sagen die Astrologen, durch den Mond im Gleichgewicht gehalten. Ich fühle mich tatsächlich manchmal als eine relativ zwiespältige Mischung Mensch mit sehr auseinanderstrebenden Eigenschaften. Ich kann sehr schüchtern sein und sehr verletzlich, sehr angewiesen auf Zuspruch, Zuneigung, Anerkennung. Und dann bin ich wieder ganz Kopf-durch-die-Wand.

Vermuten Sie, daß der zölibatsbrüchige Priester, der mit dem Gedanken an einen Austritt spielt, gerade diesen Typus Frau braucht, wo sich Männliches und Weibliches die Waage halten?

Um eine dauerhafte Beziehung aufzubauen, bestimmt. Im weiblichen Pol sieht er eine ausgeprägt mütterliche Seite, die Vertrauen erweckt und Geborgenheit verspricht. Im männlichen Pol sieht er die Tüchtigkeit, das Durchsetzungsvermögen und weiß, die steht ihren Mann. Was gerade in der ersten Zeit einer solchen Ehe sehr wichtig ist, weil der Priester-Mann da doch sehr abhängig ist von seiner Frau.

Sehen Sie darin keine Gefahr, daß Frauen diese Abhängigkeit mißbrauchen könnten?

Ja, diese Gefahr sehe ich. Wobei ich mich vor dieser Gefahr auch in jeder anderen Beziehung hüten müßte. Ich weiß, daß ich von meinem Naturell her ein bißchen herrschsüchtig und dominierend bin. Ich muß aufpassen, daß ich die Leute nicht nach meiner Pfeife tanzen lasse.

Und in dieser Situation mit Michaels beruflichem Neubeginn war es besonders schwierig. Auf der einen Seite mußte ich ja dominieren als Familienoberhaupt auf Zeit; auf der anderen Seite habe ich mich gehütet, damit hausieren zu gehen. Das habe ich nicht mehr nötig. Ich war so glücklich und dankbar, daß Michael diesen Schritt getan hat, daß es mir leicht fiel, mich zurückzunehmen und seine momentane Schwäche nicht zu mißbrauchen. Diesem Menschen möchte ich nie weh tun. Weniger als jedem anderen.

Diese Ehe mit einem Priester ist Ihre dritte. Die erste ging in die Brüche, die zweite trennte der Tod.
Versprechen Sie sich von diesem Lebensbund mit einem Geistlichen so etwas wie Heil und Erlösung aus den vorangegangenen schmerzlichen Ehen?

Schon auch. Verglichen mit den beiden anderen Ehen empfinde ich mein Leben mit Michael als Erholung, als Endlich-atmenkönnen, Ich-selbst-sein-können. In der ersten Ehe mußte ich immer Rücksicht nehmen, mein Licht unter den Scheffel stellen, damit er sich nicht zurückgesetzt fühlte. Was ich damals, mit 27, noch bereitwillig getan habe, heute nicht mehr. In der Ehe mit dem Schriftsteller war das nicht das Problem, im Gegenteil, er hat mich sehr gefördert, aber es war ein dauernder Kampf, eine ständige Auseinandersetzung, es war ungeheuer strapaziös.
Und jetzt ist es friedlich, entspannt, gelöst. Wir scheinen uns einfach zu ergänzen und sehr gut zusammenzupassen. Es ist keine Anstrengung dabei. Ich muß mich nicht dauernd in acht nehmen. Ich habe das Gefühl, so wie ich bin, ist es offenbar recht und umgekehrt auch. Und das ist das Schönste.
Ich war mir eigentlich immer schon sehr sicher, daß unsere Ehe gutgehen würde. Ich wußte, mit dem Mann kann ich leben. Ich wußte es vielleicht besser als er, weil ich eheerfahren war, wie es in den Anzeigen so schön heißt. Im Gegensatz zu ihm. Er ist dafür ordenserfahren und damit kooperativer und umgänglicher und sozialer, als viele Männer es sind, die immer ein normales, weltliches Leben geführt haben. Helfen, Arbeitsteilung, gemeinsame Entscheidungen, Rücksicht auf den anderen, Zurückstellung der eigenen Bedürfnisse, das ist für ihn überhaupt kein Problem. Das hat er eingeübt. Und ein Macho ist er auch keiner.
Ein Weltpriester, mit seiner Mutter, die ihn hochgejubelt hat, mit

seiner Pfarrköchin, die ihn bedient hat, der bleibt viel eher das verwöhnte Söhnchen, wenn er sich wieder bei einer Frau zur Ruhe setzt.
Michaels Ordenserziehung war fruchtbar für unsere Ehe. Ich habe das viel schmerzlicher lernen müssen, mir die Hörner abzustoßen, mich einzupassen als verwöhntes Einzelkind, das gewohnt war zu bekommen, was es verlangte.

Wie war Ihre Beziehung zu den Eltern?

Problemlos und entspannt zu meinem Vater, problematisch, spannungsbeladen zu meiner Mutter. Aber natürlich sehr intensiv dadurch. Vor allem von meiner Mutter ungeheuer possessiv gestaltet.

Sie hatte wohl nur Sie?

Ja, eben, und Lebensinhalt zu sein ist nicht ganz einfach. Von daher vertrage ich es relativ schlecht, wenn man mich bindet. Mein Mann muß da ein Geheimnis haben, mich nie einzuengen, mich an einer ganz langen Leine zu lassen und mir das Gefühl zu geben, ich kann völlig tun und lassen, was ich will. Er muß verstanden haben, daß ich das dann auch nicht ausnütze. Aber wenn man mich einsperren will, dann hau ich über die Stränge. Das ist ganz schlecht.

Und Ihr Glaubensleben, konnten Sie da zu einem gemeinsamen Kompromiß finden?

Er ist nach wie vor katholisch, ich bin immer noch in einem kirchenlosen, freischwebenden Zustand. Evangelisch werde ich sicher nie mehr, das ist vorbei. Ob ich eines Tages katholisch werden will, weiß ich noch nicht. Ich halte es zunächst noch offen. Manchmal frage ich mich, ob es überhaupt nötig ist. Ich gehe ja auch so mit meinem Mann in die Kirche.

Regelmäßig?

Ziemlich regelmäßig, am Sonntag. Es ist uns beiden ein Bedürfnis. Wir haben hier in der Gemeinde einen ganz reizenden Pfarrer, der uns sogar zur Hochzeit Blumen geschickt hat. Für ihn ist es völlig selbstverständlich, daß ich mitkomme, auch zur Kommunion gehe, ein völlig integriertes Mitglied der Gemeinde bin.

Sie gehen auch zur Kommunion?

Ja.

Ist denn das erlaubt?

Nein, streng rechtlich ist es verboten. Und zwar gleich aus vier Gründen. Ich bin eine geschiedene, wiederverheiratete, nichtkatholische, mit einem Priester in schwerer Sünde lebende Frau. Aber wenn schon an der ganzen Geschichte, ich meine am Evangelium, was dran ist, muß sie größer sein als das.

Manchmal fühle ich mich als die vom Bahnhof, Gleis 5

Nach 17 Jahren Ehe ist Ellen, 36, vor einem Jahr aus der ehelichen Wohnung in eine eigene umgezogen. Die drei Kinder blieben bei ihr. Ellens Freundschaft mit einem Priester ist zwei Jahre alt. Christian, 45, lebt als Pfarrer in einer Großstadtgemeinde im süddeutschen Raum. Ellen arbeitet als Optikerin.

Er hat mich im Fasching zum Tanzen aufgefordert. Das war 1981 auf dem Pfarrball einer Pfarrei in Rosenheim. Als Ungläubige fand ich das natürlich schockierend, denn ein Pfarrer war für mich immer schon ein Wesen, das weder tanzt noch sonst irgendwelche menschlichen Regungen hat. Wenn man noch dazu, wie ich, ledig geboren wurde, kommen einem solche Autoritäten besonders unerreichbar vor.
Daß sich da einmal etwas anspinnen würde, hätte ich nicht gedacht. Man war sich eben sympathisch, aber wer fängt schon etwas mit einem Pfarrer an, was hat man da für Aussichten?
Beim Tanzen hat er mich gefragt, wie es mit meiner ehelichen Treue aussähe, und ich habe geantwortet, ja soll ich denn hier eine Beichte ablegen auf dem Parkett? Schnell habe ich noch die Gegenfrage nachgeschoben und gesagt: Wie kann jemand, der so aussieht wie Sie, Pfarrer werden? Auf diese Weise sei er eben für alle Frauen da, war seine Antwort.
So haben wir herumgeflachst und uns zwei Jahre nicht mehr gesehen.
Im Fasching 1983 bin ich dann wieder mit meinem Mann und Freunden auf den Pfarrball gegangen. Auch er war da. An der Bar haben wir so ein bißchen geplaudert, und er hat mich gefragt, was ich denn arbeite und ob er mich gelegentlich anrufen könne. Von mir aus, habe ich gesagt, warum denn nicht, aber, wenn's geht, im Geschäft und nicht zu Hause.

Wie war Ihre Ehe zu diesem Zeitpunkt?

Sie ist so dahingesiecht, ohne daß ich den Mut gefunden hätte, aus ihr fortzugehen. Bei drei Kindern – sie sind achtzehn, fünfzehn und zwölf – überlegt man sich das eben.
Mit knapp achtzehn Jahren warf ich mich dem erstbesten Mann an den Hals und versuchte, eine Familie nach meinen Vorstellungen zu gründen. Das erste Kind war bereits unterwegs. Sicherlich spielte auch das mit eine Rolle, daß wir so schnell geheiratet haben.

Und wie sollte Ihre Familie aussehen?

Auf jeden Fall nicht so wie die, in der ich aufgewachsen bin: Die Oma und der Opa haben mich aufgezogen, weil meine Mutter in der Fabrik arbeiten mußte. Sie waren schon sehr alt, ich habe mich

nie von ihnen verstanden gefühlt. Immer wenn ich irgend etwas ausgefressen habe, hat der Großvater zu mir gesagt: Ja, wer bist du denn schon. Und wenn man so etwas ständig eingetrichtert bekommt, glaubt man es zum Schluß selbst.
Auch in meiner Ehe habe ich mich oft verlassen gefühlt. Als meine Mutter an Brustkrebs starb, da war ich 21 und hatte außer zwei Kindern niemanden auf der Welt. Die siebzehn Jahre Leben mit meinem Mann waren eine einzige Last. Immer wieder habe ich mit dem Gedanken gespielt, eines Tages werde ich auf jemanden treffen, der mir hilft, diese Ehe zu beenden.

Wann haben Sie sich das erste Mal getroffen nach jenem zweiten Faschingsball?

Vier Wochen später, am Bahnhof von Rosenheim, Gleis 5. In meiner Verlegenheit wußte ich nichts anderes festzustellen, als daß ihm ein Hemdenknopf fehle, was er mit der Faulheit seiner Haushälterin entschuldigt hat. Ich hatte fürchterliche Angst, von jemandem gesehen zu werden, ich, als verheiratete Frau, und noch dazu mit einem Priester.

Wann wurde es verbindlich zwischen Ihnen?

Seit jenem ersten Treffen auf dem Bahnhof habe ich mir immer wieder ausgemalt, wie es denn sein würde, wenn... Aber dann habe ich mir gedacht, ich kann ja nicht mit meinen drei Kindern ins Pfarrhaus ziehen. Erst hat man zweimal in der Woche telefoniert, dann bald jeden Tag und irgendwann, nach vier Monaten, hat's endgültig eingeschlagen.

Und wie war das?

Schwierig. Da wird einem die ganze Situation so richtig bewußt. Dieses Gefühl der Aussichtslosigkeit, das Wissen darum, er würde nie weggehen aus seinem Amt, weil das sein Leben ist, das muß man erst einmal verdauen.

Und wo war das?

Bei Christian im Pfarrhaus, seine Haushälterin hatte Ausgang.

Man hat sich abends eingeschlichen, es war schlimm, das Gefühl haben zu müssen, etwas Schlechtes zu tun, obwohl das doch ein Teil der menschlichen Natur ist. Ich war dann sehr erstaunt, als ich das Foto seiner Mutter sah und keine Ähnlichkeit mit mir feststellen konnte.Er hat mir nämlich einmal gesagt, daß ich so aussähe wie sie. Bei ihrem Tod war er zwölf.
Klar, daß Christian erst Schwierigkeiten hatte, nach so vielen Jahren der sexuellen Abstinenz.

Hatte er vorher keine Frau?

Doch. Die letzte vor zehn Jahren. In den ersten Monaten nach der Priesterweihe und zwei Jahre danach gab es zwei Liebesbeziehungen, eine mit einer Krankenschwester und die andere mit einer Kindergärtnerin. Die sind fürchterlich in die Brüche gegangen und waren für ihn Bestätigung dafür, künftig besser die Finger von den Frauen zu lassen. Christian hat sich geschworen, nie wieder.
Die letzte Frau, sie kommt aus Vorarlberg, läßt ihn heute noch nicht los. Von Zeit zu Zeit taucht sie wie eine Irre vor dem Pfarrhaus auf, beschimpft ihn, bedroht ihn, sagt, sie hätte die älteren Rechte, sagt, sie würde sich umbringen wegen ihm – es muß schrecklich sein für Christian. Dabei sind die beiden nur drei Sommer hintereinander gemeinsam in Urlaub gefahren. Aber sie meint halt, einen lebenslänglich verbrieften Anspruch auf ihn zu haben.

Wie haben Sie beide diese sexuellen Anfangsschwierigkeiten überwunden?

Christian war sehr niedergeschlagen, gekränkt in seiner Männlichkeit. Er hat begonnen, Schuldgefühle zu entwickeln, und gesagt, eine andere Frau wäre ihm schon längst davongelaufen. Ich habe es halb so wild genommen, ihm Mut gemacht und ihn spüren lassen, daß ich ihn auch so mag. Mir ist nichts abgegangen, weil zu Hause ja nach wie vor etwas stattgefunden hat. Leider. Mein Mann war sehr potent, zu jeder Tages- und Nachtzeit, ob es einen freute oder nicht. Ich hatte Sex im Überfluß, bis zum Erbrechen. Was ich eigentlich gesucht habe, war Liebe und Wärme. Und außerdem fühlte ich, daß all diese Schwierigkeiten nur vorübergehende sein würden. Womit ich recht behielt.

Sie leben seit einem Jahr von ihrem Mann getrennt. Wie sieht ihre gegenwärtige Situation aus?

Heute sieht es so aus, daß ich mit meinen drei Kindern in einer eigenen Wohnung lebe. Auf Unterhalt habe ich freiwillig verzichtet. Ich möchte mir auch weiterhin meine Unabhängigkeit erhalten, und, ob ich jemals mit meinen Kindern in das Pfarrhaus ziehen werde, steht noch in den Sternen.

Sind Sie da pessimistisch?

Ja, weil ich mir manchmal sage, im Grunde braucht er mich nicht, er hat seinen Beruf, seine Berufung, seine Pfarrhausfrau, seine Pfarrfamilie.

Das heißt, Sie fühlen sich nur als Accessoire in seinem Leben?

Eigentlich ja, weil seine Liebe zu mir doch nur soweit geht, wie sie ihm nützt. Aber ich kann damit leben. Noch. Als Frau ist man ohnehin geneigt, die eigenen Interessen hintanzustellen.

Vielleicht bilden Sie sich das nur ein, vielleicht haben Sie da so ein Gefühl der Minderwertigkeit aus Ihrer Kindheit mit ins Leben und in diese Beziehung genommen. Sind Sie eifersüchtig auf seine Schäfchen in der Pfarrei?

Einige kennen da kein Grüßgott. Er wird in seiner Pfarrei geradezu angehimmelt von den Frauen, er sieht ja auch sehr gut aus. Manche sind offenbar fest davon überzeugt, Entwicklungshilfe bei ihm leisten zu müssen, ihre Muttergefühle an ihm austoben zu müssen. So nach dem Motto: Der arme Mann hat ja niemanden...

Wie äußert sich denn diese Fürsorge?

Eine Frau strickt ihm beispielsweise regelmäßig Socken. An die dreißig werden es inzwischen sein. Jetzt, wo sie alle Farben durchgestrickt hat, hat sie sich auf Schals verlegt.

Zieht er das Selbstgestrickte an?

Ja. Ich habe ihm oft gesagt, ich wäre da vorsichtig, denn sie strickt da ja auch ihre Gefühle mit hinein, aber er denkt sich da nicht so viel dabei, er findet das einfach nur praktisch. Er hat auch eine, die ruft ihn immer in der Nacht an und schweigt dann ins Telefon. Eine andere kommt öfter mal ins Pfarrhaus und jammert ihm etwas über ihre Unterleibsoperationen vor. Ich meine, so ein Priester sammelt auf sich Gefühle, die manchmal ins Krankhafte hineinragen. Dann hat er noch so eine private »Kräuterhexe«, die ihn immer mit selbstgebrauten Tees aus selbstgepflückten Kräutern und Vitaminpillen versorgt und auch deren Einnahme überwacht. Trotz ihrer 80 Jahre bemuttert sie ihn mit einer solchen Energie, daß mir das manchmal richtig aufdringlich vorkommt. Vielleicht bin ich aber auch nur neidisch auf die Leute, die zu jeder Tageszeit öffentlich im Pfarrhaus ein und aus gehen können, und ich, ich muß mich hineinschleichen wie eine Diebin. Man ist eben ausgeschlossen. In solchen Momenten fühle ich mich wirklich nur als die vom Bahnhof, Gleis 5.

Warum glauben Sie, daß er Sie mag?

Was ihm gefällt, ist meine Art, die nicht jedermanns Sache ist: ein bißchen das Vorlaute, das Freche, mein Sinn für das Praktische, alles Dinge, die er vielleicht für sich selbst wünscht.

Wenn Sie ihn so am Altar wirken sehen, was empfinden Sie da?

Wenig, weil es für mich keinen Gott gibt. Ich sehe ihn da in Ausübung seines Berufes, da muß er halt mit seinem Gwandl stehn.

Und wie verkraftet Christian das Doppelspiel?

Er hat schon ein schlechtes Gefühl bei dem Gedanken, wenn bei den Leuten der Eindruck entstünde, daß ich wegen ihm von meinem Mann weggegangen bin. Daß er eine Ehe zerstört hat, auch wenn er nur der letzte Anstoß dazu war. Daß er im Ernstfall seine Pfarrei verlassen müßte, in der er sich wohlfühlt. Da läßt er halt schon mal lieber meine Hand los beim Spazierengehen, wenn uns jemand entgegenkommt. Obwohl er dann sagt, es wäre nur wegen der Pfütze gewesen.

Was sagen Ihre Kinder zu Ihrer Partnerschaft mit einem Priester?

Meine älteste Tochter stellte fest, schöne Augen hat er, aber sonst ist er ein bisserl altmodisch. Die Mittlere hält sich da ganz raus. Und die Jüngste, die Susi, wollte wissen, was er denn von Beruf sei. Da habe ich gesagt, Rechtsanwalt, was anderes ist mir gerade nicht eingefallen. Vielleicht hätte ich ihn besser als Religionslehrer ausgeben sollen. Daraufhin hat die Susi gemeint: Paß bloß auf, daß er dich nicht ausnützt.
Das wird wohl noch eine Klippe bedeuten, den Kindern zu sagen, wer er wirklich ist.

Nachtrag: Am 28. April 1985 hat sich Ellen taufen lassen.

Mir geht's jetzt gut, mir geht's jetzt besser

Uta, 36, ist seit zwölf Jahren im Generalvikariat einer deutschen Diözese tätig. Als sie im Sommer 1968 Christoph, der kurz vor der Priesterweihe stand, kennenlernte, war sie 18. Als sich Pfarrer Christoph Mitte 1983 von ihr trennte, weil ein junges Mädchen ein Kind von ihm erwartete, war sie 33.
Heute arbeitet Christoph, 41, im Management einer Supermarkt-Kette. Seit zwei Jahren ist er verheiratet und Vater von zwei Kindern.

Ich merke, daß ich jetzt wieder voll drin bin, so im Alltag. Für mich ist es eine Realität, daß Christoph verheiratet ist. Ich leide nicht darunter. Ich bin froh, aus dieser Situation raus zu sein, weil ich jetzt wieder das Gefühl habe, wirklich zu leben. Andererseits hinterläßt die Trennung von Christoph eine ganz große Lücke, eine ganz, ganz große Lücke. Und dennoch ist es für mich erstaunlich: Ich habe keine Minute, wirklich keine Minute ein Haßgefühl gegen ihn gehabt. Der ganze Freundeskreis bekam Aggressionen gegen Christoph und sagte: Wie kann der nur! Das war oft richtig schmerzlich für mich, denn dieses Gefühl von Wut ist mir völlig abgegangen. Heute denke ich, daß es vielleicht an meiner unbewußten Erleichterung darüber lag, daß mir der Christoph eine Entscheidung abgenommen hat, die ich eigentlich hätte treffen sollen. Nein, wütend war ich nie. Auch heute noch wäre es mir ganz schwer, wenn ich hören müßte, daß es dem Christoph nicht gut geht. Aber eines weiß ich trotzdem: Ich möchte nie mehr in dieses Leben zurück.

Warum ist die Sache mit Christoph auseinandergegangen?

Unsere Beziehung ist auseinandergegangen, nachdem Christoph ein junges Mädchen kennengelernt hatte. Die wurde schwanger, und er hat gesagt, ich möchte dieses Mädchen heiraten. Das war der Grund. Warum das mit uns nicht geklappt hat, warum er diesen Schritt nicht mit mir machen konnte, das ist für uns immer noch die Frage. Wir haben immer noch Kontakt miteinander. Christoph sagt heute: Du, ich denke oft darüber nach, warum ich diesen Schritt nicht mit dir wagen konnte. Ich bin mir heute klar, ich hätte das auch mit dir machen können, ich weiß aber nicht, warum das damals nicht möglich war.

Wie erfuhren Sie denn von diesem Verhältnis mit der anderen Frau?

Ich wußte es schon lange, ohne es wirklich zu wissen. Als die Sylvia auftauchte, habe ich gemerkt, daß Christoph ernsthafter wurde. Erst hat er mal geleugnet. Ich habe aber dann hin und wieder lange schwarze Haare im Bett gesehen. Ich wußte: Da ist eine Frau im Spiel. Im Juli 1983 fand ich dann einen Brief von ihr und habe ihn darauf angesprochen. Von da an war es eine offene Situation. Zuvor hatten wir über ein Jahr in diesem Dreiecksverhältnis ge-

lebt. Ich konnte das nicht mehr aushalten, das hat mich kaputtgemacht. Mittlerweile war auch bei Christoph der Druck immer größer geworden, daß er sich irgendwie entscheiden müsse. Er fragte mich dann auch hin und wieder: Hör mal, würdest du gerne heiraten?
Einen Monat bevor wir uns trennten, heiratete meine Schwester. Christoph war auch auf der Hochzeit. Als wir hinter dem Hochzeitsauto zur Kirche fuhren, fragte er nochmals: Würdest du gerne heiraten?
Da habe ich geantwortet: Nein, Christoph, am Heiraten liegt mir nicht so viel. Ich würde aber gerne mit dir eine offene Beziehung leben. Und dann fragte ich ihn, ob *er* denn gerne heiraten würde, und er sagte ja.
Dann tu's doch, sagte ich. Ich meinte das in Hinblick auf die Sylvia.
Er erwiderte: Wenn ich jetzt heiraten würde, hätte ich dich auch heiraten können.
Und ich sagte: Vielleicht paßt ihr einfach besser zusammen. Vielleicht gibt es bei uns Gründe, warum du es nicht schaffst. Aber vielleicht schaffst du es mit der Sylvia. Wenn du es jetzt nicht tust, dann tust du es in fünf Jahren auch nicht mehr.
Im nachhinein muß ich sagen, daß ich das irgendwie forciert habe. Ich hatte nie befürchtet, daß der Christoph sich für eine andere Frau entscheidet. Da war ich mir so sicher, selbst als die Sylvia ins Spiel kam. Nur heute denke ich mir, ich hätte kämpfen sollen. Ich hätte dem Christoph das Gefühl geben müssen: Du bist mir ganz wichtig. Ich will nicht auf dich verzichten.
Und was habe ich getan? Ich habe mich zurückgezogen, immer mehr zurückgezogen.

Wann kam die endgültige Entscheidung?

Das war Ende Juli 1983, da hatten wir uns am Wochenende nicht gesehen. Christoph rief mich an und sagte: Ich komme am Mittwochnachmittag. Dann habe ich mir einen halben Tag Urlaub genommen und mich auf einen ganz gemütlichen Nachmittag mit Christoph gefreut. Ich hatte Kuchen geholt und Kaffee gekocht. Und dann hat mir Christoph gesagt: Hör mal, ich werde Vater und werde diese Frau heiraten.
Ich habe wirklich gedacht, die Welt bricht zusammen. Ich habe

gedacht, ich träume oder spinne. Wir haben wohl eine halbe Stunde so dagesessen und keiner hat ein Wort gesagt. Dann sagte er: Laß uns spazierengehen, ich halte das nicht mehr aus. Er war unheimlich euphorisch, erzählte von seinen Plänen und von dem Kind und davon, daß er Sylvia liebe und wie er sich freue. Plötzlich sagte er: Ich glaube, das interessiert dich gar nicht. Das kannst du wohl im Moment gar nicht hören.
Ich sagte: Ich kann das nicht hören.
Dann habe ich drei Tage erlebt, die, glaube ich, die schlimmsten meines Lebens waren. Ich habe wirklich drei Tage nur geheult. Christoph hatte mich gebeten, niemandem davon zu erzählen. Erst müsse er alles regeln. Nur meiner Familie könne ich es sagen. Er hatte an diesem Tag noch eine Abendmesse, das war das Schlimme. Er kam um zwei Uhr und hatte um sieben Uhr Gottesdienst. Als er sich verabschiedete, sagte ich, daß ich unbedingt mit jemandem darüber sprechen müsse. Aber er mußte weg. Als wir in der Haustür standen, bin ich fast zusammengebrochen. So könne er nicht losfahren, sagte er und meinte, ich solle doch mit ihm nach Hause fahren. Das wollte ich nicht.
Als er weg war, habe ich zum Hörer gegriffen und meinen ehemaligen Psychotherapeuten angerufen, bei dem ich noch zehn Stunden gut hatte. Ich habe gesagt: Du, Christoph und ich, wir haben uns gerade getrennt. Ich muß einfach mit dir sprechen.
Da sagte er: Was Besseres konnte dir gar nicht passieren, komm morgen vorbei.
Mir ist das sehr merkwürdig vorgekommen in meiner Situation. Der nimmt mich ja gar nicht ernst, habe ich mir gedacht, der verarscht mich. Dann bin ich zu gemeinsamen Freunden gefahren und habe da eigentlich nur geschluchzt. Und die haben mich getröstet. Um ein Uhr nachts brachte mich ein Taxi zurück in die Wohnung. Ich wollte allein sein und doch wieder nicht allein. Um drei Uhr habe ich dann gedacht, ich halte das nicht mehr aus. Ich dreh durch. Ich werde eingeliefert. Die Nerven gehen mir durch. Ich habe eine Kollegin angerufen und gesagt: Mir geht's nicht gut. Sie sagte: Ich bin in zehn Minuten bei dir. Ohne zu fragen, was los ist. Es war gut, daß sie bis zum Morgen bei mir geblieben ist.
In der Früh rief Christoph an, er war unheimlich besorgt. Meine Sorge war, so nicht ins Büro gehen zu können. Ich konnte doch nicht arbeiten, was sollte ich denen sagen. Ich konnte doch nicht so weiterleben, als wäre nichts passiert. Und wenn ich auf der

Straße die Leute ansah, dachte ich, die können doch nicht so weiterleben, als wäre nichts passiert. Für mich ist die ganze Welt eingestürzt. Das war ganz verrückt.
15 Jahre waren wir zusammen. An diesem Morgen, nach dieser schrecklichen Nacht, habe ich mir Baldrian geholt und bin mittags ins Büro gegangen. Eigentlich wirke ich nach außen hin immer stark. Aber da kam ich einfach rein und heulte, und jeder fragte: Was ist denn mit dir los? Die Reaktion der Kollegen auf meine Antwort, daß Christoph und ich uns getrennt haben, war ganz toll. Sie meinten, zu Hause, allein, das wäre jetzt nichts. Ich solle doch im Büro bleiben, auch wenn ich nicht arbeiten könne. Eine Kollegin legte mir ein Zettelchen auf den Schreibtisch. Wenn du mich brauchst, melde dich. Eine kam mit einer Rose an, ein anderer mit Pralinen. Das war eine so tolle Situation, die hat mir unheimlich geholfen. Christoph rief immer wieder an, um zu fragen, wie es mir geht. Inzwischen hatte ich mit dem Psychotherapeuten gesprochen und mit einem Bruder von Christoph, der mein Hausarzt war. Beide rieten mir, augenblicklich die Beziehung zu Christoph abzubrechen. Nur dann hätte ich eine Chance, darüber hinwegzukommen. Ich habe das Christoph gesagt und gemerkt, daß ihm das nicht recht war. Aber er sagte: Wenn du meinst, daß das richtig für dich ist, dann ist das o.k.
Es verging ein Vierteljahr, ohne daß ich etwas von ihm hörte. Ich habe aber gemerkt, daß ich mir Gedanken machte, wie es ihm wohl geht. Ich muß schon sagen, ich habe mich mit ihm verheiratet gefühlt. Christoph war mein Mann. Und noch heute fühle ich mich sehr verbunden mit ihm, aber anders.
Nach dieser Pause habe ich ihm einen Brief geschrieben. Seither schreiben wir uns regelmäßig.

Wann trat Christoph in Ihr Leben?

Das war im Sommer 1968. Ich begann damals mit einem Hauswirtschaftstudium in Darmstadt. In dem Bildungshaus, wo ich gerade mein Praktikum absolvierte, hielt Christoph ein Seminar. Ich war damals 18 und Christoph stand anderthalb Jahre vor seiner Priesterweihe. In dieser Akademie wurden auch Entwicklungshelfer ausgebildet. Eines Abends war »Entsendungsfest«. Da haben wir uns kennengelernt. Wir hatten dann über ein Jahr einen ganz intensiven Briefkontakt.

Zwischendurch habe ich mein Studium gewechselt, um Sozialarbeit zu studieren. In dieser Zeit besuchte mich Christoph alle zwei Wochen, zum ersten Mal drei Monate vor seiner Priesterweihe. Und vom ersten Treffen an war es für uns klar: Wir wollen zusammenbleiben.

War Christoph Ihr erster Mann?

Ich hatte, bevor ich den Christoph kennenlernte – Freunde kann man vielleicht nicht sagen – aber Bekanntschaften. Meist zu Gleichaltrigen. Dann kam der Herbert. Das war mein erster Priester. Und zwar war das der Kaplan unserer Pfarrgemeinde in einem kleinen Städtchen bei Darmstadt. Er lief bei uns zu Hause ein und aus, und irgendwann hat es bei dem mal gefunkt. Er kam am Sonntagnachmittag und erklärte, er wolle mit mir eine Autotour machen. Ich habe mir nichts dabei gedacht. Ich war damals siebzehn. Auf der Autofahrt sagte Herbert: Du, ich möchte mich Ostern verloben.
Da habe ich ihn angeschaut und gesagt: Wie – mit wem denn?
Und da hat er gesagt: Ja, mit dir!
Ich weiß nicht mehr, was damals in mir vorgegangen ist. Ich war noch so kindlich naiv. Ich habe mich schon sehr geschmeichelt gefühlt. Ich war irgendwo genauso in ihn verliebt, wie andere Jugendliche auch. Wie das halt so ist zwischen Mädchen und Kaplänen. Aber es ist nie etwas in sexueller Hinsicht passiert.
Zwei Monate nach diesem Gespräch ist Herbert nach Norderney in Urlaub gefahren, von wo er der Pfarrei einen Brief schrieb, daß er heiraten wolle. Der ist dann von der Kanzel verlesen worden. Eines Abends rief er von da oben bei uns zu Hause an und sagte: Du, mir geht's nicht gut, kannst du nicht kommen? Ich habe die Koffer gepackt und bin ihm nachgereist. Wir haben getrennt gewohnt. Als er wieder zurückkehrte, ist er zu seinen Eltern gezogen. Wir haben uns jeden Tag gesehen. An einem Samstagnachmittag, an dem wir uns verabredet hatten, kam Herbert nicht. Aber sein jüngerer Bruder kam und sagte: Der Herbert ist eingewiesen worden.
Er ist in eine Psychiatrische Klinik eingewiesen worden, und die Diagnose hieß: manisch-depressiv. Ich habe gleich versucht, über die Verwandten herauszubekommen, wo er ist. Die haben es mir aber nicht gesagt, vielleicht haben sie auch gedacht, daß ich schuld

daran bin. Herberts Mutter hatte mich mal besucht und gesagt, ihr Sohn sei krank, und ich solle mich doch nicht ins Unglück stürzen. Er würde ja sowieso wieder in seine priesterliche Tätigkeit zurückkehren. Das fände sie auch das Beste für ihn, und ich sollte im Interesse von Herbert auf ihren Sohn verzichten.
Als ich Christoph schon kannte, hat mich dann eines Tages Herbert mit seinem älteren Bruder besucht. Er sagte: Ich komme gerade vom Generalvikariat. Die Würfel sind gefallen. Ich trete mein Amt wieder an.
Er hat eine Pfarrei übernommen.
Seit sieben Jahren ist der Herbert verheiratet, mit einer Krankenschwester, die damals in seiner Pfarrei lebte. Diese Krankheit ist nie wieder aufgetreten.
Aber wie gesagt, ich hatte nie sexuelle Beziehungen zu Männern bis dahin. Der erste Mann, mit dem ich geschlafen habe, war der Christoph. Er hatte vorher schon eine Freundin gehabt und damit mehr Erfahrung als ich. Ich war wirklich so unbedarft. Wir waren zwar schon zärtlich miteinander geworden, aber unsere erste Mann-Frau-Begegnung fiel genau auf den Tag, wo wir uns zwei Jahre zuvor kennengelernt hatten. Diesen 28. Juni haben wir immer als unseren Hochzeitstag gefeiert. Da haben wir uns immer abends frei gehalten und sind immer besonders toll zum Essen gegangen.

Was für ein Mensch ist Christoph, was für ein Charakter?

Christoph ist ein unheimlich liebevoller Mann. Ein Mann mit sehr viel Charme. Er hat etwas Väterlich-Beschützendes an sich, er hat irgendwie eine besondere Ausstrahlung. Das sage nicht nur ich, das sagen auch andere. Ich habe mich bei ihm angenommen und geborgen gefühlt. Vor allem war der Christoph ein ganz normaler Mann, überhaupt nicht so typisch Priester. Eine ganz selbstbewußte, starke Persönlichkeit, immer fröhlich, immer lustig, irgendwo ein Hans-Dampf-in-allen-Gassen. Auch im Sexuellen gab es keine Probleme. Das gab's beim Christoph nicht. Er war auch da ganz normal.

War er ein Playboy im Priestergewand?

Nein, Playboy ist zu negativ.

Und seine Familie?

Die ist sehr betucht. Die leben im Odenwald, haben ein Ferienhaus in Tirol und eines auf Sardinien. Er hat noch drei Geschwister, ist der Jüngste und heute 41. Die Mutter, sie ist Rechtsanwältin, hat sehr viel übrig für Kirche und Glauben. Die ist mit ihren vier Kindern aus Pommern geflüchtet. Der Vater war damals in russischer Gefangenschaft. Der Vater ist jünger als die Mutter und ein sehr autoritärer Mann. Ein unheimlich harter Mann. Die Mutter wußte, daß ich sehr oft beim Christoph bin. Sie hat aber nie wahrhaben wollen, welche Funktion ich habe. Sie hat einmal zu ihrem Sohn gesagt: Ich weiß ja, daß die Uta gut zu dir ist.
Sie schickte mir auch hin und wieder kleine Geschenke... aber sie hatte, glaube ich, große Angst gehabt, ich könnte den Christoph von seinem Beruf abbringen. Christophs Geschwister wußten übrigens auch von mir. Wir trafen uns schon mal bei irgendwelchen Parties und so. Aber nur, wenn die Eltern nicht da waren. Eines Tages kamen die Eltern überraschend aus Italien zurück, es war gerade an Christophs 38. Geburtstag. Zum Geburtstagskaffee ist auch der Vater mitgekommen. Und ich war natürlich auch da. Beim Gespräch war er sehr beherrscht mir gegenüber, er hat sich ganz neutral verhalten. Als die Leute sich dann verabschiedeten, hat er allen die Hand gegeben außer mir und ist, ohne mich anzusehen, rausgegangen. Das hat dann einen unheimlichen Krach zwischen Christoph und seinen Eltern gegeben. Der Vater hat gesagt, wie er als Priester überhaupt mit so einem Flittchen verkehren könne, und was denken die Leute, und denk mal an den Ruf der Familie. Das kommt doch auf uns zurück.

Wie lange war Christoph zu diesem Zeitpunkt schon Priester?

Zwölf Jahre. Sofort nach der Priesterweihe, im Februar 1970, hat Christoph seine erste Stelle angetreten. Wir haben beizeiten überlegt, wie können wir das machen, daß wir keine Schwierigkeiten bekommen. Was ist machbar. Er ist dann mal mit einer Bekannten, die ihn besuchte, zum Essen gegangen in dem Städtchen, wo er Kaplan war. Er wollte mal ausprobieren, »was drin ist«. Welche Reaktionen von den Leuten zu erwarten sind, wenn ein junger Priester mit einer jungen Frau zum Essen geht.

Die Kaplanstelle war in der Nähe von Kaiserslautern, und ich bin dann drei Jahre lang an jedem Wochenende zu ihm gefahren. Zuerst habe ich bei der Frau gewohnt, die für ihn sorgte, die morgens zum Putzen kam. Die gute Seele des Hauses, eine ganz liebe Frau, zu der ich heute noch Kontakt habe. Später habe ich immer bei Christoph im Pfarrhaus übernachtet. Der Pfarrer, der erst im Haus mitgewohnt hatte, zog später ein paar Hausnummern weiter.

Überhaupt war alles sehr unbefangen dort: Ich habe im Bikini im Garten gelegen, habe mich gesonnt im Sommer. Wir haben uns ziemlich normal gegeben, sind zusammen spazierengegangen, sind zusammen essen gegangen. Ich habe mein Auto vor dem Haus abgestellt. Ich muß sagen, Christophs erste Stelle war auch die Stelle, wo ich am meisten in die Pfarrgemeinde integriert war. Da hat's eigentlich nie Schwierigkeiten gegeben, das ist eigentlich bis zum Schluß so gelaufen.

Dann wurde Christoph Leiter einer katholischen Einrichtung, und nebenbei war er Subsidiar in einer Pfarrei. In dieser Zeit haben wir zwei Jahre zusammengelebt. Einerseits schön, weil wir zusammen waren. Andererseits habe ich damals isolierter gelebt als vorher. Ich konnte ja keine Freunde, keine Bekannten mehr einladen aus der Angst heraus, man würde merken, was der Christoph von Beruf ist. Ich fühlte mich zunehmend eingeschränkt. Dieses Gefühl der Unsicherheit wurde dadurch verstärkt, daß Christoph immer wieder zum Generalvikariat beordert wurde, weil irgendwer irgendwas gemunkelt hatte. Aber Christoph ist da stets mit großer Selbstverständlichkeit hingegangen und hat gemeint, wenn man denen den Wind aus den Segeln nimmt, gibt es auch wenig Gerede. Und das war auch so.

Einige Zeit später wurde Christoph in eine andere Pfarrei versetzt, auf eigenen Wunsch. Da die neue Pfarrei zu weit von meinem Arbeitsplatz entfernt war, suchte ich mir wieder eine eigene Wohnung. Das war nicht weiter schlimm. Dort hatte ich ja noch meinen alten Freundeskreis.

Christoph hatte eigentlich nie einen Freund. Es sah zwar so aus, als hätte er ständig Hunderte von Leuten um sich, aber im Grunde war er ein einsamer Mensch. Es gab auch niemanden, bei dem er sich aussprach. Das war eigentlich nur bei mir.

Von meinen Bekannten wußter jeder, ich habe einen Freund. Aber ich habe nicht gesagt, daß er Priester ist. Bei den einen war er

Diplom-Ingenieur, bei den anderen Arzt. Und wenn wir im Urlaub Leute kennengelernt hatten, mit denen wir uns später wieder trafen, mußten wir uns vorher überlegen, was bist du eigentlich bei denen von Beruf. Christoph ist nicht sehr schnell in die Enge zu treiben, und das gab mir eine große Sicherheit. Ich habe mich dann immer ein bißchen an ihn geklammert. Mir wurde aber auch immer klarer: So kannst du keine Freundschaften aufbauen. Die erzählen dir womöglich sehr viel aus ihrer Intimsphäre, und du machst denen dauernd was vor. Ich habe das dann mit Christoph diskutiert. Am Anfang hat er immer gesagt: Du mußt dir einfach ein größeres Selbstbewußtssein zulegen. Aber darum ging es mir ja nicht, es ging mir um die Wahrhaftigkeit. Schließlich meinte er, ich solle es den Leuten, mit denen ich wirklich eng befreundet bin, doch erzählen. Das habe ich auch getan. Da haben mich meine Freude in den Arm genommen und gesagt: Uta, das muß unheimlich schwer für dich sein, wie hältst du das aus. Das könnte ich nicht. Niemand hat gesagt: Uta, das finde ich unheimlich spannend, toll, romantisch, oder: So was habe ich mir auch schon mal gewünscht.

Ich bin allerdings davon überzeugt, daß Priester viel weniger Chancen bei Frauen hätten, wenn sie sogenannte normale Sterbliche wären. Meinen Sie nicht auch?

Ja, vor allem sind diese Priester eine Festung, die es vielleicht gilt irgendwie zum Einbruch zu bringen. Sagen wir so: Von einem Priester gemocht, geliebt zu werden ist eine doppelte Selbstbestätigung. Weil man einfach sagt, er nimmt dieses Risiko und die Überschreitung eines Gesetzes meinetwegen auf sich. Ich könnte mir vorstellen, daß das eben Streicheleinheiten hoch drei sind.

Nach einigen weiteren Stationen ist Christoph dann Pfarrer geworden.

Das war 1982. Christoph hat diese Stelle mit viel Bedenken angetreten. Seinen Wunsch, daß ich mit ihm in dieses Pfarrhaus in einem kleinen Ort im Pfälzer Wald einziehe, wollte ich nicht erfüllen. Ich konnte ihn nicht erfüllen. Es hätte für mich die Aufgabe meines Selbst bedeutet.
Schon Wochen vor seiner feierlichen Einführung als Pfarrer hätte

ich heulen können, jedesmal, wenn ich an diesen Termin dachte. Christoph verschickte über 1000 Einladungen für diesen Tag. Dann fingen die vom Pfarrgemeinderat auch noch an, einen Kranz zu binden mit vielen Röschen in Gold und Silber, der sollte so um die Haustüre herumgetan werden, genauso wie bei Hochzeiten. Und dann kam der Tag. Und dann holten sie ihn ab in einer Prozession von zu Hause und führten ihn zur Kirche, die Priester in ihren Gewändern und die Meßdiener und das Kreuz voran, und ich saß in seiner Wohnung und habe geheult. Es war, als hätte er wirklich geheiratet. Ich erinnere mich noch an die Angst, die ich vor diesem Tag hatte. Ich wußte ja, an diesem Tag habe ich ganz furchtbar viel Trauer. Ich werde den Mann noch mehr verlieren, als er sowieso schon verloren ist. Er wird jetzt noch gebundener sein, als er ohnehin schon gebunden ist. Er wird mir noch mehr weggenommen. Und es war ja auch so.
Das hat der Christoph letztlich nicht nachvollziehen können. Er hat mir das sehr übelgenommen, daß ich damals nicht mit in die Kirche eingezogen bin. Ich bin dann wohl anschließend zum Empfang, da war dann nicht mehr diese Feierlichkeit dabei, die ich nicht ertragen konnte.

Wie war es denn ganz allgemein für Sie, dieses Gefühl, in der Kirche zu sitzen und da vorne Ihren Christoph zu erleben?

Manchmal war ich sehr stolz. Ich dachte: Der Mann da vorne, das ist dein Mann. Aber dann, wenn ich zu Hause war und wußte, der Christoph hat Trauungen, da hätte ich heulen können. Ich konnte es ganz schlecht ertragen, wenn der Christoph Trauungen hatte.

...Sie meinen, bei dem Gedanken, daß er andere traut, aber sich nicht traut, sich mit Ihnen trauen zu lassen...

Ja, manchmal habe ich mir in meiner Phantasie vorgestellt, wie ich im weißen Kleid neben dem Christoph zur Trauung zum Altar marschiere. Ich habe gedacht, irgendwie muß das doch ein tolles Gefühl sein, dich nach außen hin zu dem Mann bekennen zu dürfen und umgekehrt. Das habe ich, glaube ich, in meiner Beziehung zum Christoph schon unheimlich verdrängt. Was für mich auch unerträglich war, waren die Zeiten, wo Christoph

Beichte hörte. Ich weiß nicht, ob es diese dabei aufkommende Intimität war, die mich so fertiggemacht hat.

Was war das für eine Frau, durch die es zum Bruch mit Christoph kam?

Sie war eines seiner Pfarrkinder. Sie war aktiv in der Pfarrgemeinde, 17 Jahre alt, Leiterin einer Jugendgruppe. Als sie dann schwanger von ihm wurde, ist sie nach Stuttgart gegangen, weil sie nach dem Schulabschluß Kunstgeschichte studieren wollte. Ich muß sagen, Frauen haben immer eine Rolle in seinem Leben gespielt. Es gab immer wieder während der ganzen Jahre so Liebschaften. Ich weiß nicht, was für mich letztlich schlimmer war, die ganze Zölibatsangelegenheit oder einfach auch seine Frauengeschichten. Ich denke, irgendwo haben die mich unheimlich kaputt gemacht. Zunehmend bekam ich auch das Gefühl, langsam innerlich abzusterben. Deshalb habe ich auch um Hilfe bei einem Psychotherapeuten nachgesucht. Es war echt eine schwierige Situation für mich: Welche Chance hatte ich denn gegen die anderen Frauen? Ich konnte denen ja nicht sagen: Mensch, das ist mein Mann, laßt den in Ruhe.
Hinzu kam, daß er ausgebildeter Eheberater war. Es gab Frauen, die riefen nicht nur bei Tag an, sondern auch noch in der Nacht. Mir war immer irgendwo klar, die wollen nicht nur von ihm beraten werden, die wollen nicht etwas von dem Pfarrer, sondern die wollen was vom Christoph, als Mensch, als Mann. Dadurch, daß die Leute sozusagen immer gleich in den Privatbereich des Priesters reinkommen, ist schon eine Barriere weg. In einer Behörde, in einer Praxis, in einer Beratungsstelle hat so etwas von vornherein mehr offiziellen Charakter.
Erst als das mit der Sylvia losging, begann sich Christoph mit der Frage zu befassen: Will ich eigentlich noch in meinem Beruf bleiben? Früher, da hatte er immer alles verteidigt, hatte sich unheimlich engagiert. Kurz nach der Weihe hatte er mir mal gesagt: Eines kann ich dir sagen, ich werde nie im Leben meinen Beruf aufgeben.

Waren Sie eigentlich treu in all den Jahren mit Christoph?

Nein. Es ist zwar nicht oft vorgekommen, aber einige Male habe ich eine Beziehung nebenbei gehabt. Die waren jedoch nie so intensiv, daß ich das Gefühl gehabt hätte, ich müßte mich jetzt entscheiden. Für mich war immer klar, der Christoph gehört zu mir, bei dem will ich bleiben, mit dem will ich alt werden.

Haben Sie ihm von Ihren Seitensprüngen erzählt?

Ja, meistens. Er hat jedesmal mit unheimlich viel Neugierde reagiert. Er wollte wirklich alles genau wissen.

Im August 1983 hat Christoph dann die Pfarrei verlassen.

Es war so gelaufen, daß die Mutter von diesem Mädchen, als sie von der Schwangerschaft ihrer Tochter erfahren hatte, sich in ihrer Not an einen Pater wandte. Und der hatte nichts Besseres zu tun, als sich direkt mit dem Generalvikar in Verbindung zu setzen. Dann hat der Christoph den Bischof um einen Termin gebeten. Der hat ihn sofort zu sich zitiert und ihm gesagt: Sie müssen Ihre Zelte sofort abbrechen.
Der Christoph ist dann von seinem Urlaub gar nicht mehr in die Pfarrei zurückgekommen. Er hat den Leuten, mit denen er am meisten zu tun hatte, einen Brief geschrieben und die Situation erklärt. Er ist nach Stuttgart gegangen und hat Ende des Jahres geheiratet. Sie hat dann das Abitur gemacht, sie war im neunten Monat schwanger. Inzwischen sind zwei Kinder da. Sie ist gerade 20. Irgendwer hat den Christoph mal mit Frau und einem der Kinder auf einer Tagung gesehen und hat gesagt: Ich habe den Eindruck gehabt, der Christoph kommt mit zwei Kindern daher. Sylvia muß ein sehr ernster Typ sein, das bin ich eigentlich überhaupt nicht. Aber ich kenne sie nur ganz oberflächlich.

Und was macht Christoph jetzt?

Er hat ein sehr gutes Zeugnis bekommen vom Generalvikar. Er ist jetzt Verkaufsleiter einer großen Supermarkt-Kette. Er verdient sehr gut und wird in nächster Zeit noch eine Treppe höher aufsteigen. Er hatte sich zwar nach Stellen in der kirchlichen Jugendarbeit oder Erwachsenenbildung umgesehen, aber das ging nicht mehr. Im letzten Brief hat er mir allerdings geschrieben, daß der Job auf Dauer wohl doch nichts ist. Er will seine Fühler nach einer Arbeit ausstrecken, wo er nicht *nur* Geld verdient.

Was kam auf Sie zu, nachdem die Trennung vollzogen war?

Eine große Schwierigkeit war: Wie bringe ich das meiner Mutter bei? Das lag mir wie ein dicker Stein im Magen. Das war auch seinerzeit eine meiner ersten Reaktionen gewesen, als mir Christoph die Sache eröffnet hatte. Ich habe mir immer gedacht: Wie sage ich das meiner Mutter?
Der Christoph und meine Mutter hatten ein ganz inniges Verhältnis. Ich wußte, daß der Christoph für meine Mutter ganz wichtig war, daß er ihr unheimlich viel gab. Was sicherlich auch umgekehrt der Fall war. Ich hatte meiner Mutter damals, als ich den Christoph kennenlernte, einen Brief geschrieben: Mutter, ich habe den Traummann meines Lebens kennengelernt. Den Brief hat sie heute noch.
Zunächst nahm sie das einfach hin. Nur als der Christoph immer öfter bei uns zu Hause anrief, sagte sie: Was machen Sie mit meiner Tochter? Finden Sie das gut? Eines Tages lud meine Mutter den Christoph zu einem Gespräch ein. Er kam an einem Sonntagnachmittag mit einem Riesenblumenstrauß, und es wurde ein langer Abend. Irgendwo war das ein Sichmögen von Anfang an. Meine Mutter hatte den Christoph unheimlich ins Herz geschlossen und sah im Christoph so den Traum-Schwiegersohn. Der Christoph war ihr Ideal.

Hatte sie keinen Mann?

Nein. Wir waren immer ein Fünf-Frauen-Haushalt, meine Mutter, meine Schwester und ich, meine Oma und meine Tante. Meine Mutter hat nie geheiratet. Die Schwester ist jünger als ich. Wir sind von verschiedenen Vätern.

Und was wissen Sie von Ihrem Vater?

Das Thema hat meine Mutter immer nur so angeschnitten. Er ist inzwischen gestorben. Er kam aus der Stadt, in der ich groß geworden bin, aus diesem Ort bei Darmstadt. Ich habe ihn auch öfter auf der Straße getroffen. Wir haben uns nicht gegrüßt. Ich wußte gar nicht, ob er mich kennt. Meine Mutter hat ihn mir mal gezeigt.

Hatten Sie keine Sehnsucht, ihn kennenzulernen?

Ich hatte überhaupt keine Beziehung zu meinem Vater. Mein Vater ist mir ganz wurscht gewesen. Ich weiß auch nicht, warum die beiden nicht geheiratet haben. Ich habe mich da nie so großartig auseinandergesetzt mit meiner Mutter. Ich weiß auch nicht, warum. Vielleicht wollte ich ihr nicht weh tun. Das ist so ein Problem von mir, meiner Mutter nicht weh tun. Meine Mutter und Christoph haben heute noch Kontakt. Sie hat für das Baby was gestrickt und zu Weihnachten ein Päckchen gepackt. Ich finde das toll. Irgendwie bewundere ich meine Mutter.

Läßt Sie das Ende Ihrer Beziehung zu einem Priester auch an Gott zweifeln? Gibt es überhaupt einen Gott für Sie?

Früher bin ich in jede Messe, in jede Andacht gegangen. Mir war das einfach ein Bedürfnis, mit Christoph etwas zu teilen, was ihm ganz wichtig war. Vor allem in den ersten Jahren unserer Bekanntschaft. In dieser Phase hat der Christoph oft zu mir gesagt, meine ganze Einstellung zur Kirche sei zu unkritisch, zu angepaßt. Doch mit der Zeit ist das bei mir immer mehr abgebröckelt. Und wenn ich Christoph dann von meinen Glaubenszweifeln erzählt habe, hat er zu mir gesagt: Hab doch Mut zur Lücke.
Aus der Lücke ist heute ein Loch geworden. Heute kann ich an keinen Gott mehr glauben.

Haben Sie einen neuen Freund?

Ja, augenblicklich schon. Er ist jünger als ich, und ich genieße es, daß er ein so sanfter, fast weiblicher Typus ist. Ganz anders als Christoph. Ob daraus auf Dauer etwas werden wird, vermag ich noch nicht zu sagen. Leider liegen 500 Kilometer Entfernung zwischen uns. Manchmal frage ich mich natürlich schon, ob die Unerreichbarkeit dieser 500 Kilometer nun an die Stelle der Unerreichbarkeit eines Menschen im Priesteramt getreten ist. Dann tröste ich mich damit, indem ich mir sage: Nimm nicht alles so superpsychologisch, du hast ihn kennengelernt, als er noch hier in Kaiserslautern und von Versetzung keine Rede war.
Die Frage, die sich mir aber immer wieder stellt, und wo ich noch keine Antwort gefunden habe, ist: Warum hat es damals nicht

geklappt mit uns, mit Christoph und mit mir? Manchmal habe ich das Gefühl, ich habe meine Chance verpaßt, vertan. Ich habe, sobald Sylvia in unser Leben trat, resigniert. Ein zweiter Punkt ist noch, daß ich denke, ich habe nie Forderungen gestellt. Ich habe immer nur das genommen, was mir gegeben wurde. Und ich glaube, das hat zwei Gründe: Einmal meine Erziehung und dann die Natur dieser Priesterbeziehungen, die den Frauen das Fordern irgendwo von selbst verbietet; die Frauen denken läßt, hier muß ich mich ducken, hier ist es ohnehin nicht möglich, Forderungen zu stellen. Und ich habe mich konform verhalten. Nie habe ich dem Christoph gegenüber den Wunsch geäußert: Ich würde jetzt unheimlich gerne eine Familie mit dir haben.

Halten Sie es für möglich, daß Sie irgendwann einmal wieder zueinanderfinden?

Das werde ich komischerweise von ganz vielen Leuten gefragt, weil viele Leute auch damit rechnen, daß diese Ehe nicht gutgehen kann.
Ich hänge schon noch sehr an Christoph. Und wenn er vor der Türe stünde, ich würde ihn aufnehmen, das ist ganz klar. Nur wenn ich mir vorstelle, er würde sein Priesteramt wieder aufnehmen – das könnte ich nicht mehr.

Haben Sie die Hoffnung, daß er kommt?

Nein, ich wünsche ihm, daß er in seiner Ehe glücklich wird. Das ist ganz ehrlich. Ich habe vielmehr irgendwie die Hoffnung, daß ich eine Beziehung zu der ganzen Familie aufbauen kann, daß es mir nichts mehr ausmacht, auch mit der Frau Kontakt zu haben. Ich weiß allerdings, das wird erst möglich sein, wenn ich mich in meiner neuen Partnerschaft ganz gefestigt fühle.

Haben Sie sich seither wieder getroffen?

Ja, ein Jahr nach seiner Heirat, im November 1984.
Das Bedürfnis bei Christoph war schon sehr lange da. Er meinte, wir hätten eigentlich nie ausführlich darüber gesprochen, wie es damals gekommen sei. Ich habe dann immer gesagt: Ich habe Angst davor, ich hänge emotional noch voll drin, ich brauche

einfach noch Zeit. Christoph sagte dann: Wenn du soweit bist, dann sag es mir, weil ich möchte das.
Im letzten Sommer lernte ich dann einen Mann kennen, mit dem alles sehr schwierig war. Da habe ich mich eines Abends ans Telefon gesetzt und Christoph angerufen und ihm gesagt, daß ich das mit ihm immer noch nicht verarbeitet habe und unheimlich skeptisch bin in bezug auf andere Männer, und ich müsse einfach mit ihm reden.
Anderthalb Jahre nach unserer Trennung haben wir uns dann das erstemal wieder gesehen. Er meldete sich vorher an, und ich war furchtbar aufgeregt. Ich habe mich gefreut, ihn wiederzusehen, und hatte Angst, daß wir uns wie zwei Fremde gegenübersitzen. Dann war aber alles ganz vertraut. Wir haben ein sehr gutes Gespräch gehabt. Der Christoph hat sehr viel geweint, ganz untypisch für ihn. Er hat sich unheimlich verändert. Er ist ernsthaft, nachdenklich geworden.
Er hat mir nachher noch mal geschrieben, daß es ihm gutgetan hat, zu sehen, wie ich jetzt lebe. Und ich denke, ich konnte ihm auch das Gefühl vermitteln: Mir geht's jetzt gut, mir geht's jetzt besser.

Und du sitzt da und heulst innerlich

Verena, 37, steht seit 1974 im kirchlichen Dienst. Drei Jahre zuvor begann ihre Beziehung mit Norbert. Der heute 42jährige Priester ist im schulischen Bereich tätig. Seit November 1975 leben beide in einer gemeinsamen Wohnung in der Bundesrepublik.

Wenn wir beim Spazierengehen, Hand in Hand oder Arm in Arm, in eine Gegend kamen, in der uns jemand hätte erkennen können, hat er mich jedesmal losgelassen. Er hat das ganz unbewußt getan. Wenn ich ihn dann darauf aufmerksam machte, hat er zum Beispiel gesagt, daß er sein Taschentuch brauche.
Ich habe den Eindruck, daß das unbewußt einfach drinsteckt, dieses Versteckspielen. Es gehört einfach mit dazu, das lernt man schnell.

Sie meinen, das bringt das zölibatäre Dasein des Priestermannes mit sich und wirkt sich auf die Zweierbeziehung aus?

Ja, sicher. Als wir noch nicht hier in Mainz in unserer gemeinsamen Wohnung gelebt haben, war ich gelegentlich in Bad Kreuznach in Norberts Appartement. Das war ein ewiges Luchsen: Wenn du kommst, daß dich niemand sieht, wenn du gehst, daß dich niemand sieht. Es lag noch dazu in einem Haus, wo man das Kommen und Gehen gut beobachten konnte. Und es gab Nachbarn, die sich in besonderer Weise für den Herrn Pfarrer verantwortlich fühlten. Ich hatte ständig das Gefühl, ich muß aufpassen. Und trotz dieser Vorsicht wurde meine Mutter von einer Bekannten daraufhin angesprochen.

Und wie hat sie reagiert?

Noch ehe sie es endgültig wußte, hat mir meine Mutter einen sehr direkten Hinweis auf ihre Vermutung gegeben: Nach der Osternachtfeier sind wir spazierengegangen und haben uns unterhalten, was so los ist in der Familie. Und plötzlich sagt meine Mutter: Das einzige, was mir jetzt noch passieren könnte, wäre, daß eine von meinen Töchtern ein Verhältnis mit einem Priester anfängt. Da ich damals die einzige ohne feste Bindung war, sagte ich: Recht viel Auswahl hast du ja nicht mehr. Darauf hat mich meine Mutter angeschaut und gesagt: Na und?

Wann haben Sie es ihr deutlich gesagt?

Ich war bereits zwei Jahre vorher aus beruflichen Gründen nach Mainz umgezogen. Als Norbert im Herbst 1975 an eine Schule in Mainz versetzt wurde, beschlossen wir, zusammenzuziehen. Ich

fuhr zu meinen Eltern, um ihnen das zu sagen. Und das fiel mir sehr schwer.
Ich weiß noch, daß ich mit meiner Mutter spazierenging und daß ich so anfing: Du, ich muß dir eigentlich etwas Wichtiges sagen.
Darauf blieb sie stehen, drehte sich um, sah mich an und sagte: Na, zieht ihr jetzt zusammen?
Mir verschlug es die Sprache. Als ich sie fragte, ob sie denn Gedanken lesen könne, meinte sie nur, das sei ja wohl klar, seit sie wisse, daß Norbert nach Mainz versetzt worden sei. Es sei ihr nicht leichtgefallen, das zu akzeptieren, sie habe sich aber seit längerer Zeit mit dem Gedanken vertraut gemacht. Sie möchte uns auch keinen Vorwurf machen. Sie sagte, daß man einem echten Gefühl für einen Menschen nichts entgegensetzen kann. Sie könne das verstehen, weil ihr eigener Vater mit ihrer Partnerwahl auch nicht sehr glücklich gewesen sei. Allerdings gab sie mir auch zu bedenken, daß aus ihrer Sicht eine solche Beziehung sehr schwierig sei und daß sie mir das eigentlich auch nicht wünsche. Und dann sagte sie noch, daß sie mir von sich aus nichts in den Weg legen wolle.
Das hat sie nie getan, ganz im Gegenteil. Sie ist immer sehr solidarisch mit mir. Auch in den Zeiten, in denen es mir schlecht geht, sagt sie nie, das hast du jetzt davon. Sie tröstet mich, sagt aber auch: Es ist deine Entscheidung und damit mußt du leben.

Und Ihr Vater?

Mein Vater spricht über solche Sachen nicht viel. Er hat unsere Beziehung zur Kenntnis genommen, erkundigt sich nach Norbert, wenn ich daheim bin, fragt auch, wie es uns so geht. Aber er mischt sich nicht ein.

Sie sagten vorhin »in Zeiten, in denen es mir schlecht geht«. Wann war denn so eine Zeit, in der es Ihnen schlecht ging?

Am schlimmsten bisher war wohl die Zeit, als ich schwanger war und das Kind durch eine Fehlgeburt verloren habe.

Sie hätten das Kind gerne behalten wollen?

Ja. Obwohl Norbert eigentlich kein Kind will. Die ärztlichen Untersuchungen waren ein ziemliches Hin und Her. Und als dann endgültig klar war, daß ich von Norbert schwanger bin, saßen wir beide betroffen da: Ziemlich geschafft, hin und hergerissen zwischen Freude und Angst. Und dann plötzlich die Fehlgeburt. Es war eine Spiralenschwangerschaft.

Und Norbert?

Norbert hat gesagt: Gut, wenn wir ein Kind bekommen, dann ist das halt so. Ich bin zwar nicht begeistert, aber an irgendeiner Schule werde ich schon unterkommen. Für Norbert war klar, er hat mir das früher schon gesagt, daß er mich in so einem Fall nicht allein lassen würde. Nur: Hätte er sich zu mir und dem Kind bekannt, hätte das auch die Aufgabe seines Amtes als Priester bedeutet. Und Schulunterricht ist eine der ganz wenigen Möglichkeiten, sich mit der theologischen Ausbildung eine Existenzgrundlage zu schaffen.

Und wenn Sie jetzt ein Kind bekommen würden?

Wenn es ausschließlich um mich ginge, hätte ich keine Angst, jetzt ein Kind zu bekommen. Ich hätte in meiner Familie genügend Sicherheit, daß mich keiner verurteilt und mich auch nicht alleine lassen würde in einer solchen Situation. Als ich damals schwanger war, hat es meine Muter sehr schnell bemerkt, ohne daß ich es ihr sagte. Sie hat dann mit meinen Schwestern überlegt, wie sie mir helfen könnten. Und eine Schwester hat mir sogar angeboten, das Kind aufzuziehen.
Es läge wohl ziemlich klar auf der Hand, wer der Vater meines Kindes wäre. Das eigentliche Problem ist allerdings, daß Norbert kein Kind möchte. Er hat bisher nie den Wunsch nach einem Kind gehabt, hat eigentlich früher auch nicht viel mit Kindern anfangen können. Mittlerweile beginnt sich da bei ihm eine Veränderung abzuzeichnen. Ich erlebe ihn zunehmend als einen Menschen, der wirklich gut mit Kindern umgehen kann.

Ist damit die Kinderfrage für Sie persönlich endgültig ad acta gelegt?

Nein, das ist sie nicht. Aber die Klärung steht an. Ich bin nicht

mehr unbedingt die Jüngste, und wenn ich nicht bald ein Kind habe, dann wohl überhaupt nicht mehr. Das ist mir sehr klar. Manchmal fühle ich mich unter einem Wahnsinnszeitdruck. Dieses Gefühl hat Norbert nicht. Aber ich habe es. Er versteht zwar, daß manches unleidliche Verhalten von mir auch daher kommt. Aber er kann es dennoch nicht immer im konkreten Fall nachvollziehen.
Allerdings hat er vor kurzem von sich aus vorgeschlagen, ein Kind zu adoptieren. Das hat mich doch sehr überrascht.

Wäre das für Sie eine Lösung?

Das habe ich mich auch gefragt. Auf der einen Seite hat es mich sehr positiv berührt, daß er nach einer Lösung sucht. Auf der anderen Seite wäre es für mich aber keine Lösung, weil der Wunsch, selber ein Kind zu gebären, damit nicht erfüllt ist. Im übrigen wäre eine Adoption auch nicht so leicht zu bewerkstelligen, noch dazu bei Alleinstehenden.

Was bedeutet dieser nicht erfüllte Kinderwunsch für Ihre Beziehung?

Ich weiß, daß viele unserer Probleme von daher kommen und ich Norbert gelegentlich daraus auch einen Vorwurf mache. Besonders schlimm war es, als meine beiden Schwestern knapp hintereinander Babys bekamen. Da habe ich sehr gelitten. Es kann sein, daß ich irgendwann einmal Norbert vorhalten werde, daß mein Leben seinetwegen in einem wichtigen Bereich verpatzt ist. Für mich waren Kinder immer selbstverständlich. Darum ist mir auch klar: Wenn wir dieses Problem nicht so lösen können, daß ich einigermaßen damit klarkomme, dann ist das für unsere Beziehung sicher ein Krisenpunkt, an dem sie vielleicht eines Tages sogar zerbrechen könnte. Das möchte ich eigentlich nicht, aber ich weiß im Moment auch keine Lösung.
Zur Zeit belastet uns dieses Problem sehr stark. Da ich augenblicklich weder Pille noch sonstwas nehme, ist das Zusammensein schwierig. Wenn ich dann, manchmal bewußt boshaft, zu Norbert sage: An mir liegt es ja nicht, es ist dein Problem! – dann ist er unheimlich betroffen. Er leidet darunter und sagt, daß er einfach nicht anders kann.

Vielleicht sollten Sie ihn einfach vor vollendete Tatsachen stellen?

Diese Frage habe ich mir nie ernsthaft gestellt. Das würde für mich heißen, ihn zu erpressen. Und das will ich auf keinen Fall. Das wäre wohl auch das Ende unserer Beziehung.

Wann hat diese Beziehung eigentlich angefangen?

Begonnen hat unsere Beziehung 1970, wobei die eigentliche Entscheidung, miteinander leben zu wollen, fünf Jahre später fiel, als wir beschlossen, gemeinsam in die Mainzer Wohnung zu ziehen.

Ein sichtbares Zeichen der Verbindlichkeit Ihrer Beziehung?

Ja, für uns beide war das wie eine gegenseitige Erklärung, beieinander bleiben zu wollen, gleichsam eine Bestätigung, daß unsere Beziehung für jeden von uns verbindlich geworden ist. Auf der einen Seite habe ich mich unheimlich auf das Zusammenleben mit Norbert gefreut, weil wir uns bis dahin ja nur unregelmäßig sehen konnten und dann meist unter Sonnenschein-Bedingungen. Auf der anderen Seite fingen für mich damit große Schwierigkeiten an: Kaum war ich in der Wohnung, hatte ich das Gefühl, jetzt ist es aus, jetzt hast du dich festgebunden, jetzt bist du total in dieser Beziehung gefangen, jetzt kommst du da nicht mehr raus. Ich begann die Stacheln aufzustellen wie ein Igel.
Jetzt, im nachhinein, weiß ich, daß dies eine ganz wichtige Phase für mich war, und auch für uns beide. In der Zeit hatte ich auch begonnen, erstmals so richtig über mich selbst nachzudenken, über mich als Frau und damit auch über meine Beziehung zu Norbert. Vor allem auch darüber, welche Erwartungen ich an diese Beziehung stelle. Und das waren sehr hohe Erwartungen, etwa, daß wir beide als gleichwertige und gleichberechtigte Partner miteinander umgehen sollten.
Wie das aussehen sollte, darüber gab es ganz heftige Auseinandersetzungen. Bei einer solchen Gelegenheit sagte Norbert zu mir, ihm würde auch eine ›kleine‹, also weniger anspruchsvolle Beziehung genügen. Den Anspruch, den ich hätte, habe er gar nicht. Ich weiß noch, wie ich ihm darauf sagte, daß ich zu meinem Anspruch stehe und wenn das nicht möglich sei, dann lieber keine Beziehung. Eine untergeordnete Rolle möchte ich nicht spielen. Das

war eine harte Zeit, da stand unser Zusammenleben auf des Messers Schneide. Aber so Schritt für Schritt sind wir dann miteinander weitergegangen. Ich glaube, daß unsere Beziehung wirklich gewachsen ist und gut ist.
Vor einem Jahr ungefähr hat mir Norbert einen Brief geschriebenund mir gesagt, er sei sich jetzt sehr sicher, daß er doch diese große, sehr volle und anspruchsvolle Beziehung will.

Glauben Sie, daß zölibatär lebende Priester-Männer in diesem Punkt noch männlicher sind als andere Männer, ich meine, im Sinne eines ausgeprägten Chauvinismus?

Ja, das glaube ich schon. Ich denke, das ist das Resultat der ganzen Priestererziehung, in der Familie, im Seminar und auch in der Umwelt ganz allgemein. Norbert hat das auch selbst schon mal gesagt. Mitten in einem Streit hat er mich mal angebrüllt: Kapier das doch endlich mal, daß das für mich noch viel schwerer ist als für dich. Ich hatte noch nie eine Chance zu lernen, wie man auf eine Beziehung hinlebt, wie man Entscheidungen gemeinsam fällt, wie man einen Haushalt miteinander machen kann. Ich habe doch nur gelernt, mich von Frauen bedienen zu lassen, alleine zu leben und meine Entscheidungen auch alleine zu treffen.

Wie sind Sie eigentlich zusammengekommen?

Kennengelernt haben wir uns über meine Arbeit. Ich war in Bad Kreuznach in einer Buchhandlung beschäftigt, und Norbert kam als Pfarrer oft dorthin. Wir haben uns schon einige Jahre gekannt, ehe der berühmte Funke gezündet hat.

Was war das für ein Tag? Haben Sie noch genauere Erinnerungen daran?

Norbert sagte eines Tages zu mir: Weißt du was, nimm dir in der nächsten Woche einen Tag frei. Ich muß nach Koblenz fahren, und es wäre ganz toll, wenn du mitfahren könntest. An diesem 1. Dezember 1970 sind wir dann gemeinsam nach Koblenz gefahren. Norbert hatte bei einer Behörde etwas zu erledigen. Anschließend sind wir miteinander mittagessen gegangen. Vor der Rückfahrt haben wir einen ausgiebigen Spaziergang gemacht. Dabei haben wir uns im Wald verlaufen und sind querfeldein über umgestürzte Bäume gestiegen. Es war wunderschön, weiß ich noch, und es hat mir einfach gutgetan, weil ich damals ziemlich viele Probleme hatte, mit denen ich nicht fertig geworden bin.

Was waren das für Probleme?

Ich hatte Schwierigkeiten in meinem Verhältnis zu meiner Familie. Die Beziehung meiner Eltern zueinander war ganz schlecht geworden und ich war diejenige, die in der Mitte stand; über die Mutter und Vater ihre jeweiligen Probleme laufen ließen. Für mich war das schier erdrückend. Andererseits machte es mir die Loslösung von daheim schwerer, weil ich mich verantwortlich fühlte für meine Eltern. So, als wollte ich ihnen helfen, ihre Ehe zu verbessern. Und das war natürlich unmöglich.
Hinzu kam, daß mein jüngster Bruder lange Zeit schwer krank war und eine intensive Pflege brauchte. Ich habe meinen Bruder damals betreut und mich auch später viel um ihn gekümmert. Weil ich dadurch eine sehr intensive Beziehung zu ihm hatte, war es doppelt schwer für mich, von daheim wegzugehen. Als ich es schließlich doch schaffte, auszuziehen und mir eine eigene Wohnung zu suchen, haben meine Mutter und meine Geschwister das zunächst als Verrat an der Familie betrachtet und mir den Vorwurf gemacht, ich ließe die Familie in ihren Schwierigkeiten allein.
Noch schlimmer für mich war in dieser Zeit wohl die Tatsache, daß meine Beziehung zu einem Mann gerade zu Ende gegangen war. Eine Beziehung, die für mich zum Schluß nur noch traurig, nur noch belastend war und die mir ebenfalls viele Schuldgefühle machte. Manfred, so hieß der Mann, war etwas jünger als ich, nach außen hin der Typ starker Mann, groß und breitschultrig, so richtig einer zum Anlehnen. Innerlich war er ein labiler, schwacher Typ, der zunehmend wie eine Klette an mir hing. Ich hatte ständig das Gefühl, daß er mir die Luft abschnürt. Er beanspruchte mich in einem Maße und in einer Art, die mich nicht mehr glücklich machte, so gern ich es am Anfang hatte, daß er sich so an mich lehnte. Immer mehr bekam ich das Gefühl, daß er eigentlich gar keine Frau wollte, sondern daß ich ihm die Mutter ersetzen sollte, die er als kleines Kind verloren hatte. Zu Beginn der Beziehung hat mir das gutgetan, später habe ich einfach gespürt, ich kann das nicht mehr. Deshalb beschloß ich, das Verhältnis zu lösen, aller-

dings mit vielen Vorwürfen von seiten Manfreds und mit viel schlechtem Gewissen bei mir.

Was bedeutete Norbert zu diesem Zeitpunkt für Sie?

Norbert war für mich wie eine Insel. In diesem ganzen Problemwust war er das genaue Gegenteil: Ein Stück Freiheit, jemand, zu dem ich gehen konnte und der nichts von mir erwartet. Jemand, der keine Forderungen stellt, mir keine Schuldgefühle einredet, der einfach da ist, die Arme aufmacht und mich umarmt und tröstet. Jemand, der sagt: Du kannst ruhig weinen. Der mich ganz schlicht und einfach verwöhnt, wenn ich bei ihm bin, der mir Kaffee kocht, alles tut, damit es mir gut geht. Norbert ist zwar körperlich nicht so stark wie Manfred, aber er ist in sich stärker, stabiler. Es tat mir damals richtig gut, mich endlich einmal selber anlehnen zu können, endlich einmal nicht die Starke sein zu müssen.
Heute ist das eher gleich, heute bin ich mal die Starke, mal der Norbert.

Wer hat denn an diesem ersten Tag die Initiative ergriffen, daß es ein bißchen mehr wurde zwischen Ihnen beiden?

Der Aktivere war damals sicher der Norbert. Ich war wegen der Erfahrung mit Manfred sehr vorsichtig, zurückhaltend geworden und wollte eigentlich so schnell nichts mehr mit einem Mann zu tun haben. Aber irgendwie war es mit Norbert anders, es war ein ganz anderes Gefühl, etwas, das über die Geborgenheit hinausging. An diesem Tag im Dezember haben wir beide geprüft, daß es uns gut tut, beisammen zu sein. Nach unserer Rückkehr nach Bad Kreuznach haben wir am Abend noch lange beisammengesessen und uns aus unserem Leben erzählt.
Ja, und dann wurden es immer mehr Abende, an denen wir zusammen waren. Und dann war irgendwann der Abend, an dem es ein bißchen mehr wurde.

Norbert war für Sie eine stabile Männerfigur. War er auch ein Vaterersatz? Was ist Ihr Vater für ein Typ von Mann in Ihren Augen?

Ich habe vermutlich zu der Zeit damals ein negatives Bild von meinem Vater gehabt, ich habe ihn eher schwach gesehen. Heute sehe ich das allerdings anders. Ich habe ein sehr gutes Verhältnis zu meinem Vater und kann ihn so annehmen, wie er ist: Auf der einen Seite ist er gewalttätig, brutal, ich sehe aber auch seine andere Seite, die positive, seine Schwachheit. Er hat auch seine guten Eigenschaften und versteht es, mit jemandem sehr sensibel umzugehen. Er kann sehr liebevoll sein, auch zärtlich, obwohl ihm das ganz schwer fällt. Wenn mein Vater heute aufgewachsen wäre, hätte er sicher mehr Chancen gehabt, seine eigentlichen Fähigkeiten zu entfalten. Aber er ist noch in einer Zeit groß geworden, wo Männer immer stark sein mußten. Und unter dieser Anforderung hat er sein Leben lang gelitten, weil er, wie alle Menschen, stark und schwach ist. Meine Mutter dagegen ist eine sehr starke Frau, und damit tut sich mein Vater heute noch schwer.

Wie haben Sie Norbert zunächst erlebt, als Priester oder als verständnisvollen Mann?

Zunächst hatte er für mich keinen Sonderstatus, er war einfach in meinem Leben drin. Erst später wurde mir deutlich, daß diese Beziehung doch eine ganz andere Qualität hatte als alle anderen Beziehungen zu Männern vorher.
Natürlich habe ich ihn auch sehr stark als Priester erlebt. Zum Beispiel dann, wenn wir gelegentlich zusammen bei einer Veranstaltung waren, wo er den Gottesdienst gehalten hat. Ich habe oft bei der Vorbereitung mitgearbeitet. Norbert ist sehr kooperativ und hat immer andere, eben auch mich, bei solchen Gelegenheiten beteiligt. Wenn wir gemeinsam bei Veranstaltungen mitmachten, galt es allerdings als ungeschriebenes Gesetz, daß nach außen hin klar sein mußte, zwischen uns ist nichts.
Besonders schwierig wurde diese selbstauferlegte Zurückhaltung bei der Teilnahme an Wochenendkursen mit Leuten, die verheiratet waren. In solchen Situationen gehen Menschen meistens besonders aufeinander zu. Wenn ich dann sah, wie diese jungen Paare ihre Zuneigung offen zeigten, zeigen durften, ging es mir sehr schlecht: Und du tust dann so, als würde dir das alles nichts ausmachen, als würdest du über allem stehen. Und du sitzt da und heulst innerlich.
Bei solchen Gelegenheiten werde ich auch heute noch aggressiv

und fast unfähig zu denken, zu reden. Ich blocke dann oft ab und werde leicht ironisch, fast zynisch, boshaft. Auch gegenüber dem Norbert, denn irgendwie muß das dann raus. Und da kommt es schon vor, daß wir uns gegenseitig verletzen und lange brauchen, bis wir uns wieder erholt haben.
Irgendwann sind wir zu der Entscheidung gekommen, daß es gar keinen Sinn hat, so etwas gemeinsam zu machen, wenn wir es nicht wirklich gemeinsam machen können. Seither fahren wir nicht mehr miteinander auf solche Veranstaltungen.
Allerdings haben wir dabei auch eine sehr positive Erfahrung gemacht: Bei einem Seminar haben Norbert und ich einmal eine Gruppe geleitet und versucht, uns selber als Personen einzubringen, die in enger Beziehung zueinander stehen. Wir haben zwar nicht über unsere Beziehung ganz konkret geredet, zum Beispiel auch nicht über den sexuellen Bereich. Aber wir haben deutlich gemacht, daß wir eine Beziehung zueinander haben, die mehr ist als nur freundschaftlich.
Und das haben die Leute in der Gruppe gut verstehen können. Während Norbert früher bei solchen Gelegenheiten auf die Frage, wie reagiere ich auf Konflikte, ganz ausgewogen geredet hätte und ganz lehrreich gesagt hätte, etwa, daß ein Konflikt etwas Positives ist und man ihn halt ausdiskutieren müsse, hat er hier versucht, von sich selber zu reden. Etwa so: Wenn wir beide streiten, dann läuft das so und so ab, dann ist meistens das der Anlaß, dann schmoll ich oder die Verena, dann lösen wir den Konflikt auf diese oder jene Weise.

Ich kann mir vorstellen, daß das bei den Leuten besser angekommen ist als alle theoretischen Erklärungen?

Ja, auf alle Fälle. Die Leute in der Gruppe wurden durch diese eigenen Erfahrungsberichte zu Gesprächen angeregt, in denen sie auch von sich selbst ganz viel erzählten. Dabei hatte ich das Gefühl, daß Norbert und ich nicht abgelehnt wurden, im Gegenteil. Klar, daß die Menschen stellenweise schon gewisse Schwierigkeiten hatten, wie sie mit uns umgehen sollten, das verstehe ich gut. Und bei mir war der Druck da, paß auf, daß du nicht zuviel sagst, daß nicht zuviel deutlich wird, daß du nicht zu konkret wirst. Denn die meisten Teilnehmer der Gruppe waren katholisch. Da wollte ich wirklich niemand in Schwierigkeiten bringen.

Heute haben wir hier in Mainz seit längerer Zeit einen festen Freundes-Gesprächskreis. Hier können wir ganz offen über unsere Beziehung reden, brauchen auch nichts zu verheimlichen. Da ist kein Unterschied zwischen unserer Beziehung und der von den anderen Leuten. In diesem Kreis haben wir viel für unsere Beziehung gelernt.

Dieses Stückchen Öffentlichkeit in einer Situation, die Sie derzeit leben, ist sicherlich sehr wichtig. Und auch gut möglich. Aber was würde passieren, wenn Norbert in eine Pfarrei zurückginge?

Wenn Norbert in eine Pfarrei ginge, würde ich nicht mitgehen. Das steht für mich fest. Da müßten wir überlegen, wie das weitergeht. Wenn das wirklich die einzige Möglichkeit wäre, würde das eben bedeuten, daß wir getrennt leben müßten. Unter den derzeitigen Umständen, wo ich nicht offen als Norberts Frau auftreten darf, würde ich da nicht mitgehen.
Das war mir schon sehr früh klar, daß ich nicht in einer Pfarrei leben möchte. Durch meine Arbeit im kirchlichen Milieu habe ich genügend Einblick bekommen, wie es in manchen Pfarreien zugeht. Und wie da über Frauen geredet wird, vor allem wenn es jüngere sind, die im Pfarrhaus leben. Ich weiß, daß ich es nicht aushalten könnte, wenn da über mich so gelästert würde. Ich glaube, da nehme ich mich als Person zu ernst, als daß ich das akzeptieren könnte. In einer solchen Situation kannst du dich noch so bemühen, kannst noch so gut sein oder schlecht, das wäre alles unerheblich, weil alles einzig und allein durch die Brille gesehen wird, daß du eben beim Pfarrer wohnst. Ich möchte auch nie in die Lage versetzt werden, daß ich zum Beispiel an der Pfarrhaustür etwas vorspielen muß, damit nicht deutlich wird, wie wir wirklich zueinander stehen. Da käme ich mir auch den Leuten gegenüber verlogen vor, das möchte ich einfach nicht.
Jetzt habe ich wenigstens den Vorteil, daß ich mich ganz normal verhalten kann. Wir wohnen miteinander in einer Wohnung, darin hat jeder seinen Bereich, und vor allem ist es auch meine Wohnung. In einem Pfarrhaus hätte ich dagegen immer das Gefühl, es ist nicht meines. Und dieses Gast-Gefühl, das könnte ich einfach nicht bewältigen. Und auch nicht, wenn ich als Person immer nur in bezug auf den Pfarrer hin definiert würde.

Gelten Sie offiziell als seine Haushälterin?

Bei manchen Leuten schon, vor allem bei offiziellen Gelegenheiten. Wobei mich da Norbert nicht als seine Pfarrhausfrau vorstellt, sondern als Verena X, eben mit meinem Namen.
Soweit es seine Schultätigkeit zuläßt, arbeitet Norbert in einer Pfarrei mit. Die Haushälterin dort ist eine junge Frau, sie ist im Fulltime-Job Pfarrhausfrau, wie das offiziell heißt. Sie hat mich sofort als ihresgleichen in Beschlag genommen. Und wenn wir manchmal, vor dem Essen, miteinander in der Küche reden, dann entstehen oft recht eigenartige Gespräche, die mich sehr zwiespältig stimmen. Etwa in der Art: Wie gehts dir mit deinem Pfarrer? So geht's mir mit meinem Pfarrer!
Und weil ich dann doch nicht die wirkliche Situation beschreiben möchte, entsteht für mich fast der Zwang, ganz komisch über den Norbert zu reden. Und das mag ich eigentlich nicht, da habe ich fast das Gefühl, daß ich ihm unrecht tue.
Nein, ein gemeinsames Leben im Pfarrhaus kann ich mir einfach nicht vorstellen, das schaffe ich nicht. Nicht unter den derzeitigen Bedingungen. Es ist ja jetzt schon schwierig genug, obwohl wir, verglichen mit anderen in ähnlichen Beziehungen, noch sehr privilegiert leben. Sicherlich, auch bei uns gibt's trotzdem immer wieder Einschränkungen und Beschränkungen. Da geht's mir dann oft wirklich schlecht, wie zum Beispiel an Weihnachten und Ostern, wo Norbert in einem Pfarrverband auf dem Land aushilft. Er ist an solchen Tagen in der Pfarrei und ich meist bei meiner Familie. Grundsätzlich kann ich damit gut leben, es ist halt eine Situation, die gehört bei einer solchen Beziehung mit dazu, die nimmt man eben in Kauf. Aber gerade an solchen Feiertagen, wie etwa Weihnachten, ist man eben emotional empfänglicher für alles. Und da kommt es schon vor, daß ich mich frage, warum tue ich mir das an, daß ich jetzt hier allein sitze.

Sind Sie manchmal auch dabei, wenn er aushilft an den Feiertagen?

Ja. Aber das bringt auch Probleme. Wenn wir zum Beispiel nach dem Ostergottesdienst, den Norbert gehalten hat, zusammen beim anschließenden Pfarreifrühstück hocken, sitzen die Leute da und sind unheimlich nett zu dir. Dann heißt es: Der würde einen guten Pfarrer abgeben, der sollte ganz bei uns bleiben, und eine so nette Haushälterin hat er auch schon.

Ich bin ganz sicher, daß mich die Leute da nicht kränken wollen. Aber ich sitze da und sage mir, verdammter Mist. Neben dir ist dein Mann, und du bist seine Frau, aber du darfst es ja eigentlich nicht sein. Und ich frage mich, ob das bis ans Ende meines Lebens so weitergehen wird. Ob ich das wirklich ein ganzes Leben lang schaffen werde, meine eigenen Gefühle zurückzunehmen, sie nicht äußern zu können. Und ich bin schmerzlich berührt, wo ich doch zunächst ganz entspannt und froh hier gesessen bin.
Die Leute sagen das nicht aus Boshaftigkeit, es ist einfach selbstverständlich für sie, so zu denken. Es sind lauter liebe, nette Leute, und peng, da sitzt du und bist verletzt bis auf den Grund deiner Seele. Gott sei Dank habe ich bisher bei solchen Gelegenheiten immer wieder alleine die Kurve gekriegt, weil ich das den Norbert nicht ausbaden lassen möchte.

Würden Sie meinen, daß Norberts Bruch mit dem Zölibat, der ja auch ein Stück Auflehnung gegen die Mutter Kirche bedeutet, etwas mit seiner Beziehung zur leiblichen Mutter zu tun hat?

Das glaube ich ganz sicher, daß Norberts Mutter damit etwas zu tun hat. Für eine Mutter ist es ja eine unheimlich starke Aufwertung, Mutter eines Priesters zu sein. Norberts Mutter ist eine Frau, die wenig Gefühle spüren läßt und den Norbert auch heute noch sehr für sich beansprucht. Sie würde immer noch alles für ihn tun, zuviel, wie ich meine. Mein Eindruck ist, daß sich Norbert von ihr sehr eingeengt, fast erdrückt fühlt. Er hat es lange nicht geschafft, sich abzusetzen gegen die Ansprüche seiner Mutter an ihn.
Norberts Mutter ist eine sehr dominante Frau, sie wirkt auf mich wie eine richtige Clan-Mutter. Am liebsten würde sie alles bestimmen. Und sie mischt auch gern überall mit, in der Familie ebenso wie in der Pfarrgemeinde. Sicherlich käme es auch ihrem Bedürfnis entgegen – und das kommt auch dann und wann direkt zum Ausdruck –, daß sie es gerne sähe, wenn der Norbert für sie stärker als Priester in Erscheinung treten würde.

Tut er das dann auch? Zur höheren Ehre der Mutter?

Nein, eigentlich nicht. Aber er sieht auch, daß es für sie ganz hart wäre, wenn nach außen hin deutlich würde, daß er ein »gefallener« Priester ist. Sie leidet ja schon darunter, daß er kein so typischer

Priester ist. Als richtiger Pfarrer in einer Pfarrei wäre er ihr sicherlich am liebsten.

Weiß Norberts Mutter von Ihrer Beziehung?

Offiziell sicher nicht. Aber ich kann mir nicht vorstellen, daß ein Mensch, und vor allem eine Mutter, so blind sein kann, daß sie nicht merkt, was wirklich los ist. Ihre Reaktionen sehe ich eher so, daß sie es einfach nicht wahrhaben will: Die Unsicherheit ist nicht zu übersehen, und ein bißchen Konkurrenz ist auch da, weil sich Norbert bei mir offenbar wohler fühlt als bei ihr.

Empfinden Sie es als Verrat, daß sich Norbert vor seiner Mutter nicht offiziell zu Ihnen bekennt?

So sehe ich das nicht. Ich kann die Situation, so wie sie jetzt ist, vor allem deshalb akzeptieren, weil ich die Erfahrung gemacht habe, daß in der Zeit unseres Zusammenlebens sich das Verhältnis von Norbert zu seiner Mutter zum Positiven hin verändert hat. Das heißt zum Beispiel, daß er früher ja schon Probleme hatte, länger als zwei Tage mit seiner Mutter zusammen zu sein. Er hat einfach nicht mit ihr leben können und offensichtlich seine ganzen Probleme mehr auf sie geschoben, als sie bei sich selbst zu suchen. Seit ein paar Jahren ist sein Verhältnis zu ihr viel offener, er setzt sich wirklich ernsthaft mit ihr auseinander, und ich hoffe und glaube auch, daß irgendwann für ihn der Zeitpunkt kommen wird, wo er ihr ganz selbstverständlich von unserer Beziehung erzählen kann. Es hat keinen Sinn, ihn jetzt dazu zu zwingen, mit seiner Mutter reinen Tisch zu machen. Das bringt ja auch mir nichts, wenn er nicht innerlich dazu stehen könnte. Aber so habe ich das Gefühl, daß sich da was tut, daß er sich innerlich freischwimmt und eigentlich erst jetzt beginnen kann, seine Mutter anzunehmen und sie so zu mögen, wie sie wirklich ist. Und ich denke, das wird er mit der Zeit schaffen, indem er sagt: Gerade weil ich dich mag, Mutter, möchte ich ehrlich zu dir sein; auch in dem, was ich lebe. Und inzwischen ist es für mich auch nicht mehr so schwierig im Verhältnis zu seiner Mutter, weil Norbert meine Interessen gegenüber seiner Mutter ganz eindeutig vertritt. Zum Beispiel von mir nicht mehr verlangt, daß ich zu ihm nach Hause mitfahre, wenn ich nicht selber will.

Und wie ist Norberts Einstellung zur Mutter Kirche, aus Ihrer Sicht?

Mit seinen theologischen Ansichten, mit dem, was er glaubt, was für ihn wichtig ist, auch was er praktiziert, stimmt Norbert in vielen Punkten nicht mit den offiziellen Aussagen überein. Er setzt sich aber mit seinen Ansichten sehr stark auseinander, engagiert sich sehr für Glauben und Kirche. Ich meine, daß er ein guter Priester ist. Wenn ich ihn dann manchmal frage, was ihn denn eigentlich in der Kirche hält, dann kommen allerdings auch ganz emotionale Sachen: Das Gefühl der Zugehörigkeit, das Gefühl, da drinnen aufgewachsen zu sein, in der Kirche eine Beheimatung zu haben. Das alles spielt sicher eine große Rolle, und ich denke, daß es für Norbert ganz schwer wäre, wenn ihn sein Bischof oder sonst jemand danach fragen würde, wie unsere Beziehung eigentlich ist. Dazu kommt noch, daß Norbert eigentlich mit Überzeugung Priester ist und erlebt, daß er für viele Leute als Priester auch sehr wichtig ist.

Weiß denn der Bischof von Ihrer Beziehung?

Eigentlich könnte er es wissen, weil Norbert beim Ordinariat Bescheid gegeben hat, als wir in die gemeinsame Wohnung zogen.

Und wie reagiert hier das Ordinariat?

Ich meine, die machen die gleiche Vogel-Strauß-Politik, wie es die Mutter von Norbert macht: Den Kopf in den Sand stecken und nichts sehen, weil was nicht sein darf, auch nicht sein kann.

Wie sehen Sie Ihre eigene Beziehung zur Kirche? Ist sie so etwas wie eine Mutter Kirche für Sie?

Ich erlebe Kirche durchaus nicht als Mutter und auch nicht als etwas Mütterliches. Wobei mütterlich für mich der Begriff von Nähe und Wärme, von Sicherheit und Gradheit, von Zuflucht und Heimat ist. Solche Gefühle habe ich im Zusammenhang mit Kirche nie gespürt oder nur ganz selten.
Zum größten Teil ist mein Verhältnis zur Kirche sehr stark davon geprägt, daß ich nun schon seit neun Jahren in der Kirche selbst arbeite. Oft denke ich mir, daß einer, der in der Kirche tätig ist,

entweder nur die Möglichkeit hat, alles zunehmend kritisch zu sehen, weil er ja sehr viel vom internen Betrieb mitkriegt, oder sich einfach anpassen und zu allem ja und amen sagen muß. Und letzteres kann ich nicht. Sicher würde ich mich auch mit religiösen Fragen leichter tun, wenn ich nicht selbst im Dienst der Kirche stünde und immer diese Widersprüche erleben würde zwischen Sagen und Tun. Sicherlich gibt es diese Widersprüche in jeder großen Institution, aber in einer Religionsgemeinschaft bekommen sie noch mal eine andere Qualität.
Was ich noch ganz wesentlich finde, ist die Tatsache, daß diese Kirche eine totale Männerkirche ist. Die Situation, in der ich jetzt lebe, steht eigentlich in einem sehr engen Zusammenhang mit der Gesamtsituation der Frauen in der Kirche überhaupt. Sie zeigt recht deutlich, welchen Platz Frauen in der Kirche generell einnehmen. Daß das alles so möglich ist mit dem Zölibat, ist ja nur ein Ausdruck dafür, was mit Frauen überhaupt möglich ist in der Kirche. Ich meine, würden wir Frauen in der Kirche wirklich ernstgenommen, als gleichwertig und gleichberechtigt angesehen, dann könnte es so was wie meine Situation, dann könnte es so was wie den Pflichtzölibat einfach nicht geben. Eigentlich könnte ich es mir sehr gut vorstellen, mit Norbert zusammen in einer Pfarrei zu arbeiten, zum Beispiel auch als Priester-Ehepaar. Das könnte ich mir gut denken, und ich glaube, daß ich da auch was beitragen könnte. Es ist ja nicht so, daß ich nicht gläubig bin, ganz im Gegenteil. Für mich ist Religion und mein christlicher Glaube sogar sehr bedeutsam, gerade im Hinblick auf die Sinndeutung meines Lebens. Das ist es ja auch, was mich immer so ärgert: Daß ich, daß wir Frauen für die Kirche eigentlich sehr wichtig wären, aber draußen bleiben müssen. Da denke ich, verdammt, da könntest du mal wirklich was tun, aber es geht nicht, weil du als Frau einfach ausgeschlossen bist.

Denken Sie, daß sich der Zölibat auf Dauer von selbst ad absurdum führen wird?

Ich meine schon, oder besser gesagt, ich hoffe es sehr. Vermutlich sind wir schon auf dem besten Weg dahin, weil immer weniger Männer Priester werden wollen und der Zölibat dabei eine wichtige Rolle spielt. Die Situation derzeit ist doch die, daß die Verantwortlichen in der Kirche doch ganz genau Bescheid wissen, was los ist. Die wissen doch, daß es solche Beziehungen wie unsere sehr häufig gibt. Die Verantwortlichen könnten es ja gar nicht riskieren, all diese Beziehungen zu ahnden. Einmal, weil sie mit der Arbeit nicht fertig würden, und zum anderen, weil sie befürchten müßten, daß dann doch einige die Konsequenzen ziehen würden. Selbst wenn nur die Hälfte der Priester-Männer dann zu ihren Frauen stünden, wären am nächsten Sonntag viele Altäre leer.

Gibt es eine Strategie, eine innere Haltung, um so eine außergewöhnliche Partnerschaft auf Dauer leben zu können?

Ich glaube, es ist ganz wichtig, daß man sich nicht als Märtyrerin sieht, als Opfer und als Verführte. Man muß sich gegenseitig zubilligen, die Entscheidung treffen zu können, beieinander zu bleiben oder sich zu trennen. Also sich bewußt für diese Beziehung entscheiden, sie bewußt eingehen. Zum anderen meine ich auch, daß es eine Beziehung zwischen zwei Menschen ist, wie jede andere Beziehung auch. Es wäre wirklich ein großer Schritt vorwärts in der Zölibatsfrage, wenn es möglich wäre, Beziehungen wie unsere als selbstverständlich anzusehen. Aber derzeit scheitert das eben daran, daß ich, daß wir beide daran gehindert werden, eine solche ernsthafte und engagierte Beziehung wirklich zu leben. Dabei bin ich der festen Überzeugung, daß es für Priester ganz wichtig ist, eine Partnerbeziehung zu haben, gerade in unserer Zeit. Ich erlebe das bei Norbert. Unsere Beziehung gibt ihm Kraft für seine Arbeit. In früheren Zeiten mag das anders gewesen sein, vielleicht hat es einmal wirklich ernsthafte Gründe für den Zölibat gegeben, darüber mag ich jetzt nicht befinden. Aber in unserer Zeit kann diese Verpflichtung einfach nicht mehr aufrechterhalten werden, sie widerspricht jeglicher Realität.

Die Unwägbarkeiten einer solchen Beziehung lassen soziales Sicherheitsdenken, Versorgungsdenken wahrscheinlich gar nicht erst aufkommen. Oder denken Sie manchmal daran?

So eine Beziehung ist eine ständig unsichere Situation: Was ist, wenn es öffentlich wird, was ist, wenn ein Kind kommt, was ist, wenn Norbert versetzt wird. Für mich ist es ganz wesentlich, zumindest in einigen Bereichen Sicherheiten zu haben, vor allem dadurch, daß ich beruflich auf eigenen Füßen stehe, mich selbst

auch versorgen kann, diesbezüglich ganz unabhängig bin. Und auch sehr viele eigene Freunde habe, die mir auch helfen, wenn es wieder mal schwierig ist.
Das Leben mit Norbert ist eigentlich immer wie eine Art aus dem Koffer leben. Eine andauernde Unsicherheit. Vielleicht ändert sich das auch noch, aber im Augenblick empfinden wir beide sehr stark, daß noch nicht feststeht, wie unsere gemeinsame Zukunft aussehen wird.
Diese gemeinsame Erfahrung der Unsicherheit schweißt uns aber auch ungemein zusammen, verbindet uns und macht uns irgendwie auch stark, mit den Schwierigkeiten fertig zu werden. Sie macht uns jedoch auch traurig, diese Unsicherheit.
Manchmal stelle ich mir vor, was wäre, wenn Norbert heute etwas zustoßen und er sterben würde. Dann stünden an seinem Grab der Klerus, und die Familie, die den Priestersohn betrauert. Aber nicht die Frau, die mit ihm gelebt hat. Ich dürfte irgendwo am Rande auch noch mitweinen.
Und wenn wir heute gemeinsam einen tödlichen Autounfall hätten, würden wir nicht einmal zusammen begraben. Wir haben schon öfter darüber geredet: Wir müßten testamentarisch verfügen, daß wir ein gemeinsames Grab haben möchten.

Du, Papi, wenn du von hier weggehst, dann dürfen wir nie dabeisein

Elisabeth, 48, wurde 1974 Witwe. Drei Jahre später ging sie eine Beziehung mit einem Priester ein. Als sie ein Kind von ihm erwartete, beschloß Elisabeth, es dennoch auszutragen. Heinz, 54, ist begeisterter Vater eines Sohnes und Seelsorger in einem Behindertenzentrum.

Im Frühjahr 1978 habe ich gemerkt, daß der Markus unterwegs ist. Da war ich 41 und hätte von der Frauenärztin eine Genehmigung für einen Abbruch bekommen. Auch wegen der Umstände, weil der Vater ein Priester ist. Ich war momentan verzweifelt. Ich hab es nicht getan. Ich hab es nicht fertiggebracht. Ich habe mein Kind ausgetragen unter sehr schwierigen Umständen, aber ich habe es bis heute nicht bereut.

Wie waren diese Umstände?

Immer verstecken, nirgends mehr hingehen, und wenn, dann nur im Auto, damit man den Bauch nicht sieht. Als die Wehen einsetzten, bin ich allein ins Krankenhaus gefahren. Nachts um halb elf hat der Arzt festgestellt, geht nicht, Kaiserschnitt. Noch im Operationssaal haben sie dann gesagt: Sie haben einen ganz süßen Jungen. Im ersten Moment war ich irgendwie von der Rolle, dann habe ich gesagt: Gehört der wirklich mir?
Die vier Wochen mit Markus im Krankenhaus waren sehr bitter. Die frischgebackenen Väter kamen mit Rosen und Pralinen, hielten vorsichtig ihr neues Kind im Arm, und wir waren völlig allein. Er konnte ja nicht kommen. Die Ärzte und Schwestern hätten ihn ja alle gekannt, weil er als Kaplan dort häufig auf Krankenbesuch war.

Mußten Sie im Krankenhaus nicht den Namen des Vaters nennen?

Nein, die fragten nur, wie das Kind heißen soll. Die melden das dann dem Standesamt, mehr interessiert die nicht. Aber dann kam das Jugendamt. Das war schlimm. Die schikanieren einen nach Strich und Faden. Über so alleinstehende Frauen darf man ja ruhig herfallen, da kann man sich fast alles erlauben.
Als ich wieder zu Hause war, wurde ich vorgeladen und gefragt: Wer ist der Vater? Und ich habe geantwortet: Das sage ich nicht. Ich habe meine Witwen-Rente, ich kann mein Kind allein aufziehen, das geht keinen Menschen was an, wer der Vater ist. Da sagte der zuständige Herr vom Jugendamt: Das mag ich schon, sich mit jemandem einlassen und dann nicht wissen, wer der Vater ist.

Und wer ist dieser Vater?

Heinz ist Priester und arbeitet als Seelsorger in einem Behindertenzentrum in Bottrop. Ich habe ihn noch in Oberhausen kennengelernt, wo ich damals mit meinem Mann wohnte. Der war Bergmann und mit dem dortigen Pfarrer befreundet. 1968 kam Heinz als Kaplan in dieses Pfarrhaus, und so entwickelte sich eine gemeinsame Freundschaft auch zu ihm. Der Pfarrer und der Kaplan wurden von einer fürchterlich altmodischen Haushälterin versorgt, die es nicht gewohnt war, mit pflegeleichter Kleidung umzugehen. Sie hat sich sogar geweigert, die weißen Hemden vom Kaplan zu waschen und zu bügeln. Mein Mann hat aber immer weiße Hemden getragen, das war für mich kein Thema. Und da mir der Kaplan so leid tat, begann ich, seine Hemden mitzuwaschen.
Er war sehr froh drüber und dankbar. Später haben mein Mann und ich auch gemeinsame Kunstfahrten mit ihm unternommen.
1971 ist es losgegangen mit dem Lungenkrebs. Drei Jahre später ist mein Mann total verkrebst gestorben. Und der Heinz hat ihn beerdigt.
Plötzlich bin ich alleine dagestanden. Ich nahm eine Halbtagsstelle als Telefonistin an. Nebenbei habe ich den Haushalt vom Kaplan weitergeführt. Im Sommer 1977 sind wir gemeinsam in Urlaub gefahren. Und so sind wir uns langsam nähergekommen.

Hatte Ihr verstorbener Mann Ähnlichkeiten mit Heinz?

Nein, überhaupt nicht. Mein Mann war sehr, sehr jähzornig, hatte immer sein Eigenleben geführt. Es war keine überaus glückliche Ehe. Ich habe darüber nie mit jemandem gesprochen, ich habe das einfach geschluckt. Sicherlich habe ich in Heinz auch ein bißchen den »Seelsorger« gesucht, einfach jemanden, mit dem man sich besser versteht. Heinz ist ein sehr vertrauenswürdiger, ruhiger und gemütvoller Mensch, auf den man sich hundertprozentig verlassen kann. Das hat mich sehr für ihn eingenommen. In mir wiederum fand Heinz endlich die Frau, die ihn als normalen Menschen, als Mann behandelt und nicht als Herrn Pfarrer. Sein Verhältnis zur Mutter war nicht eben ideal. Das lief immer auf der Basis: Schaut mal her, ich bin eine Priestermutter, und das ist mein Priestersohn. Wenn sie irgendwohin kamen, hat sie ihn regelrecht vorgeführt.

Der Heinz hat jemanden gesucht, der ihn auch ohne geistliches Amt anerkennt.

Weiß seine Mutter von Ihrer Beziehung und von Ihrem Kind?

Sie lebt nicht mehr. Sie hat es nicht mehr erfahren. Sie hat gewußt, daß ich Heinz den Haushalt mache. Sie ist auf dem Standpunkt gestanden, wenn sie älter wird und ihren Haushalt nicht mehr führen kann, dann geht sie zu ihm. Er war der einzige Sohn.

Und wie hat die Kirche auf die Vaterschaft Ihres Priester-Partners reagiert?

Die Kirche hat, muß ich sagen, sehr anständig reagiert. Sie haben den Heinz ins Ordinariat zitiert und ihn gefragt, ob er sich bewußt sei, was jetzt für eine Verantwortung auf ihm lastet. Er habe nicht nur die finanziellen Probleme zu bewältigen, sondern müsse sich auch um das seelische Wohlergehen der Mutter kümmern. Dann war zweimal ein Mann aus dem Ordinariat bei mir da, mit einem Geschenk für Markus. Ob denn auch für mich gesorgt würde, ob ich finanzielle Sorgen hätte, sie seien jederzeit gerne bereit, mir zu helfen. Er wies mich allerdings auch darauf hin, daß ich mit dem Vater meines Kindes nicht zusammensein dürfe. Sollte es irgendwelche Beschwerden diesbezüglich geben, sollte jemand daran Anstoß nehmen, sagte er, müssen wir ihn versetzen. Dann kam noch der schöne Nachsatz: Und die Schuld trifft Sie, Frau Schmitt!

Wie oft kommt Markus' Vater hierher nach Essen?

Fast jeden Abend. Er ist ein begeisterter Vater und hat mit Markus eine riesige Eisenbahnanlage aufgebaut. Wenn Heinz seinen freien Tag hat, holt er seinen Sohn von der Schule ab, geht mit ihm zum Einkaufen, auf den Spielplatz. Als ich unlängst ins Krankenhaus mußte, hat er zehn Tage Urlaub genommen, um bei Markus sein zu können. Heinz geht ganz offen damit um, daß er Familie hat. Er sagt, wenn sich jemand daran stört, soll er ruhig kommen.

Hat er als Priestervater noch nie Schwierigkeiten bekommen in der Öffentlichkeit?

Das war vor zwei Jahren. Er stand mit Markus auf dem Minigolf-Platz. Da kam eine ehemalige Schulkameradin auf ihn zu und zischte ihn an: Schämst du dich überhaupt nicht?
Heinz ist überhaupt nicht darauf eingegangen und mit dem Kind weitergegangen. Ich glaube, Markus hat das gar nicht so mitbekommen, was die Frau damit gemeint hat. Und da ist auch noch so eine sehr christliche Verwandte von Heinz, die im Kloster lebt. Die hat zu ihm gesagt, es wäre besser gewesen, das Kind nicht zur Welt zu bringen, dann hätte niemand etwas davon gewußt.

Weiß Markus, was sein Vater von Beruf ist?

Ja. Kaum, daß er angefangen hat zu verstehen, habe ich ihm das beigebracht.

Und wie haben Sie ihm das vermittelt?

Ich habe angefangen, mit ihm in die Kirche zu gehen. Als Markus dort den Pfarrer am Altar stehen sah, habe ich ihm erklärt, daß sein Vater auch ein Pfarrer ist und auch in der Kirche steht und auch das macht, was dieser Priester hier macht. Und ich habe ihm erklärt, daß die Priester von der Kirche aus nicht heiraten dürfen, auch keine Kinder haben dürfen. Daß deshalb der Papa allein in Bottrop leben muß und wir hier in Essen.
Vor ein paar Monaten hat Markus gesagt: Du Papi, wenn die Mama und ich irgendwo hingehen, dann darfst du überall mitgehen. Aber wenn du von hier weggehst, dann dürfen wir nie dabeisein.

Bunte Kniestrümpfe

Doris, 40, ist Lehrerin. Im Herbst 1976 lernte sie Werner, damals Kaplan und heute Pfarrer, kennen. Seit 1983 leben beide in einem Pfarrhaus in Süddeutschland.

Als ich auf dem hellblau gestrichenen Küchenschrank das Papier fand, war ich neun. Da wußte ich, daß mich meine Mutter im Juni 1945 unehelich auf die Welt gebracht hatte. In dem Dokument des Landratsamtes wurde bemängelt, daß die Angaben meiner Mutter bezüglich der Waisenrente für das Kind Doris widersprüchlich waren; bei der Überprüfung der Personalien habe man festgestellt, daß der angebliche Vater der Waisengeldbezugsberechtigten bereits im Mai 1944 gefallen war. Da könne es ja nicht sein, daß im Juni 1945 eine Tochter von ihm geboren wurde.
Erschrocken bin ich zur Oma gelaufen, die bei uns wohnte. Sie hat mir das so recht und schlecht bestätigt.

Und Ihre Mutter? Haben Sie mit ihr nicht darüber geredet?

Nein, vor der hatte ich immer eine Riesenangst. Angst vor der Schreierei. Angst vor Schlägen. Sie hat uns Kinder oft gehauen, sie war so unberechenbar. Als ich sechs Jahre alt war, versetzte mich nur der Gedanke, allein mit ihr in der Wohnung zu sein, in Panik. Wenn ich wußte, daß meine Oma beim Doktor war – und sie war sehr häufig krank –, ging ich nach der Schule nicht heim. Ich lief ihr mit dem Schulranzen auf der Landstraße entgegen.
Erst vor einem Jahr habe ich es fertiggebracht, meine Mutter nach dem Vater zu fragen. Sehr sorgsam und von viel Angst begleitet habe ich diesen Augenblick vorbereitet und sie gefragt: Mit welchem Mann hast du mich gehabt?
Da ist sie sehr erschrocken, hat aber schnell geschaltet und gemeint, er sei sehr reich gewesen. So, als ginge es darum, ein weinendes Kind mit einem Bonbon abzulenken.
Ich gab immer noch nicht auf, wollte den Namen des Vaters wissen.
Da hat sie gesagt, daß er in Znaim, im Sudetenland stationiert war, wo sie mit dem Bruder und den Eltern wohnte; daß er dort russische Gefangene zu beaufsichtigen hatte.
Ja, wie er denn heißt, habe ich noch einmal gefragt.
Der Name sei ihr entfallen, sagte sie.
Das hat mich sehr traurig gemacht. Ich konnte ihr das einfach nicht glauben, und ich glaube ihr das auch heute noch nicht.
Ich meine, daß sie mich da anlügt.

Und was ist die Wahrheit?

Meine Mutter mußte mit 18 Jahren heiraten, weil sich ein Kind ankündigte. Ihr Mann fiel dann im Krieg. Als meine Schwester gerade zwei Jahre alt war, kam ich auf die Welt. Von diesem Vater, den ich nicht kenne. Meine Oma hat mir gegenüber oft angedeutet, daß die Mutter einen starken Drang zu den Männern hin gehabt hätte. Auch mein Großvater war damals sehr besorgt über den lockeren Lebenswandel seiner Tochter. Heute glaube ich, daß meine Mutter unter einem furchtbaren moralischen Druck der Eltern gestanden haben muß. Vielleicht hat sie sich sogar als Hure gefühlt. Wie sollte ich mir sonst erklären, daß sie uns Töchter später oft als Huren beschimpft hat.
Nach Kriegsende kamen wir nach Eichenau, die Oma, die Mutter und wir zwei Kinder. Der Großvater war im Wald von Znaim auf eine Mine getreten, der Bruder meiner Mutter in Gefangenschaft. In Eichenau hat meine Mutter einen Witwer kennengelernt, der mein Stiefvater und Vater von zwei eigenen Kindern geworden ist.

Mochten Sie diesen Mann?

Ja, ich erinnere mich bei ihm an Zärtlichkeiten, die ich bei meiner Mutter immer vermißt habe. Wenn der Stiefvater, er ist Maurer gewesen, im Winter daheim blieb, ging ich mit ihm ins Wirtshaus, saß mit ihm am Stammtisch, mitten unter den Männern. Da konnte ich fühlen, hier ist mein Platz, da war ich – geborgen wäre zuviel – aber zumindest sicher. Wenigstens brauchte ich nicht zu befürchten, daß ich schon wieder etwas abkriege.
Auch die Großmutter, sie ist vor zwei Jahren im Alter von 93 Jahren gestorben, hat für mich so etwas wie Schutz bedeutet. Schutz vor der Mutter. Irgendwo gab sie mir dieses Stückchen Sicherheit, was das Minimum ist, um zu überleben. Von ihr bekam ich das Gefühl, sie mag mich, ich bin nicht überflüssig. Manchmal stellte sie sich sogar gegen meine Mutter.
Die Oma brachte dann auch das nötige Geld auf, um mich lernen zu lassen. Der Pfarrer und der Lehrer hatten sich bei meiner Mutter dafür eingesetzt, daß ich eine richtige Schulbildung bekomme. Und meine Oma meinte, eine Schule bei den Nonnen und Klosterfrau, das wäre wohl das richtige für mich.

Waren Sie damals mit elf Jahren besonders fromm?

Ich weiß nicht, ob man das als Frömmigkeit bezeichnen kann. Aber ich spürte einfach: Alles, was du tust, ist sinnlos. Spülst du ab, kriegst du eine drauf. Machst du sauber, kriegst du eine drauf. Nirgendwo bekam ich Anerkennung. Deshalb saß ich gerne in der Kirche. Da war der Raum, wo man mich in Ruhe ließ, der Ort, wo ich mich abschotten konnte.
Im Jahr 1958 kam ich an ein von Schwestern geführtes Gymnasium in München. Da ist mir der Spaß am Lernen vergangen. Am Pult standen plötzlich diese Nonnen. Überhaupt, Frauen als Lehrkräfte, das war etwas völlig Fremdes für mich, in den Jahren zuvor hatte ich immer nur Lehrer gehabt. Nachmittagelang saß ich in diesen hohen, leeren Räumen über meinem Lateinheft, ohne daß mir jemand beigebracht hätte, wie Lernen geht. Dafür wurde mir gesagt, ich solle in einer helleren Tonlage sprechen und beim Beten nicht so grunzen. Manchmal warf ich Papierbällchen aus dem Fenster, damit mich die Nonne zum Aufsammeln hinunterschickt, nur, um ein bißchen frische Luft zu erwischen.
Ich versagte, wechselte nach einem Jahr auf eine Realschule mit Internat nach Erding, die ebenfalls von diesen Schwestern geführt wurde. Und da ist es mir erst richtig dreckig gegangen. Eine Nonne habe ich besonders schlimm in Erinnerung. Sie war zwölf Jahre in Amerika gewesen und der Star des ganzen Klosters. Mich mochte sie wohl nicht. Sie sagte, daß ich ein Trampel bin und daß ich stinke und daß es bei mir höchstens für eine Kuhstall-Schwester ausreicht.
Die mittlere Reife habe ich dann trotzdem geschafft. Das war 1961. Ich war gerade 15 geworden.

Wollten Sie immer noch Nonne werden?

Nein, ins Kloster gehen wollte ich nie. Aber ich wußte: Ohne Kloster keine Berufsausbildung, ohne Kloster keine Chance, dem ungeliebten Milieu daheim zu entfliehen. Ich kam mir dabei so beschissen, so unehrlich, so gespalten vor. Ich habe genau gespürt, wie unredlich das war.
So kehrte ich wieder zu den Nonnen zurück, wo ich begonnen hatte, nach München.
Ich solle es auf der ordenseigenen Frauenfachschule versuchen, sagten mir die Schwestern. Der Umzug nach München und die Tat-

sache, diese amerikanische Nonne hinter mir gelassen zu haben, ließen mich hoffen. Und mit einem Mal ging es wieder: Abschluß der Frauenfachschule, zwei Semester pädagogische Ausbildung und schließlich die erste Lehramtsprüfung, und das alles in einer Rekordzeit.
Kurz vor meinem 19. Geburtstag, im September 1965, stand ich vor meiner ersten Schulklasse. Das war an einer Grund- und Hauptschule in einem kleinen Nest in Niederbayern, an der ich mein Praktikum absolvierte. Die Schule gehörte ebenfalls zu dem Orden, in den ich eintreten sollte. In dem angeschlossenen Konvent lebten sechs Schwestern und ich. Ich fühlte mich so richtig angenommen von den Schülerinnen, das war sehr schön, und in der Freizeit spielten wir Völkerball. Und ich in der schwarzen Kutte und mit so einem Deckel auf dem Hinterkopf, der mir hundertmal herunterfiel. Denn ich war ja schon Kandidatin, wie man sagt.
Dieses ständige Schwarz, die Klosterkleidung überhaupt, das war ein schwieriges Kapitel für mich. Seit den ersten Tagen bei den Nonnen, hatte es für mich ein paar Dinge gegeben, die unbedingt bunt sein mußten. Zum Beispiel die Kniestrümpfe. In den zwei Jahren meines Praktikums an der Schule war schwarz bereits Vorschrift. Ich brachte es einfach nicht fertig, auf diese bunten Kniestrümpfe zu verzichten. Da hab ich sie halt unter den schwarzen Strümpfen getragen.
Die Welt um mich herum wurde immer enger mit der Zeit. Unsere Oberin war 75 und sehr autoritär. Das Schlimmste für mich war, kein Geld mehr haben zu dürfen und Camelia zu brauchen. Und eine alte Nonne darum bitten zu müssen. Ich hatte eine solche Abneigung dagen, daß ich mir die Camelia manchmal vom Speicher gestohlen habe.
Am Tag der Unbefleckten Empfängnis, am 8. Dezember 1967, sollten wir uns für das Noviziat melden. Bei meinen Mitkandidatinnen – sie waren alle älter als ich – gab es kein Zweifeln. Ich zögerte noch. Ich fühlte etwas auf mich zukommen, von dem ich genau wußte, das ist falsch für dich. Ich bat die Oberin um Aufschub und darum, in den Weihnachtsferien nach Hause fahren zu dürfen. Das war gar nicht selbstverständlich, aber irgendwie müssen die gespürt haben, daß ich ein unsicherer Kantonist bin.
Meine Mutter, die bei der Post arbeitete, war zu Weihnachten immer auf hundert. Entweder paßte ihr der Christbaum nicht, oder jemand hat ein falsches Wort fallen lassen, bei uns war

einfach aus Tradition der Teufel los. An jenem Weihnachtsnachmittag müssen mein Stiefvater und ich den Fisch nicht nach ihren Vorstellungen zerlegt haben; sie hat getobt wie ein Tier.
Voller Wut und voller Bitterkeit, aber auch voller Genugtuung, reiste ich am Christtag wieder ab ins Kloster. Noch am selben Abend setzte ich mich hin und schrieb den Brief mit der Bitte um Aufnahme ins Noviziat.
Der 1. Juni 1968, der Tag, an dem ich ins Mutterhaus nach München fahren sollte, um mein Ordenskleid zu nähen, rückte immer dichter heran. Eine Liste wurde gemacht, auf der stand, wieviel Handtücher, Leintücher, Unterwäsche ich brauchte. Die Oberin hatte begonnen, für mich einzukaufen, und mit jedem Wäschestück, das sie anschleppte, wurde mir übler. Nein, habe ich mir eines Tages gesagt, diese schwarze Kutte wirst du nicht nähen. Ich glaube, da haben sich die durch die Jahre hinübergeretteten bunten Kniestrümpfe in mir durchgesetzt.
Ich mußte nach München, um der Provinzialoberin meine Entscheidung mitzuteilen. Der Termin war um 14 Uhr. Das weiß ich noch wie heute. Innerlich hohl und dennoch voller Schuldgefühle irrte ich an diesem Sonntagmorgen durch das ausgestorbene München. In der Ludwigs-Kirche war gerade Gottesdienst, ich mußte wieder raus, ich hätte es nicht ausgehalten da drin.
Mit Tränen in der Stimme und auf den Wangen teilte ich der Provinzialoberin meinen Entschluß mit.

Jetzt standen Sie ja praktisch auf der Straße, oder durften Sie weiter dort unterrichten?

Nein, aber ich hatte Glück. An der für mich zuständigen Personalstelle saß damals eine Dame, die selbst einmal im Kloster gewesen war und die meine Situation sehr schnell überrissen hat. Die half mir. Ich wurde als Hauptschullehrerin für das Schuljahr 1968/69 in Zusmarshausen bei Augsburg übernommen.
Von den 1000 Mark, die mir die Nonnen bei meinem Weggang mitgegeben hatten, kaufte ich mir in Augsburg eine beige Bluse und einen braunkarierten Glockenrock mit breitem Gürtel, den fand ich nämlich so schön kurz. Auch der dunkelblaue Trenchcoat kam mir ganz schön frech vor. Als meine Mutter das sah, hat sie geschrien: Was soll denn der Schmarrn, daß du jetzt das ganze Geld zum Fenster hinausschmeißt, du gehst ja eh wieder dahin zurück.

Das war alles, was sie zu meinem Austritt aus dem Kloster gesagt hat.
Langsam und gänzlich ungewohnt begann ich aus der Abgeschiedenheit ins Leben zu gehen. In den drei Jahren in Zusmarshausen kam ich mir vor wie im Brutkasten. Ich mußte nachholen, ausprobieren, mich vorsichtig ins Freie tasten.
An den Wochenenden habe ich oft gedacht, jetzt wirst du verrückt vor Einsamkeit. Alle Wälder, die da waren, habe ich abgegrast, in der Hoffnung, irgendwie werde ich schon lebendig bleiben. Nach und nach lernte ich Menschen kennen. Darunter, so über den Gartenzaun, die Tochter des Schulrektors, zu der ich eine sehr warme Beziehung hatte. Sie brachte mich mit einer kirchlichen Jugendorganisation in Augsburg in Kontakt. Ich hätte ja auch in einen Tischtennisclub oder in einen Reitverein gehen können. Was mich an diesem Verein gereizt hat, war das Politische, das Kritische – Dinge, die seit der Zeit im Kloster in mir völlig brach lagen.
Meine neuen Bekannten, die alle ehrenamtlich in dieser Institution tätig waren, lebten fast ausschließlich in Augsburg. 1972 bekam ich ebenfalls dort eine Stelle an einer Schule.
Ich zog in eine gemeinsame Wohnung mit Anna, die auch aus der Jugendarbeit kam. Doch die Einsamkeit war geblieben. Es war so etwas Irrationales, nicht Greifbares, ein tiefes Gefühl der Verlassenheit. Die Anna kam aus der Steiermark und war ein fesches Mädchen. Sie hatte viele Beziehungen zu Männern, die genauso schnell in die Brüche gingen, wie sie hergestellt wurden. Wenn die Anna am Sonntagabend wieder in unsere Wohnung zurückkehrte und von ihren Erlebnissen berichtete, war das für mich wie Fernsehen. Und Neid kam sicher auch dazu. Ich war 27 und hatte noch nie mit einem Mann geschlafen.
Wir wohnten in einem Hinterhof, in der Nähe des Priesterseminars, und trafen diese Priesteramtskandidaten immer auf der Straße. Neben anderen hatte die Anna auch so einen angehenden Priester, der sich im letzten Semester seines Studiums befand. Und mit dem Freund des Freundes von der Anna begann sich allmählich meine erste intensivere Männerbeziehung anzubahnen.

War das eine platonische Liebe oder mehr?

Im sexuellen Bereich geschah nichts zwischen dem Xaver und mir,

er stand kurz vor der Priesterweihe. Aber dieses Glücksgefühl, daß einer einen in die Arme nimmt, daß ich für jemanden wertvoll sein kann, daß jemand mir Komplimente macht und sagt, du hast viele Gedanken, oder auch die Tatsache, daß er, der Überflieger vom Seminar, sich mit mir trifft, ausgerechnet mit mir – solche Sachen waren Neuland für mich.
Auf einem Faschingsball ist dann eine Welt in mir zusammengebrochen. Da saß ein Mädchen, und es wurde deutlich, daß der Xaver doch nicht soviel Interesse an mir hatte, wie ich annahm. Offensichtlich hat es da schon eine andere Beziehung neben unserer gegeben. Wie in Trance bin ich heimgegangen, erinnere ich mich noch. In den folgenden Tagen habe ich immer wieder die Begegnung mit ihm gesucht, vergeblich. Am Aschermittwoch hat er sich dann bei mir gemeldet und mir gesagt, er möchte sich mit mir treffen. Auf einem langen Spaziergang teilte er mir mit, er wolle Priester werden und strebe eine engere Beziehung nicht an. Später habe ich ihn noch oft mit jenem Mädchen getroffen.
Ich vertiefte mich immer mehr in die ehrenamtliche Arbeit bei der Jugendorganisation, deren Diözesan-Leiterin ich 1974 wurde. Im Laufe dieser Tätigkeit lernte ich einen anderen jungen Mann kennen, der gerade das Priesterseminar wieder verlassen hatte. Und dann noch einen Theologen, der ebenfalls vor der Priesterweihe vom Seminar ging, um Medizin zu studieren. Zwischendrin gab es auch ein paar flüchtige Flirts mit so ein paar ehemaligen »Pfarrerlehrbuam«.
Diese Freundschaften gingen ähnlich in die Brüche wie die mit dem Xaver. Es blieb lediglich beim Austausch von Zärtlichkeiten. Vielleicht lag es daran, vielleicht war es auch die radikale politische Meinung, die ich damals vertreten hatte, so in Richtung Sozialismus.

Und wann war Ihre erste Begegnung mit Werner?

Zwei Jahre später, am 17. November 1976, das war der Bußund Bettag. An diesem Feiertag haben katholische Pfarrer nicht viel zu tun. Deshalb kam Martin, ein mir bekannter Kaplan, aus Regensburg angereist und brachte seinen Kollegen Werner mit.

Wie war denn Ihr erster Eindruck von diesem Kaplan Werner, der heute Ihr Lebensgefährte ist?

Zunächst habe ich gedacht, was ist denn das für ein komischer Vogel. Der Werner entsprach nicht gerade meinen Vorstellungen: Der Werner ist relativ bleich, und meine Vorstellung von Mann war die eines Mannes mit viel Farbe im Gesicht. Der Werner war auch ziemlich beleibt, weil er von seiner Mutter gemästet worden war. Auch seine Hosen- und Pulloverzusammenstellung habe ich nicht gerade lustig gefunden. Was mich aber am meisten gekränkt hat, waren die blöden und oberflächlichen Gespräche der beiden an diesem Nachmittag. Mir ist schon mal durch den Kopf gegangen, Pfarrhausfrau zu werden. Aber der Werner und der Martin haben die Sache derart ins Lächerliche gezogen und so fürchterlich herumgealbert, daß ich mich auf den Arm genommen fühlte. Als dann der Werner nochmals damit um die Ecke kam und fragte, ob ich denn nicht bei ihm Pfarrhaushälterin werden möchte, da bin ich ziemlich patzig geworden und habe ihm an den Kopf geschmissen: Ja, aber nur, um den Pfarrer zu verführen. Damit war das Gespräch vom Tisch.
Wir haben dann noch einen langen Spaziergang durch den Siebentischwald gemacht. Beim Zurückkehren in die Wohnung dämmerte es bereits. Vor der Heimreise wollte ich den beiden noch ein kleines Abendessen machen. Martin stand in der Küche und unterhielt sich mit mir.
Als die Nudeln soweit waren, haben wir nach Werner gerufen. Keine Antwort. Und als ich nachsah, wo er war, da lag er in meinem Zimmer auf meinem Bett. Ich habe mir gedacht, wenn der nicht in mich verknallt ist. Wie sonst kann sich der auf mein Bett legen? Das habe ich einfach daraus abgeleitet.
Beim Abschied hat er zu mir gesagt, ich sollte ihn doch einmal in Regensburg besuchen kommen.

Waren Sie auch schon ein bißchen verliebt?

Nein, es war nur so etwas wie ein näheres Hinschauen.

Und wann machten Sie Ihren Gegenbesuch in Regensburg?

Vier Wochen später, am 11. Dezember. Da war ich dann mordsmä-

ßig enttäuscht, weil seine Schwester da war. Eigentlich hatte ich mir in meiner Phantasie schon ausgemalt, daß ich mit dem Werner schmusen würde.
Wir redeten den ganzen Nachmittag. Werner erzählte mir, wie unglücklich und einsam er sich fühle in diesem Pfarrhaus; wie unausstehlich der alte Pfarrer ist und dessen Schwester, die keine Intrige ausläßt. Dann noch die 18 Schulstunden und die Arbeit in der großen Pfarrei, er habe einfach zuviel um die Ohren. Ob ich nicht seinen Haushalt führen wolle, hat er mich zum Schluß gefragt. Und ich habe nein gesagt.
In dieser Nacht, seine Schwester schlief im Nebenraum, war Werner bei mir. Als ich am nächsten Morgen von Regensburg nach Augsburg fuhr, wußten wir, daß wir uns bald wieder treffen wollten. Seither kam Werner immer am Montag, seinem freien Tag, erst unregelmäßig, dann regelmäßig. 180 Kilometer Regensburg–Augsburg, einfache Strecke. Meine erotische Zuneigung zu Werner wuchs nur sehr langsam, ein wenig halbherzig vielleicht. Die Priester, die ich vor Werner kennengelernt hatte, waren überaus engagierte, aktive und mutige Menschen. Bei Werner spürte ich sehr viel Ängstlichkeit. Ängstlichkeit gegenüber den Menschen in der Pfarrei, Ängstlichkeit gegenüber seiner Mutter, Ängstlichkeit auch, wenn es um Fragestellungen innerhalb der Kirche ging. Er war alles andere als progressiv und konfliktbereit.

Hat sich diese Ängstlichkeit auch auf Ihre sexuellen Beziehungen ausgewirkt?

Bis zu unserem gemeinsamen Provence-Urlaub im Sommer 1977 sicherlich. Ich hatte große Angst vor diesem sexuellen Einlassen, denn Werner war der erste Mann für mich, und ich war die erste Frau für ihn. Wir mußten überhaupt erst lernen, miteinander ins Gespräch zu kommen über Sexualität, über Empfängnisverhütung, über unseren Körper. Damals bin ich zum ersten Mal zum Frauenarzt gegangen.
Der Werner war besser informiert. Ich wußte von ihm, daß er sich in die Universitätsbibliothek gehockt hatte, um einschlägige Literatur zu lesen, über weibliche und männliche Geschlechtsorgane und wie das alles funktioniert. Ich dachte, er hat das alles im Griff, er steht über der Sache. Ich glaubte, daß ihm das keine Angst macht und auch keine Schuldgefühle, obwohl er Priester ist. Doch mit jedem

Mal, wo ich ihn zurückwies und ihm bedeutete, ich möchte nicht mit dir schlafen, wuchsen seine Ängste, zerbrach sein vermeintliches Selbstbewußtein. Eines Tages hat der Werner ein bißchen von seiner Maske abgelegt und mir gezeigt, wieviel Verletzung und Zerbrochenheit in ihm ist. Da war mir plötzlich klar geworden, daß der Werner genauso einen Weg aus der Einsamkeit sucht wie ich. Da wußte ich, daß dies die Triebfeder unserer Beziehung ist.

In einem Brief schrieb er mir damals: »Als junger Priester, ernüchtert durch erste Praxiserfahrungen, hatte ich eine schier unstillbare Sehnsucht nach Geborgenheit und liebender Zuwendung. Zudem war ich niedergedrückt und fühlte mich schuldbeladen wegen meiner nicht bewältigten Sexualität. In der Zeit schwärmte und träumte ich des öfteren von einem liebenden Menschen, der mir Geborgenheit schenkt. Dann tratst Du in mein Leben. Deine äußere Erscheinung: Deine großen sehnsuchtsvollen Augen, Dein Mund voller Zärtlichkeit und Weichheit, Dein natürliches ungezwungenes Lächeln – all das zog mich von Anfang an in Deinen Bann. Ich war sofort in Dich verliebt. Oder soll ich sagen, daß ich erfüllt von Selbstmitleid und Selbstliebe mir von Dir Zuwendung erhoffte?«

Wann sind Sie zu ihm nach Regensburg gezogen?

Vier Jahre nach jenem Buß- und Bettag, im Herbst 1980, ließ ich mich an eine Schule nach Regensburg versetzen. Ich wollte zunächst nicht mit ihm zusammenziehen, nahm mir eine eigene Wohnung in einem anderen Stadtteil. Diese Zeit war voll von Schwierigkeiten. So voll, daß wir manchmal an Trennung dachten. Nach meiner Absage, damals, als Haushälterin zu ihm zu gehen, war Werners Mutter zu ihrem Sohn gezogen. Inzwischen hatte sie sich dort derart viel Raum verschafft, daß dies schier erdrückend war. Außerdem gab es da noch den Pfarrer, Werners Chef, vor dem er sehr viel Angst hatte. Und dann war ich noch da mit meinen Forderungen, mit meinen Erwartungen. Es war ja seinetwegen, daß ich aus Augsburg weggegangen bin, und jetzt saß ich plötzlich da in diesem Niemandsland Regensburg. Kannte keinen außer ihn. War völlig auf ihn angewiesen. Und mußte mit ansehen, wie sich Werner da durch die verschiedenen Beziehungen schlängelte: Konflikten aus dem Weg ging, Absprachen nicht einhielt, keine klaren Entscheidungen traf, auch mich fallenließ, wenn es ihm gerade in den Kram paßte. Ich fühlte mich sehr verlassen.

Haben Sie sich auch verraten gefühlt?

Ja. Diese erste Zeit hat mich auch sehr viele Tränen gekostet. Im Mai 1982 habe ich Werner dazu gebracht, eine Reihe von Beratungsgesprächen bei einer Psychologin zu beginnen. Ich habe ihm gesagt, ich möchte nicht in dieser ständigen Anspannung leben, stehst du jetzt zu mir oder nicht. Das ist kein Zustand mehr, und ich würde dich bitten, einfach was zu unternehmen, damit du mehr Entscheidungssicherheit bekommst und deine Ängste abbauen lernst. Erst wollte er nicht, aber ich habe regelrecht darum gekämpft und habe davon wirklich unsere gemeinsame Zukunft abhängig gemacht. Es war für mich ganz, ganz wichtig, daß der Werner gefragt ist, daß er etwas tun muß für unsere Beziehung. Früher habe ich überhaupt sehr viel gekämpft, heute kämpfe ich nicht mehr so viel.

Sind die Anlässe weniger geworden, oder haben Sie vom Kämpfen die Nase voll?

Ich meine einfach, daß ich mir nicht immer alles erkämpfen muß.

War das eine Psychoanalyse?

Ja, da sind wir auch heute noch, einmal in der Woche. Seit Herbst 1982 habe ich mich ebenfalls diesen wöchentlichen Gesprächen angeschlossen, allerdings in getrennten Sitzungen.
Mir fällt es schwer zu erzählen, daß Werner und ich in einer Psychoanalyse sind.

Warum fällt Ihnen das schwer?

Das weiß ich nicht so genau. Ich habe immer Angst, daß solche Menschen gesellschaftlich in die Ecke derjenigen mit Dachschaden abgeschoben werden. Nach außen hin nennen wir das Supervision.
Heute sind wir beide froh, daß wir das machen. So eine vertrackte Situation, wie wir sie leben, ist letztlich nur mit Hilfe einer Psychoanalyse zu bewältigen. In der Regel wenigstens. Zuviel sind die Dinge, die geklärt werden müssen, die Restbestände, die einer Aufarbeitung bedürfen. Daß wir seit März 1983 im Pfarrhaus von

Katzdorf, wo Werner hinversetzt wurde, gut unter einem Dach zusammenleben, ist sicherlich auch ein Ergebnis dieser Therapie.

Wann war dieser Moment, wo Sie wußten, ich werde zu ihm ziehen?

Zu dem Haus in Katzdorf, in das Werner am 1. Januar 1983 einzog, gehört ein großer Garten mit vielen Gemüsebeeten und einem wunderschönen Teich. Werners Mutter ist immer ganz gierig, alles zu bepflanzen, um möglichst viel Kapital daraus zu schlagen. Ich wußte genau: Wenn du da jetzt nicht hingehst, kommt sie. Allein schon wegen der Gemüsebeete. Und das wollte ich auf keinen Fall. Der Werner hatte doch gerade begonnen, sich langsam von seiner Mutter zu lösen, ihr immer öfter zu bedeuten, daß er ganz gut auch ohne sie im Haushalt zurechtkäme.
Dennoch habe ich dem Werner einfach nicht zugetraut, daß er eine endgültige Abgrenzung auf die Dauer schaffen würde. Da bin ich nach Katzdorf gezogen, um meinen Platz zu behaupten.

Hat Werners Mutter ihren Priestersohn auch so begeistert »bepflanzt« wie einen Garten? Um »möglichst viel Kapital daraus zu schlagen«?

Werners Mutter war die Hauptfigur der Familie. Sie war auch diejenige, die bei den Bauern geschuftet hat, um die Kinder über Wasser zu halten. Ihr Mann konnte wegen einer Kriegsverletzung nur Gelegenheitsarbeiten machen.
Werner war der zweite Sohn von drei Kindern und Mutters erklärter Liebling. Werner war als Baby sehr zart, sehr durchsichtig und immer kränklich. Er hatte immer eine Wollmütze auf, wegen der Ohrenschmerzen. Es stand immer schon fest, daß Werner eines Tages Priester werden würde, obwohl er selbst kein übermäßiges Interesse zeigte. Im Gegensatz zu seinem älteren Bruder, dem Hans-Georg. Der wollte auf die höhere Schule gehen und Pfarrer werden. Vorgesehen war aber Werner. Schließlich landeten beide auf dem Priesterseminar in Straubing, der Hans-Georg und der Werner, der, weil er der kleinere Bruder vom Hans-Georg war, immer nur Georgi gerufen wurde. Kurz vor der Weihe stieg Hans-Georg aus. Er wollte Chemie studieren. Wenig später deutete der Werner seiner Mutter gegenüber an, daß er ebenfalls nicht mehr Priester werden möchte.

Dann ist es besser, du kommst gleich unter ein Auto, hat seine Mutter gesagt.

Ist Werners Beziehung zu Ihnen auch die Folge einer nicht klar genug gefällten Berufsentscheidung? Rebellion gegen die Mutter?

Ja, das war wirklich einige Zeit so. Manchmal war dieser Protest so heftig, daß auch ich noch einen Teil davon abgekriegt habe. Dieser Protest lief auf der Basis: Für mich wurde irgendwann einmal eine falsche Entscheidung getroffen, und deshalb bin ich künftig von allen weiteren Entscheidungen entbunden.
Seit kurzem weiß ich, daß er diesen fatalen Kreislauf durchbrochen hat.

Gab es da einen konkreten Anlaß?

Ja, der war vor vierzehn Tagen. Nach acht Jahren Freundschaft mit Werner – vielleicht ist das auch ein Ergebnis meiner Therapie – bin ich zu dem Entschluß gekommen, seiner Mutter zu sagen, wie es um uns steht. Ich habe das dem Werner mitgeteilt, und er hat mir seine Unterstützung zugesichert. Am vergangenen Ostersonntag sind wir zu ihr gefahren. Die Umstände waren nicht so, wie ich sie für diese Eröffnung eingeplant hatte: Werners Schwester war da. Die ist unverheiratet und ohnehin ein so lebensferner Mensch. Das kann ich unmöglich in deren Beisein sagen, überlegte ich pausenlos. Und wir sitzen da beim Tee und trinken aus den Tassen, die ich für Werners Mutter zu Ostern getöpfert habe, und ich sehe uns schon unverrichteter Dinge wieder heimfahren, da hebt Werner die Teekanne hoch und sagt: Meinst du nicht, daß du eine tüchtige Schwiegertochter hast? Die Mutter fing an zu zittern. Ich konnte ihr nicht in die Augen schauen. In dieses Schweigen hinein hörte ich, wie sie etwas vom Sterben sprach, ich weiß nicht warum. Daß es ihr im Moment nicht so gut gehe mit den Beinen und daß eine nahe Bekannte unlängst an einer Venenthrombose gestorben ist und sie ja auch bald dran sei. Dann ist sie mit Werner hinausgegangen.

Vielleicht ist an diesem Abend für Ihre »Schwiegermutter« wirklich etwas gestorben.

Ja, das könnte sein.

Würden Sie Werner gerne heiraten?

Wenn heiraten identisch ist mit dem Gefühl, ganz stinknormal wie andere Frauen auch mit einem Mann leben zu können, dann ist diese Sehnsucht sehr groß. Das Pfarrhaus, in dem wir wohnen, liegt mitten im Dorf, wie auf dem Tablett. Dieses ständige Öffentlichsein hinter einer Maske kann einer nur begrenzt unbeschadet ertragen. Manchmal kommt mir so der Gedanke: Wenn mir heute ein sehr sympathischer Mann begegnen würde, der nicht sehr viel Mühe hätte, einen Zugang zu mir zu finden, ob ich dann gewappnet wäre, diese Entscheidung weiterhin für den Werner zu treffen, wüßte ich nicht.

Würden Sie gerne Kinder haben?

Ich habe nie einen intensiven Kinderwunsch verspürt. Der Kinderwunsch ist, sofern er auftaucht, bei mir immer mit sehr viel Sorge gepaart. Es beginnt schon damit, daß ich das Gefühl habe, die Schmerzen bei der Geburt nicht ertragen zu können. Der nächste Gedanke ist, daß ich glaube, mir würde die Kraft fehlen, für dieses Kind dazusein, weil ich selber für mich so viele Energien brauche. Ich habe keine leeren Hände, von denen ich sagen könnte, schau Kind, die möchte ich dir geben.

Gibt es jemanden im Dorf, der von Ihrer Beziehung weiß?

Nein. Offiziell bin ich eine gute Bekannte, die hier im Nebenberuf aus reiner Gutmütigkeit den Haushalt des Pfarrers mitversorgt. Und das stimmt ja irgendwo auch.
Die bitterste Situation für mich im Dorf war beim offiziellen Einstand von Werner als Pfarrer. Obwohl Werner ausdrücklich in seinem ersten Pfarrbrief geschrieben hatte, daß ich nicht seine Pfarrhausfrau sei, wurde ich von den Leuten voll ins Pfarrhaushälterinnen-Schema hineingepreßt, so unter dem Motto: Gell, als Pfarrersköchin in so einem großen Haus gibt's viel zu putzen. Da wurde ich ziemlich aggressiv und habe gesagt, daß ich nicht als Pfarrhaushälterin, sondern mit meinem Namen angesprochen werden möchte. Inzwischen haben sich auch alle daran gewöhnt. Lediglich der Bürgermeister, ein strammer CSU-Mann, tut sich immer noch schwer. Eines Tages bat ich ihn, mich bei offiziellen Anlässen mit meinem vollen Namen zu begrüßen.

Oder es überhaupt sein zu lassen. Seitdem begrüßt er mich nicht mehr.

Und mit Gerüchten, werden Sie damit nie konfrontiert?

Bislang nicht. Mit einer Ausnahme im Fasching. Wir saßen gerade mit Bekannten zusammen und spielten »Scotland Yard«. Da klingelte das Telefon und eine Stimme sagte zu Werner, ich möchte Ihre Frau sprechen. Eine Freundin von ihr sei am Apparat. Ja, wenn Sie mir nicht sagen, wer Sie sind, kann ich Ihnen auch niemanden holen, hat der Werner daraufhin gesagt. Im Hintergrund soll jemand gelacht haben. Dann wurde eingehängt. Kreidebleich kam Werner aus seinem Arbeitszimmer zurück und erzählte uns das. Dann, wieder das Telefon. Habe ich Sie richtig verstanden, sagte die Stimme, daß Ihre Frau nicht zu Hause ist? Ich habe überhaupt keine Frau, sagte der Werner und hat den Hörer hingeknallt.
In den darauffolgenden Tagen ist das noch dreimal passiert. Seither nie wieder.

Geben Sie Ihrer Beziehung eine Zukunft?

Es gab eine Zeit, da habe ich Werner sehr bedrängt, alles an den Nagel zu hängen, ein neues Studium zu beginnen, Forstwesen in Weihenstephan, das wäre sein Traum. Inzwischen habe ich eingesehen, wie schwierig, wie unsicher das für einen Mann mit 41 ist. Nein, die Forderung, daß er sein Priesteramt aufgibt, habe ich fallenlassen. Vielleicht brauche ich das auch nicht mehr so, seit Werner zu Ostern mit seiner Mutter geredet hat.

Haben Sie manchmal Schuldgefühle, einen Priester von seinem Amt entfernt, von seinem Zölibatsgelöbnis abgebracht zu haben?

Mein Zugang zum Verständnis von Schuld ist verschüttet. Ich habe keine Angst vor einem gerechten, richtenden Gott, weil es den bei mir nicht mehr gibt. Was will denn der schon bei mir richten? Wer, wie ich, eine Kindheit lang gelernt hat, daß die eigenen Gefühle nicht zählen, und wenn sie zählen, Sünde sind, für den bleibt letztlich kein Spielraum mehr übrig, in dem er schuldig werden kann.

Und der gütige, liebe Gott, haben Sie den auch begraben?

Mein Glaube kann, wenn überhaupt, nur millimeterweise wachsen. Und das nur in der persönlichen Begegnung mit Menschen. Wenn der Glaube an einen himmlischen Vater ein Stück Beziehung zum leiblichen Vater nötig macht, dann kann ich keinen vorweisen. Wenn Glaube ein Stück Beziehung zur Mutter nötig macht, dann kann ich bei mir nur Haß und Leid spüren. Insofern bleibt Glaube für mich verbunden mit der Erfahrung, daß es bunte Kniestrümpfe gibt, und daß mich diese bunten Kniestrümpfe mit Menschen zusammengebracht haben, die mich lieben.

Ist Ihre Begegnung mit einem katholischen Priester Zufall oder steckt da »System« dahinter? Wie sehen Sie das?

Ein Grundelement für diese Beziehung war meine Vorstellung, daß wohl am ehesten ein Priester eine Antwort auf meine Einsamkeit geben kann. Nicht, weil ich fühlte, daß er ebenfalls einsam ist. Für mich war so ein Priester ein Mensch, der die besten Voraussetzungen hatte, mich zu verstehen. Zusätzlich habe ich mir von ihm die Sicherheit versprochen, daß er mich auch in schwierigen Lebenslagen nicht so schnell fallenlassen würde.
Wenn Sie nach einem System fragen, so glaube ich von zu Hause gute Fähigkeiten für so eine Priesterbeziehung mitgebracht zu haben: Die Fähigkeit, mich immer und überall zu verstecken. Ich bin aufgewachsen wie ein geschlechtsloses Wesen, das keine Sehnsüchte und keine Leidenschaften haben durfte. Auf dieses Sich-verstecken-müssen, auf die Verleugnung von Bedürfnissen war ich so gut getrimmt worden, daß ich mir auch als Erwachsene jemanden gesucht habe, bei dem ich dieses Versteckspiel weiterspielen kann. An der Seite eines Priesters muß ich mir nicht die Blöße geben, daß ich sexuelle Wünsche habe. An der Seite eines Priesters ist es klar, daß ich auch meine Gebote halte, zum Beispiel das Sonntagsgebot. An der Seite eines Priesters erfülle ich in den Augen der Pfarrgemeinde die Rolle der dienenden Magd. Im Grund genommen habe ich damit meiner Mutter den besten Dienst erwiesen.
Ich bin ein sehr gehorsames Kind gewesen, bis hin zu meiner Partnerwahl. Mag sein, daß ich es bis zu meinem Lebensende schaffe, eine flotte, freche alte Dame zu werden.

Mein Heiliger Geist sah aus wie eine Möwe und die Flammen wie Edelsteine

Melittas Geschichte ist die Geschichte einer Frau, die Klosterfrau war und heute Priesterfrau ist. Mit 18 trat sie in ein österreichisches Kloster ein, als Dreißigjährige verließ sie es wieder. Aus ihrer anfänglichen Sympathie für ihren Beichtvater, Pater Rupert, wurde nach Melittas Austritt eine Liebe. Melitta, 49, und Rupert, 55, sind seit 16 Jahren verheiratet und haben drei Kinder.

Er hat gesagt: Sie können auch auf mein Zimmer kommen, wenn Sie mich sprechen wollen.
Vielleicht zwei- oder dreimal bin ich dann heimlich zu Pater Rupert gegangen, um mit ihm außerhalb des Beichtstuhls über meine Probleme zu reden: Über die Schwierigkeiten mit den Vorgesetzten, die unsinnigen Vorschriften, die Schuldgefühle, wenn ich sie nicht einhielt. Von meiner Absicht, das Kloster zu verlassen, erzählte ich ihm nicht. Einmal habe ich ihm von meiner Arbeit mit den Kindern in der Schule berichtet. Wie ich mit ihnen schlittschuhlaufe, Fangen spiele in der Pause. Von den hübschen Bildern, die sie malen. Und davon, daß ich auch selbst gern male. Nur schade, sagte ich ihm, daß meine Darstellungen vom Heiligen Geist nie so würden, wie es sich die Vorgesetzten wünschten. Die meinen, mein Heiliger Geist sieht aus wie eine Möwe und die Flammen wie Edelsteine.
Da nahm er mich ganz spontan in den Arm, hat mir einen Kuß auf die Wange gedrückt und gesagt: Du bist toll. Ich stand wie erstarrt da, habe nichts gesagt und nichts erwidert. Ich konnte nicht ›du‹ sagen, aber ich konnte auch nicht mehr ›Pater‹ sagen. Ich dachte nur, so einen Bruder müßtest du haben.
Das war wenige Wochen, bevor ich das Kloster verließ.

Wie lange waren Sie damals schon im Kloster gewesen?

Mit 18 Jahren, im Sommer 1954, trat ich in dieses Kloster in der Nähe von Salzburg ein. Mit 30 Jahren, im Sommer 1966, ging ich wieder fort. Meine Schwierigkeit im Kloster war eigentlich die, daß man zwar zufrieden war mit meiner Arbeit, aber nicht mit meinem Charakter. Ich war zu lebhaft, ich bin nicht gut genug gegangen, in den ersten zwei Jahren der Kandidatur mußte ich das Gehen lernen. Die für uns zuständige Schwester sagte: Stellen Sie sich mal dort zur Tür hin, kommen Sie auf mich zu, und treten Sie ganz fest auf. – Ich schien es ihr aber nicht recht machen zu können, denn immer wieder kam sie, tippte mir auf die Schulter und sagte: Jetzt sind Sie schon wieder so schwebend gegangen.
Ich hatte damals von den Eltern Schuhe mit Kreppsohlen bekommen, und da geht man einfach etwas leichter als auf Ledersohlen. Vielleicht lag es daran oder an meiner mir eigenen Lebhaftigkeit. Wie auch immer: Ich war nicht ehrwürdig genug, hatte zu wenig Ordensgeist. Ich habe zu weltlich gewirkt, zu modern, zu frei, zu

bubenhaft. Ich habe zu laut gelacht, bin zu weit gesprungen, zu schnell gelaufen. Und wehe, wenn ich im Garten um die Hausecke hüpfte oder über die Treppe nach oben lief. Da würde man die Waden sehen, hieß es. Einmal hat man mich erwischt, als ich gerade das Treppengeländer heruntergerutscht bin in dem noch leerstehenden Krankentrakt. Dabei hat mich eine Schwester gesehen und verpetzt. Das waren meine Sünden im Kloster.
Einmal habe ich gewagt, der Oberin zu sagen, daß das Essen für uns junge Schwestern nicht kräftig und ausreichend genug sei. Bei uns wurde sehr am Essen gespart zugunsten von Renovierungsarbeiten am Kloster. Da starrte mich die Oberin entsetzt an und sagte, es hätte sich noch nie jemand über das Essen beschwert. Ich habe das dann, verbotenerweise, mit einer Mitschwester besprochen. Es stellte sich heraus, daß auch sie schon mal deswegen bei der Oberin vorstellig geworden war.
Oder die Kleidung: Der Kopf ganz eingeschnürt in so ein komisches Häubchen und den Schleier darüber; das Wollkleid war Sommer wie Winter vorgeschrieben, bei jeder Witterung. Den Mantel durften wir nur an Festtagen und außerhalb der Klostermauern tragen, beim Spaziergang im Garten sollte es auch ein Wolltuch tun. Ein Paar Strümpfe mußte für eine ganze Woche ausreichen. Und frische Unterwäsche gab es alle acht Tage.
Natürlich habe ich mir irgendwie geholfen und auch öfter geschwindelt und geschummelt. Ich habe die Unterwäsche abends mit Seife durchgewaschen und sie über das Nachtkasterl gehängt oder über das Bettende.

Hatten Sie eine Einzelzelle?

Nein, das waren mit Leintüchern abgeteilte Zellen, wie in einem Massagesalon. Als Kandidatinnen waren wir zu zwanzig in einem Raum, als Schwestern zur sechst.

Und Sie durften nicht miteinander reden?

Bei der Arbeit nur was nötig war, in der Freizeit nur zu dritt. Wir sollten auch nicht erzählen von früher, vom früheren Leben.
Es war eigentlich alles zu ertragen da drinnen im Kloster. Man durfte einfach nicht nachdenken, dann ging alles gut. Aber wehe, man fing an, sich Gedanken zu machen.

Es war so viel Widersprüchliches und Doppelbödiges in diesem Klosterleben. Die Provinzial-Oberin hat den anderen die Liebe gepredigt, und war selbst nicht in der Lage zu lieben. Klopfte ich an bei der ehrwürdigen Mutter Oberin, hörte ich ihr ›Ave‹ und öffnete die Tür. Dann war es immer wie im Lotto, ob sie mich einlud, Platz zu nehmen oder nicht. Manchmal ließ sie mich eine ganze Weile dastehen, ohne überhaupt herzuschauen und zu fragen, was ich wünschte. Ich konnte und kann mir nicht vorstellen, daß Jesus, der den Niedrigsten die Füße gewaschen hat, so etwas gut findet.

Haben Sie im Kloster eine Berufsausbildung bekommen?

Ich solle Volksschullehrerin werden, befand man. Nach meiner Zeit als Kandidatin – ich war inzwischen zwanzig geworden – kam das sogenannte Aspirat und Postulat, insgesamt ein Jahr. Das war meine schönste Zeit im Kloster. Wir hatten auch eine sehr menschliche Meisterin, so nennt man die Betreuerin von angehenden Klosterfrauen. Die sagte immer: Dein Bemühen ist das Wichtigste. Sie gab mir auch manchmal von den Pralinen, die sie selbst geschenkt bekommen hatte. Sie sagte, sie sähe nicht ein, warum wir jungen Schwestern da ausgeschlossen werden sollten. Einmal war ich so blöd und habe meiner Mitschwester einige davon abgegeben. Die hat mich dann bei der Oberin verpetzt.
Der Sommer 1957 brachte meinen Eintritt in das zweijährige Noviziat: Ein Jahr strenge Abgeschiedenheit und Meditation im Mutterhaus. Ein halbes Jahr Arbeitseinsatz in einem ordenseigenen Altenheim. Ein weiteres Halbjahr im Mutterhaus, zur Vorbereitung auf den ersten Abschnitt der sogenannten Zeitlichen Gelübde, die insgesamt sechs Jahre dauern und noch nicht endgültig bindend sind.
Als ich eingekleidet wurde zur Novizin, saß ich mit meiner Mutter im Garten. Die Schwestern gingen vorbei, alles war heiter und auf Lächeln eingestellt. Da lehnte sich die Mama zurück und sagte: Schau, wie die alle glücklich sind. Ich wollte anfangen auszupakken, sie aufklären, wie es mir wirklich geht. Erschrocken fiel sie mir ins Wort und sagte: Kind, sei doch ruhig, dir geht's ja so gut, du hast es hier doch so schön.
Aus dem halben Jahr im Altenheim wurden nur wenige Monate. Wir mußten wochenlang Fensterrahmen streichen. Darüber bin

ich krank geworden, Blasenkatarrh und einen Furunkel in der Nase.
Die verbliebenen Monate wurde ich wieder zurück ins Mutterhaus geschickt, ins Nähzimmer, und am 7. Juni 1959 legte ich das erste Zeitliche Gelübde ab.
Meine Lehrerausbildung, die im selben Herbst anfing, ging damals schneller als heute. Im Mai 1964 hatte ich die Matura und gleichzeitig die erste Lehrerprüfung in der Tasche.
Der Weg dahin brachte noch viel Bitterkeit und Kummer. Mit Beginn der Ausbildung ging auch der Ärger mit der Mathe-Lehrerin los. Als die ersten Formeln wie Sinus und Cosinus auftauchten, habe ich mir erlaubt zu fragen, was man damit praktisch machen kann. Mir war das einfach nicht klar, wo man das anwenden kann. Da hat mich die Schwester zusammengestaucht und gesagt – das weiß ich noch wörtlich –: Setzen Sie sich, Sie existieren für mich nicht mehr, Sie wollen klüger sein als die Lehrer.
Ab da war ich blockiert. Ich konnte keine Frage mehr stellen, ihr auch keine Antwort mehr geben. Sie hat mir dann so erniedrigende Fragen gestellt und gesagt: Na, wieviel ist denn drei und zwei? Da habe ich keine Antwort gegeben, es war, als wäre ich stumm geworden.
Mit vierundzwanzig hatte ich meine erste große Krise. Das war im Herbst 1960. Innerlich dauernd im Kampf mit meiner Umwelt, vor allem mit den Vorgesetzten, habe ich mir gesagt: Die sind alle bös mit mir, die mögen mich nicht, und die sind unmöglich. Dann habe ich mir gedacht: Andere kommen doch auch zurecht mit denen, also bist *du* unmöglich, taugst *du* hinten und vorne nicht. Und schließlich hat sich meine Wut auf Gott verlagert, ich habe mir gedacht: An Ihm liegt's. Wenn ich schon so wertlos bin, warum hat Er mich dann berufen? Er hätte mich doch draußen lassen, in Ruhe lassen können. Warum hat Er mich hierher geführt? Also war Er schuld. Ich habe so eine Wut gehabt auf Gott, auf Religion, auf alles. Das Kreuz hätte ich am liebsten weit weg von mir geschleudert. Erst wollte ich mich verhungern lassen, aber essen mußten wir ja. Dann dachte ich daran, mich umzubringen, aber ich war zu feige dazu. Am liebsten hätte ich mich weggezaubert, irgendwohin.
In dieser Hoffnungslosigkeit bin ich durch die Gänge geschlichen und dachte mir, jetzt gehst du raus und setzt dich an die Sonne. Dann brach ich in Tränen aus. Mir war bewußt geworden: Du

möchtest nichts mehr haben von diesem Gott, und auch die Sonne ist von Ihm.
Würde ich so leben, überleben können, habe ich mich gefragt. Ich saß in einer Fensternische und habe stundenlang geheult. Mit den vielen Tränen brach der ganze Ärger in mir zusammen, und ich konnte mich wieder in Seine Hand fallen lassen. Ich habe mir gedacht: Das kann nicht sein, daß Er mich nicht mag, daß ich so unmöglich bin, irgend etwas stimmt da nicht. Von da ab fühlte ich mich angenommen von Gott, und ich wußte, ich werde Ihm nie auskommen. Das war ein Schlüsselerlebnis, das mich die ganze Klosterzeit hindurch begleitet hat. Vielleicht ist in dieser schlimmsten Stunde das Vertrauen durchgekommen, diese Zuversicht, die uns die Mutter von klein auf mitgegeben hat.

Was war Ihre Mutter für eine Frau?

Sie war ein unwahrscheinlich fröhlicher Mensch, trotz der vielen Arbeit mit den sieben Kindern. Oft stand sie am Waschtrog und hat gesungen. Sie hat auch gestillt vor uns, ich habe ihr den Rücken gewaschen und ihre Brüste gesehen.
Ihre Schwachstelle war die unbewältigte Sexualität: Sie konnte sich als Mutter, aber nicht als Frau annehmen. Sie hatte immer das Gefühl: Geschlechtlichkeit ist etwas Schmutziges, die Männer wollen ja nur »das eine«. Drei Tage hat sie meinen Vater hingehalten nach der Hochzeit, das waren die berühmten ›Tobiasnächte‹. Jungfräulichkeit war für meine Mutter das höchste Ideal.
Als junges Mädchen wäre Mama gerne ins Kloster gegangen, aber ihre Stiefmutter hat gesagt: Du gehörst nicht in ein Kloster, das ist nichts für dich. Die leibliche Mutter war gestorben, als sie sieben war. Immer wieder hat meine Mutter mit uns Mädchen über das Leben im Kloster geredet.

War diese unbewältigte Sexualität Ihrer Mutter, die Angst vor dem Mann auch der Grund, warum Sie ins Kloster gegangen sind?

Das glaube ich nicht. Ich bin sehr natürlich und erdnah auf dem Land aufgewachsen. Im Umgang mit Gleichaltrigen hatte ich keine Probleme, meine Gefühle herauszulassen. Nur bei meinen Eltern, da fiel es mir schwer zu zeigen, daß ich sie liebe, daß ich von ihnen Zärtlichkeit erwarte. Das war mir einfach peinlich, das war

sicher mein Problem. Ich bin nie bei der Mutter auf dem Schoß gesessen, habe aber immer die Geschwister beneidet, die auf dem Schoß gesessen sind. Wenn der Papa mit mir gerauft hat, war das herrlich. Da konnte ich die Nähe annehmen. Aber jemandem einzugestehen, daß auch ich geliebt werden möchte, das war schwierig für mich.
Weil ich so ein stures Wesen hatte, wurde ich von meinen Eltern immer mit Kosenamen bedacht, die eigentlich besser zu einem Buben gepaßt hätten. Dich darf ich ja nicht anrühren, sagte die Mama, mein Grobian. Und für den Papa war ich sein wildes Rößl, sein wildes ›Gätschl‹, das ist ein Wildentchen. Aber ein Wildfang war ich in jedem Fall.
Später, wenn ich schon mal ins Kino wollte, bekam ich von der Mutter zu hören: Bist du »so Eine«? Mehr oder weniger unausgesprochen stand das im Raum, manchmal nur als besorgte Frage. Zum Tanzen durften wir jüngeren Mädchen ohnehin nicht gehen. Mein größtes Vergnügen war mein Fahrrad.
Als ich zwölf war, ging meine um zehn Jahre ältere Schwester in ein Kloster. Als ich siebzehn war und im Akkord in einer Spinnerei schaffte, acht Stunden Spule rauf, Spule runter, habe ich meine Mutter gefragt: Willst du, daß ich auch ins Kloster gehe? Das schien mir eine gute Möglichkeit, der Langeweile am Fließband zu entkommen. Für mich war es der einzige Ausweg aus der fürchterlichen Isolierung, in der uns die Mama hielt.

War Ihre Mutter froh darüber?

Ja, sie wollte uns Mädchen immer im Kloster haben, möglichst viele, möglichst alle. Bei der ältesten und jüngsten Tochter ist es ihr gelungen. Einen Priestersohn hätte sie natürlich noch lieber gehabt. Aber daraus ist nichts geworden.

Ist Ihre andere Schwester auch heute noch im Kloster?

Ja, und ich muß sagen, so stramm wie zu meinen Zeiten ist es heute nicht mehr in den Klöstern. Meine Schwester darf ein Hobby haben, sie sammelt Briefmarken. Sie hat ein eigenes Zimmer und darf auch mit den Mitschwestern etwas Persönliches reden. Auch Besuch ist erlaubt. Selbst von Fremden außerhalb der Mauern. Nur der Neid und die Intrigen sind Relikte aus der Vergangenheit,

die das Klosterleben mancherorts auch heute noch erschweren. Als meine Schwester einmal auf Heimaturlaub und bei uns zu Besuch war, sagte sie: Bei euch gefällt's mir am besten.
Bleib halt da, meinte ich.
Ihre Antwort machte mich sehr traurig. Sie hat gesagt: Nein, ich bin zu alt, ich würde mich ja nicht mehr zurechtfinden draußen. Sie hat nicht gesagt: Um Gottes willen, was fällt dir ein, ich bin doch glücklich im Kloster.

Zurück zu Ihrer Zeit im Kloster: Sie waren vierundzwanzig, hatten Schwierigkeiten mit der Mathematik-Schwester und gerade Ihre erste große Krise hinter sich gebracht. Was kam dann?

Die innerliche Abneigung gegen die Mathe-Lehrerin wurde so groß, daß kein konstruktiver Unterricht mehr möglich war. Das sahen auch die Nonnen und schickten mich und eine andere Lehrerkandidatin für dreieinhalb Jahre nach Salzburg an eine öffentliche Klosterschule. Ich bekam Nachhilfe, und da ging's auf einmal besser. Dort war auch der Lebensstil etwas freier. Die Schwestern waren auch nicht so verschroben durch den ständigen Umgang mit der Außenwelt. Nur der fehlende Schlaf machte mir zu schaffen. Wir mußten um viertel nach vier Uhr aufstehen. Zwanzig Minuten hatten wir zum Fertigmachen, dann war Morgengebet, dann eine halbe Stunde Betrachtung, dann Gottesdienst, dann Frühstück, und dann sind wir gleich in die Schule gegangen. Diese halbe Stunde Betrachtung war eine Quälerei, ein einziger Kampf mit dem Schlaf. Manchmal konnte ich mich wachhalten, indem ich beobachtet habe, wie die anderen gegen den Schlaf ankämpften. Beim Vater unser wäre ich einmal beinahe eingenickt im Stehen und umgefallen. Und immer wieder habe ich mich gefragt: Kann Gott an so etwas Gefallen finden? Ist damit jemandem gedient? Verlangt Gott wirklich von mir, daß ich so halbtourig herumlaufe, nie mit voller Kraft, nie ausgeschlafen, nie frisch?
Natürlich hat mich das auch beim Lernen beeinträchtigt. Die haben immer gemeint, ich müßte bessere Noten bringen, auch in den naturwissenschaftlichen Fächern. Meine Stärken lagen aber mehr im musischen Bereich: Werken, Malen, Musik. Doch das, woran ich Freude hatte, wurde mir vermiest. Dilettantismus sei das, hieß es. Nicht einmal die Weihnachtskärtchen durften wir frei entwerfen: ein Tannenbaum, mit Nadelstichen in Pergament ge-

stanzt. Den durften wir dann mit Graphitpulver durchpausen und anmalen. Ich war so frech und habe gesagt, ob ich das Engerl durchpausen darf, das eigentlich für die höheren Klassen vorgesehen war. Und da bin ich halt wieder zusammengestaucht worden.
Diese Lächerlichkeiten haben sich so gehäuft im Lauf der Zeit, daß es wirklich eine Last war.
Nach dem Ende der Ausbildung mußte ich wieder ins Mutterkloster zurück. In dieser Zeit begannen sich auch die ersten psychosomatischen Beschwerden bei mir einzustellen, die bald so hartnäckig wurden, daß sie nicht mehr zu übersehen waren.

Wie haben sich die geäußert?

Magenschmerzen hatte ich schon bald nach dem Eintritt ins Kloster. Aber jetzt kamen die permanenten Kopfschmerzen. Es wurde von Jahr zu Jahr schlimmer, unerträglich fast. Die Oberin ist mit mir zur Nervenärztin gegangen. Die hat mich behandelt wie ein Baby und nur mit der Oberin gesprochen. Die Oberin wäre auch bei der Frauenärztin mit rein, wenn ich nicht gesagt hätte, ich will das nicht. Schließlich hat mir die Oberin erklärt, daß das alles Einbildung sei, mir fehle gar nichts. Sie hat ja auch recht gehabt, die Kopfschmerzen kamen aus der Seele. Als ich später aus dem Kloster austrat, war das Kopfweh weg.

Hatten Sie auch Schwierigkeiten mit Ihrer Menstruation?

Ja. Zunächst bekam ich wahnsinnig starke Blutungen, später sehr schwache. In der ersten Zeit hat mich die Oberin auch kritisiert, ich solle sparsamer mit Binden umgehen. Ich hätte nicht gewußt wie, wenn man so davonschwimmt. Hinzu kamen wahnsinnige Krämpfe, die eindeutig auf meine Seelenlage zurückzuführen waren. Fünf Stunden Krämpfe, fünf Stunden Pause, fünf Stunden Krämpfe, und zwar so, daß ich schief geschaut habe.
Zunehmend ist mir auch das Auswendiglernen schwergefallen, zumal mit den brüllenden Kopfschmerzen. Und dennoch habe ich die Matura mit guten Noten bestanden.
Im Herbst 1964, dem letzten Jahr vor Ablauf der Zeitlichen Gelübde, bekam ich aushilfsweise eine vierte Klasse. Der Unterricht hat mir Spaß gemacht. Ich bin da gut hineingewachsen in diese

Aufgabe. Die Freude dauerte nur bis Dezember. Dann mußte ich mich auf die Ewigen Gelübde vorbereiten.
Je näher dieser 7. Juni 1965 mit seiner ganzen Last der Endgültigkeit rückte, desto mehr packte mich der Zweifel. Ich erinnere mich noch an ein Gebet, das uns in dieser Zeit aus der ›Tugendschule‹ vorgelesen wurde. Da hieß es: *Herr, hilf, daß ich nicht wünsche, von jemandem geliebt zu werden; daß ich nicht wünsche, anerkannt zu werden...* Alles, was ein Mensch möchte, alles was ein Mensch braucht. Manchmal hätte ich einfach nur schreien mögen. Mit der Zeit konnte ich auch das Abendgebet nicht mehr hören, ich konnte diesen Kreuzweg nicht mehr herunterrattern, ich hielt mir die Ohren zu und die Hände vor die Augen. Ich habe gebetet, aber nicht das. Die Oberin hat mir das auch angesehen und mich gefragt, warum ich denn wie eine Essiggurke herumlaufen würde. Ich sagte, wie soll man denn fröhlich sein, wenn man alles in sich hineinfressen muß. Das mußte ich in diesen Monaten ganz besonders. Denn mein eigentlicher Beichtvater, ein sehr väterlicher Priester, den ich gerne mochte, war zu dieser Zeit nicht erreichbar. Das war aber nicht mein heutiger Mann.
Die Beichte hatte für mich, und wohl auch für viele Mitschwestern, weniger die Funktion, sich von Sünden freisprechen zu lassen, sie war Ventil für die innere Ratlosigkeit, Aussprachemöglichkeit und Überlebenshilfe. Ich suchte nach jemandem, der mir hilft zu erkennen, gehöre ich da rein oder nicht.
Als mein Beichtvater wieder da war, eröffnete er mir, er hätte erfahren, daß ich nicht zugelassen würde zu den ›Ewigen‹; entweder noch warten muß oder heimgeschickt werde. Weil ich nicht geeignet sei. Zu wenig Unterwürfigkeit, zu wenig Anpassungsfähigkeit. Er riet mir, ich solle einen Brief schreiben, eine Art Schuldbekenntnis. Den habe ich dann auch geschrieben.

Wäre das keine gute Gelegenheit gewesen, sich dem Kloster für immer zu entziehen? Sie waren ja ohnehin stets schwankend gewesen?

Am liebsten wäre ich bereits nach dem ersten Klosterjahr wieder ausgetreten, wenn ich nicht befürchtet hätte, das verkraftet meine Mama nicht. Der Grund, warum ich mich dann doch für die Ewigen Gelübde, für das Drinnenbleiben entschieden hatte, war unsere Probanistenmeisterin. So wurde die Schwester genannt, die uns

Probanistinnen auf die Ewigen Gelübde vorbereitete. Ich sage bewußt, sie war der Grund, und nicht, sie war schuld daran.
Ich habe sie geschätzt, als einzige, weil sie immer aus Liebe gehandelt hat. Sie war immer liebevoll und hat auch die jüngste Schülerin mit Respekt behandelt. Sie war früher meine Musiklehrerin gewesen, und es hat mir immer in der Seele weh getan, wenn ich einmal nicht gelernt und sie enttäuscht habe. Eigentlich stand der Entschluß zu gehen bereits für mich fest. Ich nahm meine ganze Courage zusammen, lief zu ihr und sagte: Ich gehe. Ich kann nicht mehr.
Ich erklärte ihr, was mir hier im Kloster so unerträglich erschien. Ich sagte ihr, ich könne die Klamotten nicht mehr abbusseln, bevor ich sie anziehe: Gut, das Kreuz sähe ich noch ein, aber das Skapulier, den Schleier, und das alles noch so verschwitzt, nein, das könne ich nicht. Die Probanistenmeisterin war entsetzt, daß ich zu den heiligen Kleidern Klamotten sage. Nach einer Pause, die ich nie vergessen werde, hat sie gesagt: Schwester, ich werde für Sie beten. Und sie bat mich noch, es niemandem zu sagen, und kurz vor den Gelübden solle ich halt heimgehen.
Drei Tage lang schwebte ich wie auf Wolken. Ich habe mich entschieden, jetzt ist es endgültig, nur noch die vier Monate, dann bin ich draußen. Nach drei Tagen habe ich das nicht mehr ertragen, wie traurig die Meisterin war. Und ich bin hingegangen und habe zu ihr gesagt: Ich bleibe. Sie tat mir einfach leid.

Sie hatten mehr Mitleid mit ihr als mit sich selbst?

Ich weiß es nicht. Vielleicht sollte ich noch mehr da drinnen leiden und lernen.

Was war das für ein Tag, dieser 7. Juni 1965?

Es war natürlich ein schöner Tag. Solche Tage sind immer schön gewesen. Man durfte vorne, am Tischende bei der Provinzialoberin sitzen, bekam ein neues Kleid, das ganz exakt genäht war, und auch die Länge stimmte. Es wurde besonders festlich gedeckt und einem eingeredet, wie begnadet und wie auserwählt man sei. Auch der Gottesdienst war feierlich. Das hob die Stimmung. An diesem Tag dachte ich, du hast dich jetzt entschieden, du kannst jetzt nicht mehr hin und her wackeln, diese Last des Grübelns bist du endlich los.

Und dann kam der Alltag wieder. Und dann ging's wieder los. Im Herbst nahm ich meine Arbeit als Lehrerin auf. Dieses eine Schuljahr hätte so beglückend sein können, wenn nicht das ganze Klosterleben rundherum gewesen wäre.
Eines Tages, am ersten Adventsonntag 1965, kam die Oberin zu mir und bat mich, auf eine Mitschwester einzuwirken, die laut verkündet habe, sie gehe, sie habe genug von dem Laden. Da ist es aus mir herausgebrochen: Wie soll ich der helfen können, wenn ich selbst nicht weiß, ob ich bleib? Sie fing an zu weinen, sie war verzweifelt. Wie sie so dasaß, in einer Schulbank in meiner Klasse, und ich vorne am Pult, da hat sie mir richtig leid getan. Ich ging zu ihr hin und habe sie getröstet. Sie sagte: Diese Verantwortung, ich kann das nicht mehr ertragen, diese Verantwortung vor Gott. Und ich sagte ihr: Die Verantwortung vor Gott überlassen Sie bitte uns. Sie haben die Verantwortung, daß es uns gut geht hier im Kloster.
Ich werde dem Bischof schreiben, erklärte ich ihr.
Dann schreibe ich ihm aber auch, meinte sie daraufhin.
Da habe ich es sein lassen und, ihrem Wunsch gemäß, mit der Mitschwester geredet.
Nach einiger Zeit konnte ich mich doch zu diesem Brief durchringen, ohne Wissen der Oberin, da sie doch sonst ebenfalls ihren Senf dazugegeben hätte. Als Lehrerin konnte ich auch an Papier herankommen, was gar nicht selbstverständlich war, da wir sonst jeden Briefbogen und jedes Briefkuvert erbitten mußten. Nur den Füller durften wir behalten.
Von einer Mitschwester hatte ich erfahren, daß sich der Bischof bei einer Tagung laut gewundert habe, warum immer wieder Schwestern austreten und kaum welche eintreten. Da ist eine Wut in mir hochgestiegen. Mir fiel alles ein, was hier das Leben so unnötigerweise schwer macht und belastet. Angefangen von der Einengung durch die Kleidung bis zu der, dauernd um etwas bitten zu müssen: daß ich mir einen Knopf annähen darf, wenn ich ihn verloren habe; daß ich um eine Buße bitten muß, wenn mir eine Stecknadel vom Schleier abgeht; daß ich den Boden küssen muß, wenn mir beim Mittagstisch die Gabel aus der Hand fällt.

Warum denn das?

Als Anerkennung, ich habe die Ruhe gestört. Aber, daß ich beim Aufstehen, Bücken und Wiederhinsetzen mehr Lärm mache als die hinuntergefallene Gabel, leuchtet offenbar nicht ein.
Einmal habe ich in der Küche geputzt. Dabei ist mir eine Brikettkiste vom Herd hinuntergefallen und kaputtgegangen. Da hat die Oberin gesagt, ich müsse öffentlich meine Schuld bekennen. Vor dem Essen mußte ich mich hinknien, den Boden küssen und sagen: Ich bekenne mich schuldig, daß ich aus Unachtsamkeit der Kommunität Schaden zugefügt habe, weil ich diese Holzkiste kaputtgemacht habe. Ich bitte um eine Buße.

Das war ein halbes Jahr vor Ihrem Austritt aus dem Kloster. Wann haben Sie Ihren Mann zum ersten Mal gesehen?

Gesehen habe ich ihn meist nur in der Kirche. Als ich ihn zum ersten Mal da vorne am Altar sah, wirkte er sehr stur auf mich, so abweisend und in sich gekehrt. Rupert gehört einem Orden in der Nähe unseres Klosters an und betreute seit Anfang September 1965 die Pfarrei, zu der unser Kloster gehört. Er hielt auch Beichte bei uns.
Am letzten Heiligen Abend, den ich im Kloster verbrachte, kniete ich gerade an der Pforte und habe dort geschrubbt. Die Türe ging auf, und dieser Pater stand vor mir, und ich mußte ausweichen, daß er raus konnte. Bei dieser Gelegenheit sahen wir uns erstmals in die Augen. Ich ging an die Seite, und er ging seines Weges. Es war nur ein Blick.
Am selben Abend half ich einer Schwester in der Pfarrkanzlei beim Plakatemalen. Die sind für Pater Rupert, sagte sie nach einer Weile. Der kam auch wenig später, sah mich an und sagte: Ach, Sie helfen auch mit? Sind Sie vielleicht die Schwester, die diesen schönen Christus im Priesterspeisezimmer gemalt hat?
Ja, das bin ich, sagte ich.
Und es begann zwischen uns ein Gespräch über Kunst und Malen. Ich erzählte ihm auch, daß man mir Hoffnungen auf eine Kunstausbildung gemacht hatte. Das sei später mit dem Hinweis abgelehnt worden, dies ginge ja nicht, da müsse ich ja nackte Männer zeichnen. Pater Rupert meinte, das wäre schade, ich solle trotzdem weitermachen, mich nicht entmutigen lassen. Er holte zwei Kunstbücher aus seinem Zimmer und sagte, ich solle sie lesen.

Aus Freude über sein Interesse malte ich ihm zwei Bilder, die ihn und seinen Kaplan-Kollegen darstellten. Ganz abstrakt. Die Idee kam mir, weil die beiden so unterschiedlich waren. Der Rupert so männlich, so eckig, auch so stur; der andere wirkte sehr weich und weiblich. So versuchte ich männliche und weibliche Elemente darzustellen.

Wann war Ihr Entschluß endgültig, das Kloster zu verlassen?

Im Februar 1966 kam immer noch keine Antwort vom Bischof. Auch sonst zeigte sich keine Aussicht auf Besserung, im Gegenteil. Da bat ich um Dispens von den Gelübden. Wie sich erst später herausstellte, hatte eine Schwester zur selben Zeit ebenfalls einen Antrag gestellt.
Mein Vater hatte mir inzwischen zwei Kostüme gebracht, für den Tag, da die Dispens kommen würde. Er hat geweint und gesagt, die machen dich hier kaputt. Die Mama habe ein schlechtes Gewissen, erzählte er mir, sie hätte dich anhören sollen damals, bei der Einkleidung als Novizin, damals auf der Gartenbank. Als mir klar war, daß meine Zeit im Kloster abgelaufen ist, teilte ich das auch Pater Rupert mit. Wir trafen uns auf der Treppe, er ging zum Essen und ich zum Mittagsgebet. Ich gehe, habe ich zu ihm gesagt, und schon war ich weg, ohne eine Antwort abzuwarten.
Am 31. Juli 1966 kam die Dispens. Die Oberin hat geweint, als sie mich hinausgelassen hat. Ich kam mir so nackt vor, da draußen. Zwar trug man damals lang, aber für mich war alles so leicht und kurz. Wenig später habe ich auch einen Ausschlag bekommen von der Sonne. Ich hatte zwölf Jahre keine Sonne.

Ging mit dem Schritt aus dem Kloster die Sonne für Sie auf?

Ja, obwohl der Anfang sehr mühsam war. Gemeinsam mit einer jüngeren Kollegin und zwei jüngeren Kollegen unterrichtete ich an einer Schule auf dem Lande. Ich war so ahnungslos diesen Männern gegenüber. Ich habe nicht einmal gemerkt, daß mir einer von ihnen nur deshalb beim Malen zugeschaut hat, weil er in mich verknallt war. Ich wollte ohnehin nicht heiraten, ich sah keinen rechten Sinn darin. Ich war damals dreißig und dachte, du findest sowieso niemanden, der noch was taugt, auch moralisch; der es ehrlich mit dir meint und dich nicht ausnutzt. Gele-

gentlich traf ich auch Pater Rupert, bei dem ich nach wie vor zur Beichte ging. Aber es war immer noch ein Bruder-Schwester-Verhältnis.
Mein Lehrer-Kollege ließ nicht locker in seinem Bemühen um mich. Ich war sehr im Zweifel, daß das mit ihm und mit mir gutgehen könnte, zumal er um einiges jünger war als ich. Im April 1967 habe ich dem Pater Rupert einen Brief geschrieben, ihm meine Zweifel über diese Beziehung geschildert. Zurück kam ein Telegramm, auf dem stand: Ich komme.
Und ich dachte, komisch, das muß er mißverstanden haben, so brennt's auch wieder nicht.
Er kam und nahm sich ein Hotelzimmer im nahegelegenen Städtchen. Erst sind wir zum Essen gegangen und dann spazierengegangen. Es goß in Strömen, und ich hatte im Park fast meine Schuhe verloren.
Im Zimmer hat er mich dann umarmt und gesagt: Würdest du den Weg mit mir gehen?
Ich dachte, ich höre nicht richtig.
Ja, habe ich geantwortet, aber nicht als Pfarrköchin.
Ich wußte ja nicht, daß du das willst, sagte er dann und fing an, sich auszuziehen. Der erste Versuch einer körperlichen Vereinigung mißlang.

Wieviel Zeit ist noch vergangen, ehe Sie den Weg wirklich gemeinsam gegangen sind?

Ab diesem Tag blieb Rupert noch gut zwei Jahre im Kloster. Ein Priester-Kollege hatte ihm geraten, erst seine Doktorarbeit abzuschließen, damit er später was in der Hand hätte. Das hat er auch getan. Wir haben uns in dieser Zeit sehr selten gesehen und dann oft nur sehr flüchtig. Dieses Heimliche, dieses Sich-angezogen-Aneinanderquetschen hat uns in unserer Beziehung sehr belastet. Und dennoch hielten wir daran fest: Wir werden heiraten, egal was kommt, auch wenn wir nie die kirchliche Erlaubnis dazu kriegen.

Wann war Ihr Hochzeitstag?

Standesamtlich am 14. Juli 1969. Die kirchliche Genehmigung kam acht Monate später. Rupert hatte zwei Monate zuvor einen Laisierungs-Antrag an seinen Ordensoberen in Rom geschickt.

Ein mit uns befreundeter Priester sagte, er solle den Mut nicht verlieren. Die tun zunächst gar nichts. Die warten ab. Die hoffen, er kommt wieder zurück, wenn er sich ausgetobt hat.

Ausgetobt?

Ja, ich empfinde das als zutiefst beleidigend.

Und Ihre neue berufliche Existenz, wie sah die aus?

Wir gingen nach Innsbruck. Ich hatte noch 2800 Schilling in der Tasche. Und er hatte ein bißchen was vom Kloster bekommen. In den Sommerferien haben wir auf Parties Töpfe verkauft. Das und die Hilfe von Freunden hat uns über Wasser gehalten. Mit Schulbeginn bekamen wir beide eine Anstellung als Religionslehrer.

Sie sind jetzt 16 Jahre verheiratet und haben drei Töchter. Wie ist heute Ihre Beziehung zueinander?

Heute kann ich meinen Mann so annehmen, wie er ist. Ich stelle keine Forderungen an ihn; was von ihm kommt, ist Geschenk. Was ich gebe, ist Geschenk. Ich habe festgestellt, man kann glücklich sein, auch ohne dauernd miteinander zu schlafen. Im Kloster konnte ich ja auch jungfräulich leben und wäre nie auf die Idee gekommen, du mußt hier raus, weil du die sexuelle Abstinenz nicht aushältst. Die Lieblosigkeit war es, die ich nicht ausgehalten habe.
Wir haben selten eine körperliche Begegnung, aber ich leide nicht mehr darunter. Einige Zeit habe ich darunter gelitten. Früher glaubte ich, ihn sehr zu lieben. Ich glaubte, mit dem kannst du glücklich werden, und hoffte, ihn auch glücklich machen zu können. Aber das war nicht echte Liebe, es waren zu viele Erwartungen da, unausgesprochene Forderungen, die nicht glücklich machen konnten. Erst heute habe ich gelernt, ihn so sein zu lassen, wie er ist: Denn nicht sein Charakter macht ihn aus, der ist geworden; geworden im Elternhaus, geworden im Priesterseminar, geworden im Kloster. Sein innerster Kern ist etwas ganz anderes, ist nämlich Liebe, die frei werden kann, wenn er spürt, daß ich ihn auf der Basis der Freiheit und des Loslassens liebe und nicht auf der Basis von Forderungen.

Die Zeit mit Gregor ist mein Boden, auf dem ich wachse, werde und lebe

Elinor, 28, traf Pater Gregor auf dem Nullpunkt ihres Lebens. Er wurde ihr Vater, ihr Therapeut, ihr Lebensretter. Als sie auf eigenen Füßen stand, wurde der damalige Geschäftsführer eines österreichischen Ordens auch ihr Mann. Die Beziehung hielt dem Doppelleben zwischen Frau und Kloster nicht stand.
Pater Gregor, 42, lebt heute als Missionar in Afrika. Elinor arbeitet als Sozialarbeiterin.

Das habe ich tausendmal von ihr gehört: Ich will dich nicht, du bist mir im Weg. Und: Du bist krank, du bist blöd, du bist nichts wert. Das kenne ich in tausendfacher Auflage. Mein Gefühl von Mutter ist bis heute Angst. Egal, wann ich mich an sie erinnere oder woran ich mich erinnere, ich habe Angst vor dieser Frau, und ich will sie nicht.
Meine Mutter ist eine künstlerisch sehr begabte Frau, sicher so am Rande von Genie und Wahnsinn. Sie hat Phasen gehabt, wo sie total manisch-depressiv war. Und wehe, man hat einen Löffel zu laut auf den Tisch gelegt. Das Schlafzimmer war neben der Küche, und wenn sie gehört hat, wie der Löffel auf denTisch gelegt wurde, war's aus. Man mußte ja zum Frühstück Besteck hinlegen und dem Vater alles herrichten, denn der war ja in ihren Augen ein alter Depp, der nicht einmal selbständig seinen Teller und eine Tasse nehmen konnte. Sie war ein Nachtmensch und wurde erst immer am Abend munter. Da ging's dann los auf -zig Singproben. Wenn sie singt, dann ist sie halb normal. Malen, Sticken, Mosaiken, Flechten, Weben, Theater und Singen, Singen, Singen. Ich mußte mit auf die Proben, damit sie was zum Präsentieren hatte. Ich mußte lernen, Partituren zu lesen und sollte später aufs Musikkonservatorium.
Mich hat das alles überhaupt nicht interessiert. Aber ich habe alles getan, damit sie mich nicht anschreit und mich nicht schlägt. Das war das Maß, nach dem ich mich gerichtet habe. Dafür habe ich alles gemacht. Alles.

Und wehren konnten Sie sich nicht?

Ich war noch ein Kind, nicht mal sieben Jahre alt. Und wenn ich mich gewehrt hätte, dann würde ich heute nicht mehr leben. Und weil ich die Älteste war, mußte ich ja ohnehin alles verstehen. »Wenn ich sterbe, dann mußt du über alles informiert sein«, das war immer ein wichtiges Argument für sie.
Ich mußte immer über alles Bescheid wissen. Es gab Zeiten, da mußte ich nachts aufbleiben, bis sie wieder nach Hause kam. Neben dem Tisch stand eine Couch und ein Sessel. Ich mußte mich da hinsetzen, und sie saß dann da und hat geredet und geredet bis in den frühen Morgen. Das war wie Strafsitzen für mich. Da war ich dann der Müllkübel. Und da durfte man sich nicht rühren, und kalt war's. In dieser Zeit hat sie mich sehr viel geschlagen, und jedes Wort, das ich gesagt habe, war zuviel. Das Reden ist immer

weniger geworden. Mit acht habe ich aufgehört zu reden. Es hat aufgehört zu reden in mir. Da war dann überhaupt nichts mehr.

Es hat Ihnen die Sprache verschlagen?

Schweigen, das war die einzige Form, mich zu wehren. Schweigen, stummes Mädchen. Mein Mund war stumm geworden, aber die Augen und Ohren nahmen um so mehr in sich auf.
Während der ganzen Hauptschulzeit war ich sehr untergewichtig und habe nie geredet. Ich war eben ein schwieriges Kind und die Schlechteste in der Klasse. Die Lehrer habe ich zum Wahnsinn gebracht mit meinem Nicht-reden- und Nicht-sitzen-Können zeitweise. Und verstanden habe ich halt nichts. Ich habe nur Angst gespürt. Und dann hat mich die Mutter zu einem Heilpraktiker gebracht, der sollte schauen, was mit mir ist. Der hat natürlich auch nicht gewußt, was los ist. Der hat seine Medikamente aus Deutschland schicken lassen, und die hätten wirken sollen. Die haben aber überhaupt nicht gewirkt.
Der Arzt war ein sehr väterlicher Typ. Und mit der Zeit hat er gesagt, ich muß alleine kommen. Die Mutter will er nicht in der Ordination dabei haben, die stört ihn, und er will sie nicht haben. Bei dem hab' ich natürlich auch nichts geredet außer Ja und Nein und Schweigen. Und irgendwie dürfte er mich dann trotzdem liebgewonnen haben. Nach einiger Zeit hat er gesagt, da hilft alles nichts, ich muß von der Mutter weg. Das war am Ende der Hauptschule. Der Arzt hat sich darum gekümmert, daß ich auf ein Internat komme. Dort haben sich die Schwestern montags immer gewundert, wie ich von zu Hause zurückgekommen bin. Deshalb ließen die mich dann am Wochenende nicht mehr nach Hause.
Dann war endlich Ruhe. Aber die Schule kostete ja Geld, und so blieb ich trotzdem abhängig von der Mutter.
Das Geld war immer ein Terror. Da hatte sie was in der Hand, womit sie mich knechten konnte. Also mußte ich was finden, wo ich was lerne und trotzdem was verdiene. Erst kam ich in so ein Bildungshaus in Villach, da sollte ich Wirtschafterin lernen. Da war ich 15. Dann habe ich einen Sozialarbeiterkurs darangehängt und bin zum Praktikum in Klagenfurt gelandet. Das war ein Heim für behinderte Erwachsene, eine sehr interressante Aufgabe. Und schließlich begann ich in Salzburg eine Pflegeausbildung mit psychiatrischer Ausbildung. Diese Schule hat zwei Jahre gedauert.

Die Schule war innerhalb eines Klosters, und ich habe mit einer jungen Ordensfrau ein Zimmer geteilt. Diese Schwester, die mit der Zeit wie eine Freundin für mich wurde, hat bei den Messen im Haus immer wieder den Gregor erlebt. Ich hatte kein Interesse, in die Messe zu gehen, weil Beruf und Schule, das hat mir gereicht. Sie kam immer wieder und sagte: Der war schon wieder da, und sie könnte sich vorstellen, daß dieser Mann mir helfen könnte, in der Form, daß er mit meiner Mutter reden könnte. Wenn es überhaupt jemanden gibt, dann könne sie sich nur diesen einen Mann vorstellen, der mit meiner Mutter so halbwegs zurechtkommen könnte. Ich hatte den nie gesehen, diesen Menschen. Ich konnte mir nur nicht vorstellen, daß es überhaupt jemanden gibt, der mit meiner Mutter reden kann. Jedenfalls meinte meine Freundin eines Tages: Komm, wir fahren einfach mal zu dem hin. Ich war inzwischen auch neugierig geworden, und dann sind wir halt hingefahren. Und er war glücklicherweise auch da. Und sie hat ihm alles erzählt, und er hat mich halt gefragt, wo ich herkomme und wieso und warum – ja, so hat das angefangen.
Einmal im Monat sind wir hingefahren zum Gespräch. Sie ist immer mitgefahren. Ich hätte nicht gewußt, was ich allein tun soll. Und dann hat er so nach und nach gemerkt, daß einiges nicht stimmt mit mir. Und daß die Mutter das rote Tuch in meinem Leben ist.
Dann hatten wir Schulferien, die letzten vor den großen Prüfungen. Wie es sich für eine brave Tochter gehört, mußte ich in den Ferien nach Hause fahren. Und wieder habe ich alles gemacht, damit die Mutter zufrieden ist. Als ich zurückkam, bin ich Gott sei Dank zusammengebrochen, total. Aus war es. Ich konnte nicht mehr lernen, nicht mehr reden, mein Kopf hat nicht mehr funktioniert. Ich war nervlich fertig. Daraufhin ist meine Freundin zum Gregor gefahren und hat ihm gesagt, daß es mir so schlecht geht. Und das alles vor den Abschlußprüfungen. Da ist er aktiv geworden. Er ist jeden zweiten Tag gekommen und hat mit mir gelernt. Und er hat mit diesen Prüfungsleuten geredet, daß ich unbedingt die Schule schaffen muß, weil die Mutter sonst wieder recht hat, daß ich nichts kann und nichts wert bin. Einmal im Leben müsse man ihr das Gegenteil beweisen, hat er gemeint, und dafür würde er alles tun, egal was. Und er hat wirklich alles gemacht. Was nur in Gottes Möglichkeit stand, hat er gemacht.
In dieser Zeit war überhaupt nichts anderes wichtig als die Prüfungen. Und mir ging es so schlecht. Ich konnte fast nicht mehr sitzen,

solche Spannungen habe ich im Körper gehabt. Und schlafen konnte ich natürlich auch nicht mehr. Und normal reagieren. Alles ist zusammengekracht. Kein System hat mehr funktioniert. Der Teufel war los. Und dann hat er gefragt, wovor ich Angst habe. Er hat immer mehr Einblick gekriegt in diese Geschichten mit meiner Mutter und woher das kommt.

Ich habe Tag und Nacht gefroren, es war mir tödlich kalt. Der Sohn von einer Pflegepatientin hat mich brav mit Alkohol versorgt. Der war total verliebt in mich, und ich habe nicht gewußt, wie mir geschieht. Er ist mir in alle Ecken und Stationen nachgerannt und hat auch immer so ein Köfferchen mit Alkohol dabeigehabt. Der Alkohol gab mir die Wärme, die ich brauchte. Ich habe den getrunken, sonst hätte ich es überhaupt nicht mehr ausgehalten vor lauter Spannung und Kopfweh. Aber die Prüfungen habe ich geschafft, alle. Keine einzige wiederholt.

Nach der Abschlußprüfung hat der Gregor gesagt: So, jetzt fahren wir zur Mutter. Und zeigen ihr das Zeugnis. Er möchte es ihr selber zeigen und ihr beweisen, daß ich was kann. Er möchte gerne wissen, was sie dann macht, denn er hat ja inzwischen gesehen, wie zerstörerisch sie auf mich wirkt. Wir sind dann zusammen mit meiner Freundin nach Hause gefahren. Meine Freundin, die Ordensfrau, war auch später bei allen wichigen Entscheidungen dabei. Damit sie mir Bezugsperson sein kann, falls er nicht greifbar ist.

Als uns die Mutter zu dritt kommen sah, da hat sie die Panik gekriegt. Sie hat gar nicht gewußt, wie ihr geschieht, daß ich nicht alleine komme. Sie hat natürlich schon gemerkt, daß jetzt irgendwas anders ist. Aber sie hat keinen Muckser gemacht. Sie hat ungewohnt feierlich aufgedeckt. Weil Samstagabend war, mußten wir alle in die Kirche gehen, und der Gregor hat zu ihr gesagt: Nachher reden wir dann miteinander. Da hat sie schon angefangen, sich zu fürchten. Meine drei jüngeren Geschwister mußten ins Bett und der Vater natürlich auch. Die mußten alle verschwinden. Und dann hat der Gregor das Zeugnis hingehalten und gesagt: Was sagen S' jetzt? Der Terror ist beendet. Sie können Ihr Spiel nicht mehr weiterspielen, weil ich jetzt da bin.

Sie hat dann fürchterlich zu weinen angefangen, sie verstünde überhaupt nicht, wieso und warum, und sie habe ja nie was getan. Ich hatte so Kopfweh und bin ein paarmal ohnmächtig geworden. Ich habe nicht gewußt, wie ich sitzen soll mit dieser Spannung im

Körper. Und der Gregor hat gesagt: Du bleibst hier sitzen, die Mutter muß das sehen, was sie mit dir gemacht hat.
Nach dem Frühstück am nächsten Morgen sind wir gefahren. Der Gregor hatte ihr noch gesagt, sie dürfte mich ab heute nicht mehr anrufen und nicht mehr schreiben. Wenn sie was will, geht das nur über ihn. Diesen Terror halte ja kein Neger aus.

Und seitdem?

Es ist Ruhe seitdem. Ich bin nie wieder hingefahren.

Und Ihre Geschwister?

Keine Ahnung, ich weiß nichts. Ich weiß überhaupt nichts. Interessiert mich auch nicht. Ich habe keine Ahnung. Sie hat mich als kleines Kind schon immer sehr isoliert von denen. Ich weiß nur, daß drei da sind und wie sie heißen. Vor wenigen Wochen hat mir mein Bruder eine Heiratsanzeige geschickt mit Bild. Ich kenne ihn nicht. Er ist mir fremd. Ich habe ihn 14 Jahre nicht mehr gesehen.

Und wie ging es mit Ihnen weiter?

Nach der Ausbildung habe ich in einem Spital angefangen zu arbeiten, als Krankenschwester. Nach drei Monaten war ich endgültig kaputt. In dieser Zeit habe ich am allermeisten getrunken, und Gregor war nur erschüttert. Wie die mit den alten Leuten umgegangen sind, das habe ich nicht ausgehalten. Da sind sehr viel geschlagen, angeschrien und niedergespritzt worden. Da war eine Frau mit Polyarthritis. Die konnte nicht mehr allein auf die Schüssel gehen und mit den Fingern auch keine Schale mehr halten. Die ist dann für deppert erklärt worden und in ein geschlossenes Gitterbett gekommen. Gespritzt worden. Und nach einem Monat war sie tot.
Und dann auch die Krankenschwestern, wie sie so mitten im Dienst in eine andere Station rübergehen und abtreiben, ihre eigenen Kinder. Und noch so ordinär darüber reden und lachen. Die Ärzte haben alle mitgespielt, ohne Ausnahme. Die haben das alles gewußt. Und Wein und Schnaps gab es in Mengen, für alle und jeden, und wehe du hast nicht mitgehalten. Oder wenn

jemand stirbt, wie ordinär und wie arg man mit den Leichen umgegangen ist.
Ohne Alkohol konnte man dort nicht überleben. Und nach drei Monaten war's halt aus bei mir. Ich habe dann mit einer Entwöhnung angefangen. Ich war jung, ich habe sehr viel getrunken und ewig geht das ja nicht.

Wie alt waren Sie da?

Ungefähr 19, ich weiß es nicht mehr genau. Zusammen mit dem Gregor bin ich zum Primar gegangen, und wir haben probiert, ob die Entwöhnung ambulant zu machen ist. Nach einiger Zeit haben wir gesehen, das geht nicht. Ich hatte furchtbare Entzugsschmerzen und hielt sie einfach nicht aus. Deshalb sollte ich auf die Station aufgenommen werden. Da hat der Oberarzt gemeint, ich gehöre nicht hierher, ich gehöre auf die Psychiatrie, in die geschlossene, mit mir kann man sowieso nichts mehr anfangen. Ich konnte ja auch nicht sitzen. Ich bin immer gestanden, Tage und Stunden und ewig. Da hat der Gregor gesagt: Das kommt überhaupt nicht in Frage, auf die Psych gebe ich dich nicht, ich nehme dich wieder mit, dann machen wir das halt selber, das ist nur die Mutter, sonst hast du nichts. Davon war er zutiefst überzeugt. Was meine Rettung war. Das ist nur die Mutter bei dir, hat er immer wieder gesagt. Dann hat er einen Therapeuten aufgetrieben, der in der Entwöhnungsanstalt arbeitet, und ich bin jeden Tag eine Stunde zu dem hingegangen. Der hat mich mit Medikamenten bombardiert, um mir den Entzug zu erleichtern.
Mit Müh und Not war ich nach anderthalb Jahren mal für sechs Wochen nüchtern. Medikamente mußte ich noch lange nehmen. Die Entwöhnung war sehr arg. Das möchte ich nie mehr. Es hat nachher Situationen genug gegeben, wo ich wieder hätte anfangen können oder wollen. Aber wenn ich an die Entwöhnung dachte, sagte ich mir: Nie mehr diese Schmerzen! Nie mehr die Entzugsschmerzen. Also das packe ich kein zweites Mal. Wenn das wieder ist, dann bringe ich mich um. Das wußte jeder. Da gibt's nichts mehr. Seither war ich nüchtern.

Welche Rolle spielte Gregor in dieser Zeit?

Er war der einzige, der sagte, mit dir kann man sehr wohl was anfangen. Er war für mich bis heute das stärkste Erlebnis, ich kann mich in meinem Leben an nichts Schöneres erinnern. Daß er hört, was ich sage. Daß mich jemand hört, das war das Erlebnis. Er war der erste Mensch, der mich gehört hat. Er war der erste Mensch, den ich angreifen durfte, der warm war.

Und dann ist aus dieser Vater-Tochter-Beziehung eine Mann-Frau-Beziehung geworden?

Ja. Nach der Entwöhnung ist alles ein bißchen ruhiger geworden. Er mußte mich nicht mehr suchen, denn während der Entwöhnung war ich oft abgängig und habe zwei Selbstmordversuche gemacht. Er hat jede Stunde gewußt, wo ich bin. Und wenn er es nicht gewußt hat, dann hat er sofort die ganze Umwelt alarmiert. Und langsam ist alles normaler geworden. Er hat dann auch begonnen, sich auf mich zu verlassen. Und ich habe ja auch immer gewußt, wo er war. Er hat nimmer gesagt, wo er ist und wo er gerade zu erreichen ist. Immer, jeden Tag. Er war fast jeden Abend bei mir in der Wohnung, und mittags haben wir immer telefoniert. Oder wir waren miteinander unterwegs. Wenn er irgendwas auswärts zu tun gehabt hat, bin ich mitgefahren und habe in einem Café auf ihn gewartet. Er war verläßlich. Wenn er sagte, er kommt, dann kam er. Er ist immer gekommen.

Er ist vierzehn Jahre älter als ich. Für mich war es eine Erleichterung, daß jemand mal stärker ist als die Mutter. Daß jemand der Mutter gewachsen ist und daß sie über mich keine Gewalt mehr hat. Daß da jemand dazwischen ist, auf den ich mich tausendfach verlassen konnte. Also wirklich in jeder Beziehung. Das war eines der schönsten Elemente in der ganzen Beziehung, dieses Sich-verlassen-können auf den anderen. Er ist also jeden Abend gekommen, nicht nur um zu schauen, wie es mir geht, sondern auch, weil es ihm ein Bedürfnis war. Weil das eine Atmosphäre war, wo er sich ausruhen konnte und erzählen konnte, was an dem Tag los war. Das ist sein Ruheplatz gewesen und sein Zuhause. Und dann sind wir uns schon sehr nahe gekommen.

In dieser Zeit, nach der Entwöhnung, wo alles ruhiger geworden ist, entstand unsere Liebesbeziehung. In dieser Zeit habe ich auch die Angst vor ihm verloren. Vor dem Mann überhaupt. Weil der Mann bis dahin das Ungeheuer der Welt, der Erde für mich war. Der Teufel. Und plötzlich sah ich, das ist ein ganz normaler Mensch, der tut dir nichts, der liebt dich.

Hatte Ihnen das die Mutter so eingeimpft?

Ja, der Mann, das Ungeheuer, mit dem ist nichts anzufangen.

Und was glauben Sie, was Sie für ihn waren? Was haben Sie ihm gegeben?

Es war eine sehr schöne Zeit, die schönste meines Lebens, bis heute. Ich war für ihn die Frau, die ihn liebt, die ihn anerkennt, die Ruheplatz für ihn ist. Indem er mir das Sprechen lernte, verhalf ich ihm das auszudrücken, was in ihm ist.

Wann ist Ihre Beziehung zu Ende gegangen?

Zwei Jahre nach dieser Entwöhnungsgeschichte.

Und warum?

Man kann eine Liebesbeziehung mit einem Priester auf Dauer nicht geheim leben. Das ist unmöglich. Das will ich auch nicht. Das wollte er auch nicht. Und dennoch war uns beiden klar, daß er nie aus seinem Orden austreten, daß wir nie heiraten würden. Ich hätte ihm das nie geben können, was der Orden ihm gibt. Nur mit der Zeit bekam ich das Gefühl, daß mir das nicht mehr gefällt: Tagsüber ist er brav Ordensmann und abends ist er Ehemann. Das störte mich zunehmend. Ich schlug vor, ob wir nicht eine Beziehungsform finden können, die uns beide leben und sich entwickeln läßt. Darüber haben wir lange gerangelt. Es ist aber nicht gegangen. Irgendwann ist der Tag gekommen, da habe ich gesagt, ich halte das nicht mehr aus, ich will das nicht. Wenn unsere Beziehung wirklich so stark und so gut ist, habe ich Gregor gesagt, dann werden wir ja sehen, ob sie das jetzt auch aushält: Wir wollten uns weniger treffen, weniger sehen, auch nicht immer in meiner Wohnung und nachher im Bett.
Das war eine Illusion. Das war der Anfang vom Ende. Er hat sich gesperrt, zurückgezogen, emotional total zurückgenommen. Er war sehr betroffen von dem, was sein Körper ihm sagte und was

sein Kopf. Das klaffte total auseinander. Gregor distanzierte sich immer mehr von mir. Er hat gesagt: Entweder leben wir unsere Beziehung jetzt oder nie.
Ich habe das nicht verstanden. Ich habe mich weiterhin sehr zu ihm hingezogen gefühlt. Ich glaube, er ist selbst darüber erschrocken, was da alles in ihm wach wurde. Was da mit ihm passierte, wenn er mit mir zusammen war. Dieses Erschrecken hat ihm Angst gemacht, hat ihn zurückweichen lassen in sein Schneckenhaus. Er ist dann mit eiserner Miene dagesessen. Ich habe das nicht ausgehalten. Es war arg.
Das hat so drei, vier Monate gedauert. Und er ist immer kälter geworden. Und meine Verletzung ist immer größer geworden. Dann habe ich gesagt: Du bist genauso wie meine Mutter, du läßt mich hängen, du magst mich nicht, genau wie meine Mutter. Ich habe das alles schon mal erlebt.

Das muß ein Schlag für Gregor gewesen sein, wo er Sie doch zu einem neuen Menschen gemacht hatte?

Ja, und alles getan hatte, um nicht zu sein wie die Mutter. Und jetzt komme ich und sage: Du machst es genau wie meine Mutter. Das hat er überhaupt nicht hören können. Er hat geglaubt, es zerreißt ihn. Es ist ihm sehr schlecht gegangen, und er hat nicht gewußt, was er anders machen sollte. Immer wieder hat er gesagt: Ich bin nicht deine Mutter. Und immer mehr hat er sich zurückgezogen.

Und warum haben Sie nicht einen totalen Schnitt gemacht?

Das war ja nicht das Thema. Wir wollten ja eine Beziehung miteinander haben. Aber eine ohne Sexualität. Nur, das spielt's halt nicht. Dann habe ich einen lieben Freund angerufen, der Therapeut ist. Den kannte ich noch von früher, der hat mich schon einmal von der Mutter weggerissen. Der hat gesagt: Geh in eine Therapie. Alleine schaffst du diesen Kuddelmuddel nicht mehr. Und alleine siehst du auch nicht, was ist Gregor, was ist Mutter und was ist dein Teil. Das war wie ein Knödel, der mir alles zugeschnürt hat. Ich bin dann zweimal die Woche zu diesem Therapeuten gegangen, und der wollte dann, daß Gregor auch mitkommt.
Der ist dann fünf- oder sechsmal mitgegangen und hat sich wie eine Schlange gewunden. Es war schmerzlich für ihn zu sehen, was er

mit mir angestellt hat. Das hat er nicht gewollt, das hat er nicht ausgehalten, daß ich jetzt wegen ihm so leide. Und je mehr er das gemerkt hat, desto mehr ist er ausgestiegen und ganz weit weggegangen. Er hat auch gesagt: Ich halte das nicht aus. Ich schaffe das nicht. Er ist richtig in Panik verfallen, ihm ist richtig schlecht geworden.
Und sitzen konnte er zum Schluß auch nicht mehr.

Er zeigte ähnliche Symptome wie Sie vorher?

Ja, ja, und er hat auch geträumt, daß er meine Mutter erschlägt. Das hat er oft geträumt, daß er mit ihr schreit und daß er im Auto mit ihr an eine Wand fährt. Und er ist immer stiller geworden. Er hat sich nicht mehr zu helfen gewußt. Sein Gesicht war wie eine Maske. Es war wirklich kein Leben mehr in ihm. Ihn anzuschauen war grauenhaft.

Wo ist er jetzt?

Irgendwo in Afrika. Von Zeit zu Zeit macht er auch einen Abstecher nach Salzburg. Er hat bis heute mit niemand über diese Beziehung gesprochen. Er hat dieses Thema in sich eingefroren.

Ist er aus dem Orden ausgetreten?

Nein. Er ist zwar nicht mehr Geschäftsführer, aber noch im Orden. In Afrika ist er allein unterwegs, weit weg vom Schuß und von den Frauen. Vor seinem Abflug hat er gesagt, er habe unsere Beziehung für tot erklärt. Er sehe einfach keine andere Möglichkeit.
Und ich habe gesagt: Ich darf meine Erinnerungen haben, sie bedrohen mich nicht, ich mag dich sehr, und das war eine wahnsinnig schöne Zeit. Ich brauche das nicht zu vergessen, das darf leben in mir.
Jetzt, im nachhinein, kann ich sagen, daß ich die schönste Zeit mit ihm erlebt habe. Und, nach der Mutter, mit ihm auch den größten Schmerz. Das mit der Mutter hat eine andere Qualität. Aber nach der Mutter, würde ich schon sagen, daß er mir den größten Schmerz verursacht hat.
Die Trauerarbeit, die hat ihre Zeit gedauert. Mein Gefühl jetzt für ihn ist, daß ich ihm unheimlich dankbar bin. Daß ich heute lebe, verdanke ich zu einem großen Teil ihm. Ich habe sehr viel erlebt und gelernt mit ihm. Und das wiegt einfach alles auf. Die Trauerarbeit hat

mir auch sehr viel gebracht für meinen Beruf. Weil ich mit alten Leuten arbeite, und da hab ich mit Trauer und Schmerz genug zu tun.
Heute ist es für mich kein Verlust mehr. Diese Zeit meiner Liebesbeziehung zu Gregor ist mein Boden, auf dem ich jetzt wachse, werde und lebe.
Die Mutter kann man wirklich vergessen mit allem, was da war.

»Einige Gedankengänge sind mir nachher noch eingefallen, die mir wichtig erscheinen«, schrieb Elinor der Autorin nach dem Gespräch.

Er hat zu lange auf meine Entwicklung geschaut und sich selber übersehen, vergessen; er hat sich übernommen, er hat zu lange über seine Grenzen – über seine Verhältnisse – gelebt. Logisch, daß ihm da einmal die Luft ausgehen mußte.

Er hat eine suspekte Mutter-Sohn-Beziehung; er hatte keinen Vater. Er mußte sehr schnell dessen Rolle einnehmen. Er mußte immer sehr gut sein, in allem, was er tat. Er stellte enorme Ansprüche an sich selbst. Er war der perfekte Krisenmanager.

Er ist ein liebevoller, unendlich aufmerksamer Partner gewesen. Wie er mit mir als Frau umgegangen ist, wünsche ich jeder Frau auf der Welt. Enorme Achtung, große Ehrfurcht (ich weiß, es ist ein altmodisches Wort, aber ich weiß kein passenderes), Behutsamkeit. Er war für mich erster Vater, erster Therapeut, erster Liebhaber, erster Mann. Diese positive Männerbeziehung wird fortan mein ganzes Leben prägen.

Im letzten Jahr hat sich eine intensive Freundschaft zwischen Gregor und meiner Freundin, der Nonne, entwickelt. Da ich immer noch mit ihr zusammen wohne, bekomme ich das recht hautnah mit. Auch schmerzlich. Ich stehe daneben, wenn er ihr Briefe schreibt, wenn sie ihn vom Flughafen abholt, wenn sie zusammen essen oder ins Theater gehen.
»Mit der kann mir so was nicht passieren«, hat er mir unlängst auf einer Karte gesagt. Am Schluß stand: »Viele Grüße. Pater Gregor«.

Auch wenn's schwerfällt, ich kann warten

Fraukes Freund ist Ordenspriester. Acht Jahre lang war Steffen nur ein guter Kamerad für sie. Seit einem Urlaub, im Sommer 1982, sind sie Mann und Frau.
Steffen, 40, lebt in einem Kloster in Norddeutschland. Frauke, 30, arbeitet in einer nahegelegenen Großstadt als Sportlehrerin.

Im letzten Winter, da war er weg zu Exerzitien, Einzelexerzitien mit vollem Schweigen und so. Steffen hat gesagt, er wolle dort seinen Standpunkt bestimmen; überlegen, wie das mit der Ehrlichkeit sich selbst gegenüber, den Menschen gegenüber und Gott gegenüber sei; nachdenken, wie er als Ordensmann das alles einordnen kann in sein Leben. Auch seine Beziehung zu mir. Ganz unerwartet erhielt ich damals einen langen Brief von ihm. Obwohl wir eigentlich abgemacht hatten, daß er in den kommenden Wochen nichts von sich hören lassen würde. Der Schluß des Briefes hat mich sehr berührt:

> Mein bisheriges Leben war wie eine Lähmung, gleichsam eine Krümmung des aufrechten Gangs. ... Viel von diesem gläsernen Gehäuse, das mich 40 Jahre lang beschützt hat, mir Distanz und Ruhe, Leidenschaftslosigkeit und gutes Gewissen, Erfolg und Anerkennung verschafft hat, ist zerbröckelt. Ein schmerzlicher Prozeß. Aber es stecken auch Neugeburt und Dynamik darin. Jetzt fängt der Kampf erst richtig an. Hilf mir dabei, bete für mich, ich brauche Dich.
>
> Herzlichst Dein Steffen

Ist so eine heimliche »Ehe« mit einem Ordenspriester nicht noch schwieriger als die mit einem Weltpriester?

Ja, und zwar in mehrfacher Hinsicht. Zusätzlich zum Zölibatsversprechen, mit dem sich jeder Priester bei seiner Weihe zur Keuschheit und Ehelosigkeit bekennt, legt der Ordenspriester bereits vorher sein Ordensgelübde ab. Er geht sozusagen eine zweifache Zölibatsverpflichtung ein und macht sich – wenn man es so sehen will – einer zweifachen Gesetzesübertretung schuldig. Hinzu kommt beim Ordensmann die starke Bindung an die Klostergemeinschaft, die beim Weltpriester entfällt. Das Kloster ist für den Ordenspriester Familie und Geborgenheit. Steffen hat die klassische Ordenserziehung durchlaufen: Mit elf Jahren ist er ins ordenseigene Internat gekommen und direkt nach dem Abitur ins Noviziat reingerutscht. Seinen Beruf liebt er durch und durch. Ich könnte mir gar nichts anderes für ihn vorstellen, weil er auch als Geistlicher den Leuten viel gibt. Wenn jemand, wie Steffen, fast 30 Jahre in diesem Ordenskreis drin ist, stellt sich die Frage nach dem Weggehen kaum. Er hat zwar erlebt, wie Mitbrüder den Orden verlassen, doch von ihm würde das niemand erwarten. Er gilt im Orden als vorbildlicher Pater.

Ich muß sagen, er gefiel sich auch in der Rolle. Er war so einer, der diesem klösterlichen Ideal entsprach. Daß er heute dieses Vorbildliche nur noch nach außen ist, hat ihm am Anfang unserer Beziehung sehr zu schaffen gemacht. Aber es waren auch die inneren Widersprüche. Ausgerechnet er, der sich wie sonst kaum einer dafür einsetzt, die Grundwerte seines Ordens wieder stimmig zu machen, hat eine Frau. Da ist ein Bruch drin. Damit muß er leben, damit muß er fertig werden. Dabei sind es nicht so sehr die Schuldgefühle wegen der sexuellen Kontakte, sondern die unheimliche Angst vor einer zu engen Bindung zu mir. Anfangs hatte er auch Angst, daß ihn unsere Beziehung von Gott entfernen würde und er den Leuten kein guter Priester mehr sein könnte. Doch im Laufe der Zeit haben wir die Erfahrung gemacht, daß uns unsere Liebe Gott viel näher gebracht hat; daß wir den Glauben nicht mehr ausschließlich mit dem Kopf leben, sondern ganzheitlich, einfach so, mit allem, was wir haben. Dadurch konnte Steffen in seine Seelsorgsarbeit ganz neue Quellen und Aspekte mit einbringen.

Seit einem Jahr weiß Steffen, daß er nicht der einzige im Kloster ist, der eine Frau hat. Das war für ihn eine große Erleichterung. Ganz behutsam hat er mal mit einem Mitbruder ein Gespräch begonnen über Sexualität und Frauen ganz allgemein. Das sei so ein langsames Sich-vorwärts-tasten auf Gegenseitigkeit gewesen, eine ganze Nacht hindurch, erzählte er mir später. Wenn der eine was gesagt hat, dann hat der andere nachgeschoben, bis es schließlich raus war, daß beide eine Beziehung zu einer Frau haben.
Im Unterschied zum Weltpriester kann sich der Ordenspriester auch nicht so frei bewegen. Gut, in dem großen Kloster, wo Steffen wohnt, fällt es nicht so auf, wenn da einer mal für 24 Stunden abhaut. Dennoch sehen wir uns sehr unregelmäßig, meist sind das fünf- bis siebenmal im Monat. Es kommt selten vor, daß wir uns spontan treffen. Immer ist alles geplant. Und wenn Steffen mal unerwartet Zeit hat, dann lasse ich alles sausen, um auch Zeit zu haben.

Wie sind Sie überhaupt mit Steffen zusammengekommen?

Ich war damals neunzehn, im Studium und ehrenamtliche Mitarbeiterin für Kurse und Lehrgänge, die von der Diözese veranstaltet wurden. Steffen gehörte wie ich zum Leitungsteam, dem die Durchführung verschiedener Kurse oblag: Werkwochen, Freizeiten, Selbsterfahrungsgruppen, Einkehrtage, Exerzitien. Was immer wir beide dort auf die Beine gestellt haben, es lief einfach gut. Wir benötigten keine langwierigen Absprachen, keine zähen Entscheidungsprozesse, wir verstanden uns mit einem Blick, einer Geste. Ich habe den kreativen Bereich übernommen und er mehr das Theoretische. Daraus hat sich eine gute Freundschaft entwikkelt. Wir haben uns auch in der Freizeit getroffen, zusammen etwas unternommen, gemeinsame Hobbies entdeckt, ja, er war wie ein Bruder für mich. Wenn ich Ärger mit den Profs an der Uni oder Sorgen mit meinen Eltern hatte, konnte ich jederzeit zu ihm kommen. Auch er hat seine Probleme zu mir gebracht. Wir haben einfach geteilt, was so anlag.

Haben Sie bei ihm auch gebeichtet?

Ja, das war sehr schön. Oft waren es auch nur Gespräche beim Wandern oder im Büro, wo er hinterher sagte, du, das wäre eigentlich eine gute Beichte gewesen, willst du's so sehen? Mein Zugang zur Beichte war schon lange verschüttet, den hat mir der Pastor als Kommunionkind verdorben. Es war immer dasselbe Spiel, ich konnte das auch nicht ernstnehmen, und dann ließ ich das mit elf Jahren ganz sein. Durch Steffen wurde der Glaube überhaupt wieder glaubwürdig. Einfach dadurch, daß ich alle Fragen stellen konnte und eine ehrliche Antwort darauf bekam.

Und wie lange blieb Steffen Ihr Kamerad?

Das zog sich so über acht Jahre hin. Inzwischen hatte ich Studium und Referendarzeit beendet und eine Stelle als Sportlehrerin an einem Gymnasium bekommen. Doch die gemeinsamen Wochenendkurse liefen nebenher weiter. Mit der Zeit lernte ich auch Steffens Mitbrüder kennen. Ich ging im Kloster ein und aus. Es gab auch schon mal Anlässe, wo ich an ordensinternen Veranstaltungen teilnahm und mittendrin saß zwischen den Patres. Die von der Ordensleitung kannten mich ebenfalls. Und der zuständige Pater für Neuaufnahmen feixte manchmal und sagte: Na, willste nicht bei uns eintreten?

War das nicht irgendwie auffällig?

Nein, zum Kloster gehört ein ordenseigenes Bildungshaus, in dem sehr viele dieser Kurse und Lehrgänge abgehalten wurden. Schon allein deshalb war meine Anwesenheit gerechtfertigt. Ich gehörte einfach dazu. Damals sagte mir Steffen einmal, er würde deshalb so gerne mit mir zusammenarbeiten, weil ich ihn so akzeptiere, wie er ist. Als Priester und Ordensmann. Es kam oft vor, daß Kursteilnehmerinnen versucht haben, sich an ihn heranzumachen. Da ging bei ihm immer das gesamte innere Alarmsystem hoch. Du hältst dich da raus, sagte er zu mir, und das finde ich gut. Der Pater Abt hat uns sogar zu unserer ersten gemeinsamen Ferienreise ermutigt. Das war im Sommer 1982. Wir wollten nach Südtirol. Eigentlich hätten wir noch gerne jemanden dabeigehabt, das sei besser so, meinte Steffen. Obwohl uns beiden klar war, daß außer Freundschaft und Kameradschaft nichts zwischen uns läuft. Trotz intensiver Suche konnten wir niemanden zum Mitfahren bewegen. Einmal kam ich nachmittags zum Kaffeetrinken ins Kloster. Der Abt war auch da. Steffen erzählte ihm, daß wir gerne mit mehreren Leuten loswollen, jedoch niemanden finden können. Da hat der Pater gesagt: Ach, ihr könnt doch wohl auch alleine fahren, da kann doch nichts passieren.

Hat der Abt recht behalten?

Nein. In der letzten Woche ließ sich doch noch jemand breitschlagen, mitzufahren. Es war ein junges Ehepaar. Drei Tage vor unserer Heimreise mußten die unerwartet zurück. Nun waren wir also doch allein. Unsere letzte Bergtour ging ins Villnösstal. Es war schon dunkel geworden. Wir liefen einen schmalen Weg entlang, in der Hoffnung, daß bald eine Berghütte kommen würde, wo wir übernachten können. Plötzlich stolperte Steffen, hielt sich gerade noch bei mir fest, und beinahe wären wir beide über die Geröllhalde nach unten gerutscht. Doch noch geschafft. Wir standen so da. Haben ganz schön geschlottert. Dann sind wir uns um den Hals gefallen. In diesem Augenblick wußten wir, wie wichtig wir füreinander sind.
Als wir die Hütte erreichten, war ich noch ganz verwirrt. Wir waren die einzigen Gäste. In dieser Nacht haben wir zum erstenmal darüber gesprochen, wie wir uns gegenseitig sehen als Mann

und Frau. Es war eine große Nähe da und auch viel Zärtlichkeit. Am letzten Urlaubstag fällten wir den Entschluß, daß mit dem Urlaub alles zwischen uns abgeschlossen sein muß. Wir haben uns gesagt, gut, es ist zu Zärtlichkeiten gekommen, aus der Situation heraus, aber das ist eine Sache für die Ferien. Während der Ferien kann das passieren. Und jetzt ist Schluß. Aus. Ende. Mitten in der Woche kamen wir zurück. Am Wochenende stand schon wieder ein gemeinsamer Kurs an. Der Abstand, den wir uns vorgenommen hatten, reichte gerade noch bis zur Begrüßung. In den darauffolgenden Wochen haben wir hin und her überlegt, wie das mit uns jetzt weitergehen soll. Steffens Angst, ich könnte versuchen, ihn von seiner Arbeit abzuhalten, ihn ganz aus dem Orden zu ziehen, Besitzansprüche zu stellen, hat vieles erschwert. Mit den Wochen und Monaten, die vergingen, merkte er, daß keine Gefahr von mir droht. Immer wieder gab ich ihm zu verstehen, daß ich bereit sein würde, ihn loszulassen, ihn mit anderen Menschen zu teilen. Unsere gemeinsame Angst war, was wird jetzt von außen auf uns zukommen. Wird man etwas merken, welche Konsequenzen wird man daraus ziehen?

Und die gemeinsame Einübung in die Sexualität, war das auch ein schwieriger Punkt?

Unsere Beziehung ist über so viele Jahre herangewachsen und gereift, daß diese körperliche Nähe uns eher wie eine natürliche Ergänzung schien. Unsere gemeinsame Sexualität hat sich ganz langsam und behutsam entwickelt. Wir waren sehr vorsichtig miteinander, um dem anderen nicht weh zu tun. Ich habe Steffen auch sehr deutlich meine Bedürfnisse und Empfindungen mitgeteilt. Um ein Beispiel zu nennen: Oft war es so, daß er, wenn wir zusammen geschlafen haben, gleich hinterher zum Chorgebet in die Kirche rannte und ich in die Schule. Ich habe ihm gesagt, mich würde das fürchterlich stören, erst diese Vertrautheit und dann das abrupte Ende; und er sitzt dann wieder mitten unter seinen Mitbrüdern, und ich stehe allein in der Sporthalle.
Steffen war erst überrascht, daß ich das ansprach. Erst schob er es auf unsere Situation. Das wären eben seine Schuldgefühle, weil er das Zölibatsgesetz übertreten, gegen den Ordensgeist gelebt hätte. Als wir die Frage näher anschauten, stellte es sich heraus, daß es ihm persönlich ähnlich ging. Wir haben dann versucht, das zu

vermeiden. Doch die Sexualität allein ist nicht das wesentliche Element unserer Beziehung. Das kann mich überhaupt auf die Palme bringen, wenn ich höre, wie die meisten Leute über die Beziehung zwischen einem Priester und einer Frau urteilen. Die haben immer nur die Vorstellung von einer ungeheueren Sexualität, die sich da wie ein Donnerschlag entlädt. Aber davon, daß man einfach gemeinsam einen Weg gehen, etwas entdecken, eine Lebenserfahrung teilen will, davon ist nie die Rede. Sexualität ist nur ein Element von vielen, deren Summe unsere Beziehung ausmacht. Ein anderes Element für uns ist die Spiritualität. Gemeinsame Gebete, Glaubensgespräche und Eucharistie sind in unserer Beziehung sehr wichtig. Manchmal sitzen wir hier in meiner Wohnung und feiern gemeinsam Gottesdienst. Das sind Stunden, die uns viel geben.

Sind Sie nach diesem gemeinsamen Urlaub immer noch so selbstverständlich im Kloster ein und aus gegangen?

Nein, das war das Schlimme. Vieles, was uns bis dahin harmlos erschien, kam uns plötzlich gefährlich vor. Früher war ich oft zwölfmal am Tag im Kloster, ohne mir etwas dabei zu denken. Früher gingen wir ganz locker zum gemeinsamen Handballspiel, jetzt habe ich mir ständig überlegt: Mensch, das Haus wird auch von Schwestern versorgt, und ein Pförtner ist auch noch da, die merken vielleicht, daß du so oft kommst. Früher war es mir ganz und gar selbstverständlich, daß ich den Schlüssel zum Bildungshaus-Trakt im Kloster mit mir herumtrage; und auf einmal habe ich mir gesagt: Mensch, du mit dem Hausschlüssel, ob das gut ist, daß du den noch hast? Was denken die anderen darüber? Welche Schlüsse ziehen sie daraus? Seither haben wir unsere Treffen immer mehr in meine Wohnung verlegt.
Wir haben bisher viel Glück gehabt in diesem fortwährenden Versteckspiel. Im Laufe unserer Kursarbeit hatte es sich manchmal ergeben, daß jeder von uns zunächst für einen ganz anderen Einsatzort vorgesehen war. Ausgerechnet von oberster Stelle sind wir dann doch noch zusammengewürfelt worden. Das hat einer gewissen Komik nicht entbehrt. Manchmal hätte ich mich kringeln können vor Lachen. Gott sei Dank können Steffen und ich so manches von der komischen Seite nehmen. In allem und trotz allem ein bißchen Situationskomik entdecken.

Sie haben so eine robuste Art, eine Schale um etwas, das Sie sehr schützen müssen, scheint mir. Was ist das?

Wenn Vertrauen enttäuscht wird, auch Treue in persönlichen Beziehungen, das kann ich ganz schlecht verkraften.

Ahnen Sie, woher das bei Ihnen kommt?

Vielleicht liegt das an einer Kindheitserfahrung, daß ich da so sehr empfindlich bin.

Und wie sah die aus?

Ich bin vier Jahre älter als meine jüngere Schwester und habe es nicht gut verkraftet, daß die ankam. Während meine Mutter mit meiner Schwester im Krankenhaus lag, wurde ich in ein Heim gebracht, drei Monate auf Kinderkur, wegen Keuchhusten. Als ich wiederkam, wurde mir erklärt, du warst ja nicht da, und wir waren so alleine, da haben wir uns noch ein Kind geholt. Und ich habe gesagt, ich bin ja wieder da, jetzt könnt ihr das wieder abgeben, aber sie wollten es unbedingt behalten. Ich habe mich sehr betrogen gefühlt.

Gab es auch Momente in Ihrer Beziehung zu Steffen, wo Sie sich betrogen fühlten?

Betrogen nie. Aber Tiefpunkte gab es in unserer Beziehung. Einer kam ein halbes Jahr nach unserem gemeinsamen Urlaub, im Dezember 1982. Steffen mußte eine neue Tätigkeit innerhalb des Ordens übernehmen, einen hohen Posten, so ziemlich kurz nach der Ordensleitung. Er sagte zu mir, jetzt kommt eine neue Aufgabe auf mich zu. Ich fürchte, ich kann mir das mit uns nicht mehr leisten. Wenn ich in dieser Position stehe und das mit uns herauskommt, dann ist das nicht nur eine Sache zwischen uns, sondern es erschüttert den ganzen Orden. Überleg mal, sagte er, die ganzen Leute, die mir vertrauen. Da habe ich gedacht, warum, wieso? Wir haben doch nichts Schlechtes getan. Und nur aus Rücksicht auf die blöden Leute und auf diese Gesetze und Vorschriften? Irgendwie hat mir das nicht eingeleuchtet. Ich merkte, daß es ihm ähnlich ging, doch die Rücksichtnahme auf andere war ihm wichtiger als die auf uns selbst. Das machte ihm ziemlich zu schaffen. Und ich konnt's auch nicht mehr ab. Ich hielt es einfach nicht mehr aus. Dieses ewige Versteckspielen und Leuteabwimmeln und Ausredenerfinden. Und jedesmal, wenn einer einen schief anguckt, horcht man in sich hinein: Weiß der was, hat der was geahnt, haben wir uns irgendwo falsch verhalten, hat der was mitgekriegt, gesehen, gehört? Niemand in meiner Familie oder im Bekannten- und Kollegenkreis weiß von meiner Beziehung zu Steffen. Sie wissen zwar, ich habe einen Freund, aber das ist auch schon alles. Wenn einer fragt und mehr aus mir herauslocken will, block ich alles ab. Das hat mir schon manchen Ärger mit Freunden eingetragen, die nur schwer verstehen können, daß es einen Bereich in meinem Leben gibt, der für sie total verschlossen bleibt. Die absolute Geheimhaltung und die strikte Trennung dieser Beziehung von allen anderen Sozialkontakten ist für mich oft verflixt belastend. Wir sagten uns, es hat keinen Zweck mehr, ist schade, tut weh, muß sein. Dann beschlossen wir die große Funkstille. Für ein halbes Jahr lang. Kein Brief, keine Karte, kein Telefon. Die große Funkstille hielt genau zehn Tage.

Und wer ist dann auf wen zugegangen?

Er auf mich. Das ist eigentlich meistens so. Wir haben schon mehrmals eine kleine Funkstille gehabt, um ein bißchen Abstand zu bekommen. Und jedesmal hat Steffen die Initiative ergriffen. Ich finde das auch wichtig für mich. Ich möchte mir eines Tages nicht vorwerfen müssen, daß ich ihn aus dem Kloster herausgezogen und vom rechten Ordensgeist abgehalten habe. Durch seine lange Ordenserziehung hat sich in Steffen die Vorstellung von der hinterlistigen Frau festgesetzt, die den Priester verführt und an sich bindet. Nun muß er von dieser Vorstellung Abschied nehmen und umlernen. Das ist gar nicht so einfach. Am Anfang hat er mich immer gewarnt: Frauke, du darfst dich nicht zu eng an mich binden. Während er verbal immer wieder versuchte, mich auf Distanz zu halten, drückte er durch Taten und Gesten aus, wie sehr er sich als mein Partner empfindet und wie wichtig die Beziehung zu mir für ihn ist. Es hat sehr lange gedauert, bis er seine Zuneigung zu mir auch mit Worten ausdrücken konnte. Seine erste wörtliche Liebeserklärung wirkte befreiend auf uns beide. Sie war ein Zeichen dafür, daß er seine Angst vor mir verloren hatte. Er war sich sicher geworden, daß ich seine Zuneigung zu mir nicht ausnützen und auch nicht auf ein Verlassen des Ordens drängen würde. Das war ein wichtiger Schritt in unserer gemeinsamen Entwicklung, weil wir seitdem freier miteinander umgehen können.

Auch danach gab es mal Momente, wo ich gedacht habe, so geht's nicht weiter, irgendwo muß da mal Klarheit rein. Ich verstand auch so vieles an seinem Verhalten nicht mehr. Das waren so Phasen, wo er sich hin und her gerissen fühlte zwischen dem, was ordnungsgemäßes Ordensleben ist, und dem, was er lebt. Wo er einfach ganz strikt versucht hat, zurückzukehren in den Orden und auf Distanz zu mir zu gehen. Gleichzeitig wollte er aber die Nähe zu mir aufrechterhalten. Dieses Wechselbad der Gefühle war schmerzlich für uns beide. Ich wußte nicht, wann er kommt, wie die Stimmung heute ist, ob er jetzt gut gelaunt ist, was er will. Manchmal sagte er: Bitte jetzt keinen körperlichen Kontakt, ich will's im Augenblick nicht. Es kam schon vor, daß er mir am Ende eines wunderschönen Tages zu zweit mitteilte: Ich kann nicht mehr so leben. Laß uns erst mal wieder Abstand schaffen. Es gibt aber auch immer wieder Situationen, wo Steffen es regelrecht genießt, mit mir als Paar zu gelten. Beispielsweise im Ausland, wo man uns aufgrund eines sprachlichen Mißverständnisses für ein Ehepaar hielt. Als ich schwerkrank in der Uniklinik lag, nahm er als mein Partner an den Beratungsgesprächen zwischen den Ärzten und mir teil.

Im Sommer 1984 kam wieder eine Krise. Da habe ich meinen ganzen Mut zusammengenommen und einem ehemaligen Ordensbruder geschrieben, den ich noch aus der Jugend kannte. Er ging, weil er eine Frau heiraten wollte. Sicherlich würde er sich wundern, schrieb ich, daß ich mich nach so vielen Jahren bei ihm melde. Aber ich hätte ein Problem, ich habe eine Beziehung zu einem Ordenspriester. Und ob er nicht einmal bereit zu einem Gespräch wäre. Wir haben uns getroffen und uns lange unterhalten. Er hat viel von sich erzählt und wie es ihm und seiner Frau ergangen ist. Verdammt noch mal, hat er gesagt, warum mußte dir das passieren, jetzt sitzt du auch in dem Theater drin. Er sagte, solange ein Ordenspriester eine Beziehung zu einer Frau hat und im Orden bleibt, geschehe ihm nichts. Es würden zwar Bemerkungen gemacht und hie und da darüber gefrotzelt. In die Ordensleitung käme man auch nicht mehr. Aber es würde hingenommen. Er

nannte Beispiele, sprach von Patres, von denen offiziell bekannt war, daß sie über Jahre hinweg eine besondere Beziehung zu einer Frau hatten. Dies sei stillschweigend akzeptiert worden, weil diese Patres sonst gute Priester waren, beliebte Prediger oder anerkannte theologische Wissenschaftler. Nur wenn einer geht, so wie er vor acht Jahren, dann ist er über Nacht tot für seine Mitbrüder.
Nach diesem Gespräch war ich richtig erleichtert. Ich dachte, selbst wenn es jetzt bekannt würde, sie reißen ihm den Kopf nicht ab und schmeißen ihn nicht raus.

Halten Sie es für möglich, daß er den Orden freiwillig verläßt? Halten Sie es für denkbar, daß Sie heiraten?

Das ist noch ein langer, schmerzlicher Weg bis dahin, wenn überhaupt. Ich werde auch von mir aus keinen Versuch starten, ihn zu einem Austritt oder zu einer Ehe zu bewegen. Ich denke, das muß sich alleine ergeben, sonst bricht das irgendwann zusammen. Wenn ich die Entscheidung für ihn treffe, besteht die Gefahr, daß ich alle Probleme, die später auftauchen, ausbaden muß. Manchmal sagt Steffen zu mir, bitte akzeptiere, daß ich im Orden bin und bleiben werden. Für eine begrenzte Zeit bin ich dazu bereit.
Wir sind übereingekommen, daß wir unsere Beziehung genießen, so wie sie jetzt ist. Ich finde es ganz toll, daß es da jemanden gibt, der mich liebt, der zu mir hält und mit dem ich zusammen etwas machen kann. Und für ihn ist das genauso eine schöne Erfahrung, für ihn ist sie genauso wichtig. Egal, wie es weitergeht oder wie's ausgeht, diese wertvolle Sache bleibt uns. Unsere Beziehung ist, so wie sie jetzt ist, erst drei Jahre alt. Auch wenn's schwerfällt, ich kann warten. Warten, wie wir uns entwickeln. Das lohnt sich. Ich merke es an zahlreichen Kleinigkeiten, daß da noch sehr viel Wachstum in unserem gemeinsamen Leben steckt.

Wie äußern sich diese Kleinigkeiten?

Früher mußte immer ein Papier oder eine berufliche Angelegenheit herhalten, damit Steffen Kontakt mit mir aufnehmen konnte. Heute ruft er einfach bei mir an und sagt: Mensch, ich hab jetzt Lust vorbeizukommen. Oder er schreibt mir zwischendurch eine schöne Karte. Einfach so: Gruß Steffen.

Er fängt allmählich an, eigene Ideen zu entwickeln. Zu gestalten. Eigene Wünsche anzumelden. Etwas für sich sclbst zu haben. Einiges, was hier in der Wohnung ist, hat er mitgebracht. Auch seine Essensgewohnheiten haben sich geändert. Seit seinem elften Lebensjahr kennt er nur Gemeinschaftsverpflegung. Einen Speiseplan nach Lust und Laune zu bestimmen, das war eine völlig neue Erfahrung für ihn. Wenn Steffen hier ist, kann er sich in der Küche so richtig austoben. Er kocht dann und mixt sich einen zusammen, daß mir die Haare zu Berge stehen, wenn ich das sehe. Ein Essen zusammenzustellen, das macht er mit Hingabe. Allein dieses Entdecken, was er nun will, ist eine neue Erfahrung für ihn. Ich glaube, daß mein absolutes Nicht-Fordern sehr wichtig für ihn ist. Nur so kann sich manches in ihm entwickeln. Im Orden hat er jahrelang gelernt, seine persönlichen Wünsche zu unterdrücken und die Interessen und Anliegen des Ordens über seine eigenen zu stellen. Seit einiger Zeit ist Steffen dabei, seine ureigensten Wünsche zu entdecken, seine persönlichen Bedürfnisse wahrzunehmen, sie positiv zu akzeptieren, anstatt sie als Schwächen zu betrachten. Seine Entwicklung wirkt sich auch auf mich aus. Immer wieder finde ich jetzt neue Seiten an Steffen, manchmal bin ich total baff vor Überraschung.
Und dennoch steht eins für uns ganz fest: Wir wollen diese heimliche Beziehung nicht als Dauerzustand. Wir wünschen beide eine klare Entscheidung, entweder Ehe oder Trennung. Dieses nervenzermürbende Doppelspiel gegenüber unserer gesamten Umwelt halten wir langfristig nicht durch, das zehrt zu sehr an der Substanz. Vielleicht wird es noch ein oder zwei oder drei Jahre dauern, bis die Zeit für eine Entscheidung reif ist, aber die Entscheidung wird kommen, denn wir wollen wieder offen und frei leben können.
Wir vertrauen darauf, daß Gott uns nicht alleine läßt. Daß er uns hilft, den richtigen Weg für uns zu finden.

In diesem Freiraum drohe ich mich manchmal zu verlieren

Cornelia, 43, und Harald, 52, kennen sich seit zehn Jahren. Am Anfang war es nur die Freundschaft einer verheirateten Frau mit Kindern zum Ordensgeistlichen, der ihre drei Töchter als Religionslehrer unterrichtete. Auch Cornelias Ehemann war mit Harald befreundet.
1981 wurde aus der Freundschaft zwischen der gelernten Krankenschwester und dem Priester eine Beziehung, zwei Jahre später ließ sich Cornelia von ihrem Mann scheiden.
Harald und Cornelia wohnen in der Bundesrepublik. Zwischen ihren Wohnorten liegen »rund vierzig Kilometer«. Zwischen ihnen steht Haralds Beziehung mit einem Mann.

Er hat ihn im Urlaub kennengelernt. Er ist zwölf Jahre jünger als Harald, und ich kenne ihn nur vom Sehen.
Noch lange bevor ich wußte, daß er aus der homosexuellen Szene kommt, hab ich Harald gesagt, laß uns deinen Freund doch mal einladen. Nein, hat er gesagt, er braucht gar nicht zu wissen, daß ich bei dir bin.
Das wäre ja auch eine blöde Situation gewesen. Aber ich wußte ja noch nichts über diese Beziehung. Ich hab einfach nur gewußt, der ist mit Harald befreundet, warum auch nicht. Irgendwann hat er mir dann gesagt, daß der anders ist.

Und wie lange standen Sie damals bereits in einer Beziehung zu Harald?

Ich hatte Harald schon zehn Jahre zuvor kennengelernt, in der Zeit, als er noch Ordenspriester an einer Privatschule war und Religionsunterricht gab. Er war von seinem Orden abgestellt worden für diese Tätigkeit und lebte mit seiner Mutter bei uns in Neustadt.
Er war ein Freund der Familie und ging bei uns zu Hause ein und aus. Mein Mann und ich und die Kinder gingen fast jeden Sonntag mit Harald spazieren. Er ist auch eine Woche mit meinem Mann zum Surfen gefahren, und ich habe das unterstützt und gesagt, geht mal, ich bleib schon bei den Kindern.
Als seine Mutter sehr krank und bettlägrig wurde, nahm ich mich ihrer an. Mein Krankenschwester-Diplom konnte ich da gut einsetzen.
Daraus hatte sich eine Bindung zu Harald entwickelt, die auf rein freundschaftlicher Basis beruhte. Dieser Priester hat mich unheimlich fasziniert als Freund, und ich empfand sehr tiefe Gefühle für ihn. Dabei war es gar nicht so sehr der Priester in ihm. Es soll ja Frauen geben, die haben einen richtigen geistlichen Tick, die finden an einem Priester etwas ganz Exotisches. Bei Harald war es einfach nur der Mensch, der mich so angesprochen hat.
Er war auch ganz anders als mein Mann. Ich glaube, mein Mann hat noch nie wirklich etwas von mir verstanden.
Irgendwann einmal habe ich mit Harald über meine Gefühle geredet. Da sagte er mir einfach, ich helf dir dabei, und wir schaffen das schon. Das klang ein wenig so, als wollte er mir helfen, mit etwas fertigzuwerden, was ihn ganz und gar nichts anging.

Das war so um Weihnachten des Jahres 1979, und ich, mit meinem unheimlichen Hang zur Ehrlichkeit, habe gemeint, ich müßte meinem Mann davon erzählen. Weil er ja auch bei uns im Haus verkehrte. Wenngleich bis zu diesem Zeitpunkt nie etwas war zwischen Harald und mir, ist mein Mann hochgegangen, zu ihm hingegangen, hat im ganzen Ort herumerzählt, daß ich ein Verhältnis mit einem Priester hätte.
Von da an waren die gegenseitigen Besuche, die gemeinsamen Unternehmungen, die wir gemacht hatten, mein Mann, der Priester und ich, automatisch beendet.
Du mußt zu deinem Mann zurückfinden, sagte Harald und zog sich immer mehr von uns, von mir zurück. Ich sah ihn nur mehr aus der Ferne. In der Schule, wo er unterrichtete und wo auch meine Kinder hingingen, bei Pfarrfesten, beim Gottesdienst oder eben auch nur so, im Vorbeifahren.
Mit dem Tag, als mein Vater starb, am 5. April 1980, änderte sich schlagartig alles. Er starb aus heiterem Himmel. Und abends, nachdem ich den Tag überstanden hatte, irgendwie, stieg in mir dieses Gefühl hoch, jetzt brauchst du jemanden, zu dem du gehen kannst, wo du dich hinsetzen, wo du heulen, wo du so richtig alles fallen lassen kannst.
Ich rief Harald an. Er wird mich verstehen, dachte ich mir, wo doch seine Mutter vor kurzem gestorben ist. Er bot mir an zu kommen. Ich sagte, ganz gerne, wenn's dir recht ist. Dann bin ich da hingefahren, und wir haben gesprochen und zusammen etwas getrunken. Als der Abend zu Ende war, stand ich auf, sagte, so, ich will jetzt fahren, ich wollte das einfach mal loswerden, nichts weiter. In der Tür sagte er mir, Cornelia, ich will auch noch etwas loswerden bei dir: Ich geh weg von hier. Das war wie ein Schlag für mich.
Ich dachte zunächst an Brasilien oder Afrika oder so, fragte auch danach.
Nein, sagte er, nein, ich gehe weg aus dem Priesteramt, mache ganz etwas Neues.
Ja, was denn, habe ich gefragt.
Weiß ich noch nicht. Aber ich gehe. Und wenn ich Straßenkehrer werde.

Hat Ihre Freundschaft bei diesem Entschluß eine Rolle gespielt?

Nein, überhaupt nicht. Der Tod seiner Mutter vielleicht. Er hätte die Kirche nie verlassen, solange seine Mutter noch lebte. Den Schmerz hätte er seiner Mutter nie zugefügt. Wo sie doch alles in ihn investiert hatte an Möglichkeiten. Wo er doch der einzige war, der ihr geblieben ist.

Gab es einen Vater?

Nein. Vater und Bruder sind im Krieg umgekommen. Er hat es als zehnjähriger Junge miterlebt. Er hatte eine sehr enge Mutter-Beziehung.

Und wann hat er die Initiative für eine Liebesbeziehung mit Ihnen ergriffen?

Er nie. Der Motor war ich, und der bin ich heute immer noch. Das ist auch mein großer Kummer. Weil ich, vom Typ her, eigentlich überhaupt kein Motor bin.
Nachdem Harald aus Neustadt weggezogen war, einige hundert Kilometer von hier, lebte er zwei Monate bei einem Freund. Immer auf der Suche nach Arbeit. Er hat ja nichts gelernt außer Theologie und Philosophie. Und damit kann man keine Brötchen verdienen.
Er rief mich verschiedentlich an, ich wußte nicht, wo er war, nur daß er bei einem Freund war, das wußte ich wohl. Er ist dann bei Bekannten, die einen kleinen Verlag mit Druckerei haben, untergekommen. Hat ganz von vorne angefangen.
Dann rief er mich an, sagte mir, wo er lebt. Von diesem Moment an fing unsere Beziehung eigentlich erst richtig an.
Einige Monate später fuhr ich zu ihm. Ich hatte fest vor, mir für die Nacht irgendwo ein Zimmer zu nehmen. Wir sind dann auch nachts ganz brav losgezogen auf Zimmersuche. Da bin ich rechts an den Straßenrand gefahren und habe gesagt, du weißt ja, daß ich dich gerne hab, und wenn's dir recht ist, dann möchte ich gerne bei dir schlafen.

Waren Sie seine erste Frau?

Ja, die erste richtige. Später hat er mir mal erzählt, er und ein paar andere Patres aus seinem Kloster hätten zwei, drei Mitbrüder nach Hamburg zum Schiff gebracht, Richtung Brasilien oder sonst wohin. Da wären sie über die Reeperbahn gebummelt und im Bordell gelandet. Aber so groß war da nichts. Das hätte überhaupt nicht funktioniert. Auch heute noch sagt er, er hätte noch nie so eine gute Beziehung zu einer Frau gehabt wie zu mir. Und würde sie wohl auch nie wieder haben.

Leben Sie heute zusammen?

Seit zwei Jahren bin ich von meinem Mann geschieden. Nach 18 Jahren Ehe. Und dennoch leben Harald und ich nicht zusammen. Wir wohnen nicht zusammen und werden auch nie zusammen wohnen.
Zwischen uns liegen rund vierzig Kilometer.

Warum?

Harald ist mit elf Jahren in eine Klosterschule gekommen und hat fast vierzig Jahre seines Lebens in einem Kloster verbracht. Wenn ein Mensch von Kind an so gebunden wird, daß er noch mit 25 Jahren fragen muß, ob er sich Zigaretten holen darf, ob er in Urlaub gehen darf, ob er Geld haben darf, Rechenschaft ablegen muß über alles und jedes, dann ist der irgendwann mal bindungsunfähig. Bis ich das begriffen habe, war unsere Beziehung oft schon am Rand des Scheiterns.
Das ist für Menschen mit Bindungen, die immer Bindungen gehabt haben und sich auch danach sehnen, sehr, sehr schwer durchzustehen. Es gibt immer wieder Momente, wo ich mir selbst sage, das schaffst du nicht, das hältst du nicht durch. Wo ich abwäge zwischen dem, was er mir nicht geben kann, und dem vielen Schönen, was wir gemeinsam unternehmen. Und mich dann doch für letzteres entscheide. Er ist ja auch wie ein Schwamm, der saugt alles in sich auf an Neuem, der kann sich über Dinge freuen, die für jeden anderen einfach selbstverständlich sind. Wir zelten zusammen, wir machen Tanzkurse zusammen. Wir gehen zusammen einkaufen, zum Stadtbummel, gemütlich essen, irgendwo draußen oder bei uns. Wir

schlafen auch zusammen, wenn er bei uns ist, das wissen die Kinder. Sie akzeptieren ihn auch voll. Sie haben ihn ja immer schon gleichzeitig als Priester in der Schule erlebt und als Freizeitmensch bei uns zu Hause. Von daher war der Übergang nahtlos. Von daher sieht auch alles so ideal aus. Ich habe noch nie einen Mann erlebt, der im reifen Alter alles noch so neu erleben kann. Und ich möchte ihm ja alles wirklich schön machen, möchte ihm auch die verlorene Zeit und die verlorenen Situationen zurückgeben. Und dennoch habe ich vom Gefühl her oft einen Mangel.

Hat das auch etwas mit Haralds homosexuellen Neigungen zu tun?

Er wird mit keinem anderen Menschen eine Bindung eingehen, die ihn abhängig macht. Egal wovon.
Schon bevor er Priester wurde, hatte er homosexuelle Beziehungen. Und nachdem der Kontakt mit uns als Familie abgerissen war, trat eben diese Urlaubsbekanntschaft, dieser Freund in sein Leben. Wir haben uns mal darüber ausgesprochen, und ich stand vor der Wahl, akzeptierst du das, wirst du damit fertig, kannst du das ertragen. Ich habe heute immer noch damit zu kämpfen, aber ich sage mir, es wird halt so sein, daß er sich hin und wieder wohlfühlt in diesen Kreisen. Da ist auch ein ganzer Kreis von Männern, die sich immer wieder mal treffen. Das ist ziemlich weit von ihm weg, da fährt er alle paar Monate hin.
Harald ist ja ein einziges Riesennachholbedürfnis. Und dieses Neuland gehört wohl auch dazu.

Warum Neuland, wenn er diese Beziehungen zu anderen Männern bereits von Jugend an hatte?

Ich meine Neuland in der Form, daß es jetzt etwas ganz Legales für ihn ist. Solange er noch Beziehungen zu anderen Männern innerhalb des Klosters hatte, durfte das niemand wissen, war das Sünde. Jetzt ist dieses ganze Verbotene von ihm abgefallen, und er genießt es, daß man eben mit Menschen gleichen Schlages nette Stunden verbringen kann, sich wohlfühlen kann, etwas unternehmen kann.

Hat Harald mit diesem Urlaubs-Freund auch sexuelle Kontakte?

Ja, das weiß ich, und darüber sprechen wir auch hin und wieder.

Ich weiß auch, daß er mit dem in Urlaub fährt und den auch besucht.

Das ist sicherlich nicht einfach für Sie, einen Rivalen zu haben?

Ja, das ist ein großes Problem für mich. Andererseits besucht Harald ihn ja nur hin und wieder. Der andere, der hat seinen festen Wohnsitz, seinen eigenen Freundeskreis, der hat Kontakt mit mehreren Männern.
Durch diese Konstellation wird diese Beziehung überhaupt machbar für meinen Partner, weil sie eben auch wieder keine Bindung bedeutet.

Weiß Haralds Freund heute von Ihnen?

Nein, der weiß von mir überhaupt nichts. Ich meine, da hört die Toleranzgrenze gerade in der Homo-Szene auf.

Bleiben Sie mit Harald über diese Dreiecksgeschichte im Gespräch?

Wir sprechen nicht mehr sehr viel darüber. Wenn ich ihm schon mal erzähle, was mich bewegt, daß ich manchmal mit dem Gedanken spiele, einfach Schluß zu machen, weil mich das sehr belastet, weil mir ja auch ein Haufen Zeit abgeht, die ich vielleicht mit einem anderen verbringen könnte, in diesen Momenten habe ich das Gefühl, total verstanden zu werden. Aber ich spüre seine Unfähigkeit, sich zu ändern. Er braucht diesen Raum ohne Horizont und möchte, daß ich auch darinnen wohne. Er schenkt mir einen Freiraum, der mir manchmal zu groß ist, einen Freiraum, der mir keine Geborgenheit gibt. In diesem Freiraum drohe ich mich manchmal zu verlieren.

Hat Harald die offizielle Trennung von seinem Amt bereits vollzogen? Ist er laisiert?

Nein. So weit ist es noch nicht. Die Sachen liegen in Rom, aber unter diesem Papst wird da nichts geschehen, vermute ich. Harald hofft immer noch, es ist ihm wichtig, diesen Schritt zu vollziehen, diese letzte Nabelschnur zur Kirche zu durchtrennen. Wobei er ja trotzdem Priester bleibt sein ganzes Leben. Nur ohne Berufsausübung. Es wundert mich, daß ihm das Ja der Kirche zu seiner heutigen Lebensform so wichtig ist. Da wollte ich eigentlich noch mal nachhaken, warum das so ist.

Ist die Kirche auch eine Rivalin für Sie?

Ziemlich am Anfang sind wir mal in einen Dom gegangen. Eine Andacht war gerade zu Ende, und es roch noch so wunderbar nach Weihrauch. Da hab ich richtig Angst gekriegt, ich könnte ihn an die Kirche verlieren. Nein, heute ist die Kirche keine Konkurrenz mehr für mich. Dafür gibt es andere Rivalen: Seine Vergangenheit, einfach alles das, was ihm da im Kloster widerfahren ist, und auch sein Freund.

Werden Sie weiterhin Motor wider Willen sein, wollen Sie für Ihre Beziehung zu Harald kämpfen?

Ich kämpfe mit ihr und um sie. Die Sache ist für mich noch nicht abgeschlossen und auch noch sehr zwiespältig. Manchmal bin ich so weit, daß ich mir sage, ich habe einen Partner, ich bin zufrieden, so kann's laufen. Und manchmal, wenn ich allein bin, dann kommen die Zweifel. Und ich schaue mich an und frage mich: Machst du dir nichts vor? Will er dich auch wirklich? Will er überhaupt Verantwortung für dich übernehmen? Geht das überhaupt gut auf Dauer? Es wird zu viel offengelassen zwischen uns. Es bleibt einfach immer alles offen. Nicht weil er mir etwas vorgemacht hat – ich selbst habe mir oft etwas vorgemacht. Ich habe Angst, ihn zu fragen, machen wir dies oder machen wir jenes. Einfach, weil ich ihm nicht zu nahe treten will. Weil ich weiß, ich werde nie etwas von ihm fordern können.
Ich muß auch dauernd daran denken, wie unsere Beziehung eigentlich verlaufen wäre, wenn wir uns vor der Sache mit seinem Freund so richtig kennengelernt hätten. Und dann werde ich manchmal ganz ungerecht. Dann gehe ich gar nicht ans Telefon, wenn er anruft, weil er abends immer um die selbe Zeit anruft. Einfach, um ihn denken zu lassen, ich bin nicht da oder so. In solchen Momenten möchte ich so etwas wie Eifersucht in ihm wecken, weiß gar nicht, ob das funktioniert.
Vor zwei Wochen bin ich in Urlaub gefahren mit den Kindern und habe ihm erst einen Tag vor der Abreise Bescheid gegeben.

Da war er sehr lieb. Da war überhaupt nichts. Er hat nur gesagt: Brauchst du noch irgend etwas? Kann ich dir noch etwas bringen? Wieso denn, mit wem denn, hat er nicht gefragt.
Es wird mir wohl nie gelingen, herauszufinden, wie weit er wirklich an mir hängt. Ich weiß, er ist kein Typ, der einem von morgens bis abends Liebeserklärungen macht. Das weiß ich, daß es solche Typen gibt, das spürt man ganz genau.
Das weiß ich auch von meinem Vater. Ich bin ganz sicher, daß mein Vater nie zu meiner Mutter gesagt hat: Du, ich liebe dich. Das würde auch Harald nie zu mir sagen.

Ich bin heute nicht mehr diejenige, die draufzahlt

Christa, 44, war zehn Jahre Religionslehrerin, bevor sie aus der katholischen Kirche austrat und Psychotherapeutin wurde. Im Herbst 1970, mit 29 Jahren, lernte sie Eckhard kennen. Er war damals Wissenschaftlicher Assistent an einer Universität in der Bundesrepublik.
Inzwischen ist Eckhard, 54, Theologie-Professor. Seit 1974 leben beide in einer gemeinsamen Wohnung in einer deutschen Universitätsstadt.

Das ist für mich die schrecklichste Erinnerung am Anfang unserer Beziehung: Wir waren in Jugoslawien in Urlaub. Niemand durfte das wissen. Und als wir eines Abends vom Strand ins Hotel zurückkamen, war eine Nachricht für den Eckhard da. Bekannte hätten ihn besuchen wollen. Er solle zurückrufen. Ich vergesse das nie. Wir beide waren am Boden zerstört und haben fieberhaft überlegt, wer uns hier gesehen haben könnte und was das zu bedeuten hätte. Später stellte sich heraus, daß alles ein Versehen war. Schlichtweg eine Namensverwechslung. Das hatte überhaupt nichts mit uns zu tun. Aber der Schreck war fürchterlich. Also diese ersten Jahre waren schon schlimm. Die Angst vor der Entdeckung war unser ständiger Begleiter.

Hatten Sie denn unter Gerüchten und Verdächtigungen zu leiden?

Nein. Als wir zusammenzogen, galt ich als seine Haushälterin. Nach außen hin war das in Ordnung. Aber da gab es Schwierigkeiten anderer Art. Vielleicht Kleinigkeiten, doch mit großer Bedeutung. Eckhard hatte zum Beispiel vorgeschlagen, bei meinem Namen auf dem gemeinsamen Klingelschild »Zweimal läuten« hinzuschreiben. Ich fühlte mich zur Untermieterin degradiert. Und wenn wir spazierengingen, durfte ich ihm nie zu nahe kommen. Es könnte uns ja jemand sehen. Ich wußte überhaupt nicht, als was ich auftreten sollte und wer ich eigentlich bin. Wenn jemand uns besuchen kam, bin ich meistens weggelaufen in den Wald. Wie hätte ich mich verhalten sollen? Ich wußte es nicht. Ich fühlte mich sehr, sehr unsicher. Er allerdings auch. Und vor allem: Er wollte den Schein aufrechterhalten.

Und die Leute, die Kollegen?

Die Assistenten-Kollegen an der Uni haben mich schnell akzeptiert. Die gingen bei uns aus und ein. Mit denen war ich schnell per Du. Auch sein Professor hat nie etwas in dieser Richtung gesagt. Das offene Klima an der Uni hat das alles etwas entkrampft. Und wir haben mit der Zeit die Erfahrung gemacht: Je selbstverständlicher wir unsere Beziehung leben, desto eher bekommen auch die anderen den Mut, sie als selbstverständlich hinzunehmen. Wir haben dann zwar schon mal gehört, daß im Ort hinter unserem Rücken geredet wurde. Aber wir haben in einem großen Wohnblock mit Appartements gewohnt, und da war er ein normaler Mensch und ich auch.

Wie haben Sie sich kennengelernt?

Eckhard habe ich kennengelernt in einer Pfarrei. Ich war 29, Katechetin, und nach meiner Ausbildung ganz groß als Missionshelferin losmarschiert, nach Südafrika. Ich hatte große Erwartungen gehabt. Ich wollte weg. Eigentlich für alle Zeiten. Es ging aber kläglich schief. Nach einem Vierteljahr kam ich wieder zurück. Gedemütigt. Enttäuscht. Zerschlagen. Dann habe ich erst mal bei einem Pfarrer, den ich als Jugendkaplan kannte, als Seelsorgehelferin gearbeitet. Eckhard war in einem Altenheim derselben Pfarrei Hausseelsorger, nebenher. Er promovierte und arbeitete als Assistent an der Uni. Und so haben wir uns kennengelernt. Solche Begegnungen kommen ja häufig vor im kirchlichen Dienst. Von meiner persönlichen Lebensgeschichte her hat es meiner damaligen Neurose entsprochen, daß ich auf Priester angesprungen bin.

Haben Sie in ihm den Seel-Sorger gesucht? Den Therapeuten? Oder war das für Sie eine Herausforderung, einen Priester zu Fall zu bringen?

Oh, ich glaube, eher war ich eine Herausforderung für einen Priester. Es gehörte zu seinem pastoralen Selbstverständnis, mir zu helfen in meiner damaligen Situation. Da hat sich so mancher die Zähne ausgebissen. Meine Lage war damals gekennzeichnet von einer schweren Neurose, die ich als depressiv-hysterisch bezeichnen würde. Ich hatte etliche Selbstmordversuche hinter mir. Das fing in der Pubertät an und hat sich dann hingezogen, bis ich aus der Mission wiederkam. Da war ich Ende 20.

Worauf führen Sie das zurück?

Ich denke, in erster Linie auf meine Mutter. Sie ist eine ungemein depressive Frau. Einerseits übermäßig gefühlsbetont und andererseits kalt. Da stimmt alles hinten und vorne nicht. Nicht Wechselbad. Nein: Beides gleichzeitig. Ich glaube, diese Diskrepanz hat mir viel zu schaffen gemacht. Das kann ich heute noch nicht ertragen. Schlimm, wenn ich nicht weiß, woran ich bin. Oder wenn ich irgend etwas anderes wahrnehme, als mir angeboten wird. Vom äußeren Ablauf her war es keine besonders unglückliche Kindheit, die ich hatte. Es lag wohl an der Konstellation insgesamt. Schon im ersten Jahr, im Säuglingsheim, hätte ich die Nahrung verweigert und lauter solche Sachen – wurde mir später erzählt. Und als mein Vater – er war Soldat – während eines Heimaturlaubs zu Besuch in das Säuglingsheim kam, ganz stolz auf sein Mädchen, das er kaum kannte, soll er eine Stunde vergeblich versucht haben, mir ein Lächeln zu entlocken. Ich habe das Gesicht nicht verzogen. Dafür habe ich mich lange Zeit schuldig gefühlt. Und natürlich war ich auch nicht geplant gewesen. Es war ein Unglück, daß ich kam, eine Last, daß ich da war. Mein Lebensgefühl: gewogen – und zu leicht befunden.

Waren Sie Einzelkind?

Nein, ich habe noch einen Bruder. Er ist 15 Monate älter als ich. Er ist anders in seiner Art, aber ich würde sagen, genauso geschädigt wie ich auch. Vielleicht lebt er es anders aus. Meine Mutter liebt ihn mehr; er ist ihr Sohn. Ich kann mich erinnern, daß ich schon als Kind immer zu meiner Mutter gesagt habe: Das ist dein Herzi-Popperl. Wir waren Konkurrenten, und ich fühlte mich unterlegen. Selbst in der Partnerschaft. Im Testament, das mein Vater und meine Mutter gemeinsam gemacht haben, steht drin, daß die – inzwischen geschiedene – Frau meines Bruders einen Anteil vom Erbe bekommt. Eckhard dagegen bekommt nichts. Er wird nicht zur Kenntnis genommen. Obwohl unsere Partnerschaft gelingt. Das ist etwas, was mich wahnsinnig ärgert. Wir leben zwar inzwischen schon mehr als zehn Jahre zusammen, und ich denke, wir bleiben auch zusammen. Die Frau meines Bruders hingegen lebt schon seit vielen Jahren von meinem Bruder getrennt. Und dennoch wird sie immer noch zur Familie gezählt. Mein Lebensgefährte nicht. Das ist die gutbürgerliche Moral.

Wie entwickelt sich Ihre Beziehung zu Eckhard, nachdem Sie ihn damals in diesem neurotischen Zustand kennengelernt hatten?

Kurze Zeit danach fing ich mit einer Therapie an. Die war bei unserer ersten Begegnung schon eingeleitet, nur mußte ich noch etwas warten. Und ich glaube, wenn ich die Therapie nicht gemacht hätte, wären wir heute nicht mehr zusammen. Damals hatte Eckhard sehr viele Vorbehalte gegen eine solche Therapie: seelischer Striptease und all das. Aber er hat im Laufe der Zeit erlebt, daß ich mich positiv verändert habe. Zunehmend wurde er aufgeschlossener. Hat bejaht, was ich tat. Nach vier Jahren war meine Therapie zu Ende. Danach hatte dann Eckhard selber eine Psychoanalyse begonnen. Er verlor seine Angst. Bekam Freiheit und Mut. Daß ich mich heute so rundherum wohl fühle, daß wir uns so gut verstehen, hängt sicherlich damit zusammen. Am Anfang war unsere Beziehung ein neurotisches Bündnis. Aber wir haben beide das Glück gehabt, uns zu entwickeln. Erst hatte ich zwar aufgrund meiner Therapie einen Vorsprung, und er hing hinten dran. Aber dann hat er durch seine therapeutische Erfahrung aufgeholt. Allerdings entwickelten sich zunächst massive Spannungen. Wir haben unsere Therapeuten richtig gegeneinander ausgespielt. Ich machte ja einige Jahre später noch eine Lehranalyse für meinen heutigen Beruf. Zu der Zeit wußten wir nicht, ob wir zusammenbleiben wollten.

Diese Zustände sind bei Ihnen nie wiedergekommen?

Nein. Ich merke wohl, daß ich sehr empfindsam bin, eine dünne Haut habe. Das ist eine Begabung, aber natürlich auch eine Gefahr, daß mir die Dinge so leicht unter die Haut gehen. Andererseits kann ich sehr gut mitfühlen mit den anderen und sie sehr gut verstehen.

Und wie hat sich bei ihm die Neurose geäußert?

Seine Neurose war nicht so gravierend wie bei mir. Ich konnte ja – anders als er – im Grunde nicht leben. Eckhard hat mir oft erzählt, die Hebamme habe ihn nach seiner Geburt der Mutter in die Arme gelegt mit den Worten: Hier haben Sie Ihren Pastor. Die Mutter wehrt sich zu Recht gegen den Verdacht einer Vorherbestimmung seines Lebens. Immer wieder sagt sie: Wir haben dich nicht gezwungen, Priester zu werden. Wir hatten wohl den Gedanken, daß in dir der Priesterberuf steckte. Du wolltest mit fünf Jahren Meßdiener werden, du bist auf eigenes Verlangen mit fünf Jahren zur Erstkommunion gegangen, du hattest einen kleinen Altar, du hast kleine Deckchen in den verschiedenen Kirchenfarben gestickt. – Aber wer Alice Miller gelesen hat, weiß, daß Zwang bei einem »begabten Kind« gar nicht nötig ist. Es war von klein auf eine unausgesprochene Selbstverständlichkeit, daß er einmal diesen Beruf ergreifen würde. Und ich glaube, sein Priestertum hat für ihn bis zu unserer Bekanntschaft nie in Frage gestanden. Eckhard kommt aus einer typischen Katholiken-Familie in der Diaspora. Sein Vater war ein Beamter vom alten Schlag, absolut gerecht, unbestechlich, aber auch eisenhart. Er ist inzwischen gestorben. Seine Mutter ist ein anderer Typ, lebendig und lebenslustig. Sie ist Konvertitin, ledig geboren, kam in verschiedene Pflegefamilien und wurde dann adoptiert. Sie hat etwas blaues Blut in den Adern, worauf sie großen Wert legt. Sie übte auf ihre Weise sehr viel Macht aus in der Familie. Mit seinem Vater hätte Eckhard niemals über unsere Beziehung reden können, das war völlig ausgeschlossen. Mit seiner Mutter hat er die Sache inzwischen bereinigt. Das war eine tiefe Krise. Klar, daß ich für sie die große Verderberin und die Böse war. Er ist doch ihr Priestersohn. Sie hatte, als sie mit ihm unplanmäßig schwanger war und todunglücklich, Eckhard in einem Marienheiligtum Gott geweiht. Es ist ihr größtes Glück, einen Priestersohn zu haben. Sie hatte lange damit zu kämpfen, daß er sich von ihr absetzt. Sie fragt immer wieder: Bist du eigentlich noch Priester? Aber inzwischen hat sie unser Zusammenleben und mich akzeptiert. Sie respektiert und anerkennt mich, hat mich wohl durchaus auch ins Herz geschlossen. Ich habe ihr ihren Priestersohn ja nicht genommen, zumindest so lange nicht, wie wir nicht heiraten. Gleichwohl kann Eckhard ihr keine größere Freude machen, als im vollen Priesterornat aufzutreten. Das haben wir dann bei ihrem 80. Geburtstag gemacht. Das fand ich auch o.k.

Waren Sie eigentlich Eckhards erste Frau?

Seine heutige Schwägerin war seine erste große Liebe. Aber dann ist er ins Priesterseminar gegangen. Und sie hat seinen Bruder dafür gewählt. Klar, daß sie mir sehr reserviert und ablehnend begegnet ist.

War er Ihr erster Mann?

Nein. Aber es entsprach meiner grenzenlosen Bindungsangst, daß ich bis dahin nur Männern begegnet bin, mit denen eine ernsthafte

Bindung gar nicht möglich war. Insofern war die Wahl meiner Beziehung die konsequente Fortsetzung meiner Ängste. Ich konnte damals überhaupt nur Beziehungen zu Männern über die Schiene »Hilflosigkeit« aufbauen.

Sie gingen dann zusammen nach Würzburg, wo Sie heute leben?

Ja, das war vor gut zehn Jahren. Wir hatten den festen Beschluß gefaßt, zu uns zu stehen, unser Leben zu leben. Natürlich fallen wir uns nicht in Anwesenheit Fremder um den Hals. Das muß ja nicht sein. Auch sonst sind wir zurückhaltend. Aber inzwischen ist es sogar möglich, daß Eckhard selbst vor Studenten von seiner Partnerin spricht. Es wird kaum noch retuschiert. Und jetzt, wo er Amtsträger der Uni geworden ist, nehmen wir gemeinsam an gesellschaftlichen Ereignissen teil und stellen uns mit verschiedenen Namen vor. Der Uni-Rektor weiß davon, der Bischof weiß davon, seine Kollegen wissen davon, und auch meine Kollegen in der Psychiatrischen Klinik wissen es. Wir leben unsere Partnerschaft jetzt ganz selbstverständlich. Und Eckhard meint, wenn sich jemand daran stört, dann kann er es ja sagen. Aber es macht natürlich kein Mensch einen Mucks. Vermutlich, weil die meistens dazu zu feige sind oder dadurch an ihre eigenen Probleme rühren würden. Wenn der Bischof daran Anstoß nehmen und ihn öffentlich kritisieren würde, könnte Eckhard sicher nicht mehr an der Fakultät lehren. Aber dann ist es so, daß dem Betreffenden ein anderer Lehrstuhl an einer anderen Fakultät angeboten werden muß. Deshalb scheint niemand daran interessiert, an unserer Beziehung öffentlich zu rühren. Wir haben uns inzwischen auch abgefunden. Wir haben uns manchmal schon gesagt, wenn wir beide noch mal zehn Jahre jünger wären, würden wir es anders machen.

Würden Sie dann heiraten?

Ich denke schon, daß wir heiraten würden und ein paar Kinder hätten, wenn wir zehn Jahre jünger wären. Ich hätte sehr gerne Kinder gehabt. Aber heute sage ich mir: Damals, als es an der Zeit gewesen wäre, zu heiraten und Kinder zu kriegen, war ich so gestört, daß ich jetzt froh bin, ihnen eine solche Mutter erspart zu haben. Denn die Kinder wären mit größter Wahrscheinlichkeit genau so neurotisch geworden wie ich. Und als ich soweit war, es verantworten zu können, Kinder in die Welt zu setzen, da war ich schon Ende 30. Und da habe ich mir das dann doch überlegt. Ich finde es einfach nicht gut, in dem Alter mit Kindern anzufangen. Und irgendwann wollte ich dieses Kapitel abschließen. Ich habe mich sterilisieren lassen. Ich wollte bewußt diese klare Entscheidung treffen. Das hat mich ziemlich mitgenommen. Ich war über den endgültigen Verzicht traurig. Aber seither ist die Sache aus der Welt. Ich kenne Frauen, die ihren Priesterfreund vor die Alternative gestellt haben: Entweder du heiratest mich, oder wir trennen uns. Das wollte ich nie. Vielleicht hatte ich damals zu wenig Selbstbewußtsein, um das wirklich zu verlangen. Auf der anderen Seite wollte ich nie Zwang ausüben. Jemanden zu zwingen, seinen Beruf aufzugeben, ist eine wahnsinnige Belastung für die Ehe oder für die Familie. Ich finde, dieser Zwang schlägt letzten Endes wie ein Bumerang auf einen zurück. Aus Zwang entsteht nichts Gutes. Allerdings haben die Frauen, die ich kenne, alle ihren Priester geheiratet. Manche sind glücklich geworden, andere bedauern dies inzwischen. Nichts Besonderes im Vergleich zu anderen Ehepaaren.

Warum glauben Sie, daß Ihr Partner nicht heiratet?

Anfangs deswegen, weil er noch zu sehr an seinem Priesterberuf hing. Er hatte gute Erfahrungen gemacht in der Begegnung mit Menschen in den Gemeinden, in denen er gearbeitet hatte. Und dann war es die Tatsache, daß er die Arbeit an der Uni und seine Lehrtätigkeit sehr gerne hat. Wenn er sie aufgegeben hätte, hätte er mit seiner wissenschaftlichen Arbeit wieder bei Null anfangen müssen. Und jetzt ist es eigentlich so, daß wir noch abwarten möchten. In seiner jetzigen Stellung würde es auch merkwürdig anmuten. Aber wenn er lang genug lebt, heiraten wir doch noch einmal. Und zwar aus einem ganz simplen Grund: Wovon soll ich denn leben, wenn er stirbt? Wenn ich einmal nur von der Rente leben müßte, die ich durch mein Gehalt zu erwarten habe – nach Aufgabe meiner kirchlichen Anstellung arbeite ich in einer niedrigeren Lohnstufe –, dann ging's mir nicht gut. Eckhard hat aus diesem Grund eine Lebensversicherung abgeschlossen und eine Eigentumswohnung gekauft, als Rückversicherung für mich.
Das ist ein konkretes Problem, an das viel zu wenig Paare in

unserer speziellen Situation denken. Darum werden wir vermutlich in ein paar Jahren doch noch heiraten, damit ich nach seinem Tod seine Pension bekomme. Aber da geht es um die rein pragmatische Frage der Altersversorgung. Wenn es nur um das Heiraten als solches ginge, hätten wir beide nicht das Bedürfnis danach. Heute ist es nichts Besonderes mehr, nicht verheiratet zu sein und zusammen zu leben.

Hatten Sie nie den Eindruck, daß es ein Stück Opportunismus ist von Ihrem Partner, nicht zu heiraten? Frauen geben Vorleistungen ins Blinde hinein, Männer essen den Kuchen und wollen ihn gleichzeitig behalten. Ist das nicht irgendwo wieder einmal typisch Mann?

Das ist richtig. Lange Zeit in unserer Beziehung dachte ich das schon auch. So nach dem Motto: Er behält sein Priesteramt, er hat seinen Beruf, und jetzt hat er auch noch eine Freundin dazu. Ich aber gebe alles auf. Und trage die Kosten. Ich denke, es kommt auch darauf an, was die Frau daraus macht. Ich war hier in Würzburg noch drei Jahre als Katechetin angestellt und stand kurz davor, Beamtin auf Lebenszeit zu werden. Ich hätte es mir nie leisten können, meinen kirchlichen Beruf, mit dem ich mich nicht mehr identifizieren konnte, aufzugeben und einen anderen zu wählen, ohne die menschliche und finanzielle Unterstützung von Eckhard. Ich habe dann einfach aufgehört und als Praktikantin in einer Psychiatrischen Klinik von vorne angefangen. Die konnten mir kein Geld geben, weil keine Stelle frei war. Und weil ich nicht ganz auf seinem Portemonnaie sitzen wollte, habe ich noch als Halbtagssekretärin gearbeitet. Es war eine ganz wackelige Geschichte. Bis vor ein paar Monaten saß ich auf der Stelle einer ungelernten Arbeitskraft. Aber es hat sich gelohnt. Mein jetziger Beruf macht mir viel Freude.
Das habe ich alles nur machen können, weil Eckhard gesagt hat: Mach es! Und das ist etwas, was ich an ihm sehr bewundere. Darin hat sich diese anfängliche Ungleichheit in den Vorleistungen, wenn man das überhaupt so kaufmännisch sagen kann, ausgeglichen. Er sagt überhaupt immer: Wenn dir etwas Freude macht, dann tu es. Und da habe ich dann absolute Rückendeckung. Ich könnte das Leben, das ich heute führe, nie leben ohne ihn. Sowohl finanziell wie auch gesellschaftlich. Und, was noch wichtiger ist, geistig-menschlich und emotional. Auch von mir selbst her wäre

ich nicht imstande, all das zu leben, was ich heute lebe. Zum Beispiel hätte ich nie mit dem Reiten begonnen, ohne ihn. Es war für mich eine therapeutische Erfahrung und ist ein notwendiger Ausgleich für den beruflichen Streß. Ein eigenes Pferd: Das hätte ich mich gar nicht getraut, ein Witz. Nicht nur vom Geld her. Ich hätte allein nie den Mut dazu aufgebracht. Oder Reiterurlaub machen? Unvorstellbar. Ich bin ihm so dankbar, daß er mich immer wieder anspornt. Ich bin heute nicht mehr diejenige, die draufzahlt.
Natürlich kommt das auch auf den Mann an und die Position, die er hat. Aber genauso auf die Frau. Wichtig ist, daß jeder eine Lebensform für sich findet, mit der er zufrieden ist. Die Tatsache, daß wir von Jahr zu Jahr besser miteinander harmonieren, kommt sicherlich auch daher: Ich habe einen Beruf, der mir entspricht und der mich voll fordert und mir ein Stück Eigenleben ermöglicht. Und Eckhard hat das auch.
Es gab mal eine Zeit, da wurde es kritisch. Das war vor ein paar Jahren. Da war ich beruflich viel unterwegs, und Eckhard war meist an den Schreibtisch gebunden. Er hat dann oft gesagt, er habe das »Hausfrauen-Syndrom«. Wenn ich abends nach Hause kam, wollte ich mich hinter die Zeitung klemmen und meine Ruhe haben. Und er hatte den ganzen Tag über seinen Papieren gesessen und am Abend das Bedürfnis, jetzt endlich mal mit jemanden zu reden. Einmal habe ich mit gepackten Koffern dagesessen und gesagt, ich gehe. Und er hat gesagt: Ich finde das schade, aber wenn du meinst, gehen zu müssen, dann tu es. Ich saß da wie das heulende Elend. Durch die gepackten Koffer ist mir die Endgültigkeit dieses Schrittes so richtig bewußt geworden. Auch wieviel Gemeinsamkeit gewachsen war. Da habe ich dann beschlossen, zu bleiben. Seitdem ist alles o.k. Inzwischen ist Eckhard auch wieder mehr unterwegs, er kommt mehr herum, ist genauso engagiert. Dadurch ist jeder von uns zufrieden im eigenen Bereich.

Sie sind vor vier Jahren aus der Kirche ausgetreten. Warum?

Ich war in der Jugend sehr fromm. Ich war in der Katholischen Jugend, und ich wollte auch mal ins Kloster. Und das im Widerspruch zu meinen Eltern, die überhaupt nicht fromm waren. Eine andere, die aus einer gläubigen Familie kommt, die macht so was vielleicht genau umgekehrt. Möglich, daß ich mit dem Kirchenaustritt wieder an meine Wurzeln zurückgekehrt bin. Ich habe den Beruf der Religionslehrerin gerne gehabt. Ich habe immer das gelehrt und weitergegeben, wozu ich stand. Das war allerdings nicht immer das, wozu ich beauftragt war. Irgendwann fand ich das sehr zweigleisig. Ich habe mir gesagt: Du wirst hier von der katholischen Kirche bezahlt und stehst in ihrem Namen hier. Doch du wählst aus. Ich habe zwar nicht dagegen gelästert, aber über vieles geschwiegen. Die Schere ging immer weiter auseinander, bis ich das nicht mehr in Ordnung fand.

Hat denn bei dieser Entscheidung auch die Tatsache eine Rolle gespielt, daß die Beziehung zu Ihrem Lebensgefährten in den Augen der katholischen Kirche eine schwere Sünde ist? Wollten Sie sich dadurch entlasten?

Überhaupt nicht. Es war einfach so, daß meine innere Einstellung nicht mehr der meines Arbeitgebers entsprach. Dann kamen noch andere Überlegungen hinzu: In der katholischen Kirche gefällt mir so vieles nicht, vieles finde ich auch anstößig, und dennoch trage ich durch die Kirchenmitgliedschaft, sprich Kirchensteuer, dazu bei, daß die Kirche eine solche Macht hat. Und dann kommt auch noch hinzu, daß ich von meiner religiösen Entwicklung her nicht mehr an einen persönlichen Gott glaube. Wohl an Jesus als guten Menschen, aber nicht als Gott. Wenn man diese zentralen Fragen, wie die Existenz Gottes oder das Leben nach dem Tod, nicht wirklich bejahen kann, dann finde ich es einfach nicht richtig und verantwortungsvoll, in der Kirche zu bleiben. Ich habe schon seit längerem gewußt, daß ich irgendwann einmal austrete. Es war keine Protesthandlung. Und seit ich weg bin, stehe ich dem Ganzen sehr viel gelassener, sehr viel großzügiger gegenüber.

Und was sagt Ihr Partner dazu?

Ich kann mich erinnern, daß wir das mal einem Kollegen von Eckhard erzählt haben, der inzwischen hoher kirchlicher Amtsträger ist. Der war empört und hat zu Eckhard gesagt: Wie kannst du das zulassen? Und das ist das Großartige an Eckhard. Der hat gesagt: Wieso? Ich habe da nichts zu genehmigen oder zuzulassen. Sie ist ein eigenständiger Mensch. Sie ist alt genug, zu wissen, was sie tut. Das respektiere ich. Er missioniert nicht und redet mir nicht hinein. Wir wissen, daß wir da in manchem anders denken. Ich hatte extra gewartet, bis er einmal nicht da war, bevor ich zum Abmelden aufs Rathaus ging. Klar, daß ich das vorher mit ihm besprochen hatte, denn ich wollte nicht, daß er meinetwegen Retourkutschen bekommt von anderen. Wenn das für ihn ein Problem gewesen wäre, hätte ich auf diesen Schritt verzichtet.

Was würden Sie aus Ihrer Erfahrung den betroffenen Frauen, die hier zu Wort kommen, sagen?

Mich stört, daß solche Zölibatsfrauen wie ich so eine Sonderstellung bekommen. Das übertüncht vieles, was an normalen Schwierigkeiten in einer normalen Partnerbeziehung da ist. Man schiebt dann leicht alles auf diese außergewöhnliche Situation und klinkt sich aus der eigenen Verantwortlichkeit aus. Das halte ich für sehr gefährlich. Beide Partner müssen eine Lebensform finden, die jeden einzelnen von ihnen zufriedenstellt. Ob sie verheiratet sind oder nicht, ob sie Kinder haben oder nicht, ob sie zusammenleben oder eine Wochenend-Beziehung haben – das alles ist relativ unwichtig, wenn sie eine Form gefunden haben, die jeder bejahen kann. Wenn das nicht möglich ist, dann ist jede Partnerschaft, und eine solche wie unsere erst recht, zum Scheitern verurteilt. Und dann noch: Möglichst offen zu der Beziehung stehen. Das Verstekken ist Gift. Was die Leute viel eher reizt, ist das Heuchlerische, die Geheimniskrämerei. Da bekommen erst viele Leute Lust, darin herumzustochern.

Die katholische Kirche hat im Verlauf der Jahrhunderte einiges dazu getan, daß die Frau als Gefahr angesehen wird. Wie hat das Ihr Mann überwunden?

Vor allem in der Zeit der Therapie. Durch die falsche Einstellung des Zölibatären zur Sexualität bekommt die Frau eine irreale Größe. Der Zölibat nährt unreife Phantasien und Wunschvorstellungen, die nicht zu halten sind. Einmal mit einer Frau schlafen, das muß ja der Himmel auf Erden sein. Und dann kommt die Riesenenttäuschung, weil es eben ganz anders ist. Wir Frauen sind eben weder Hexen noch Engel.
Eckhard hat auch akzeptieren müssen, daß viele entsprechende Möglichkeiten ungenutzt an ihm vorübergegangen sind. Es gab

eine Phase, wo er gemeint hat, er könne Versäumtes nachholen. Und er hat es versucht. Bis er gemerkt hat, daß man verlorene Chancen nicht nachholen kann. Was man mit 25 nicht gelebt hat, kann man nicht mit 40 leben. Das war eine sehr leidvolle Erfahrung für ihn, weil es echter Verzicht war, ohne daß Resignation dabei herausgekommen ist.

Wird sich in der Kirche etwas ändern? Oder ist der Zölibat stabil bis ans Ende der Zeiten?

Ich befürchte letzteres. Die das Sagen haben, sind in einem Alter, wo sie nichts mehr von einer Änderung des Zölibats haben. Und viele empfinden wohl: Ich habe mich das ganze Leben lang daran gehalten, habe auf so vieles verzichtet, also sollen es die Jungen jetzt auch tun. Komisch, daß nur wenige denken: Was ich erlitten habe, sollen die Nachfolgenden nicht erleiden müssen.

Mit dieser Todsünde lebe ich ganz gut

Seit Sommer 1979 ist Maria, 32, mit einem portugiesischen Priester verheiratet. Die Kirche hatte dem heute 42jährigen Pedro die Laisierung verweigert. Trotz Pädagogik-Studium und Promotion konnte Pedro in Deutschland keine Anstellung finden.

Seit Anfang 1985 ist er Produktionschef in einem Lissaboner Verlag. Da Maria im kirchlichen Dienst stand, wurde ihr nahegelegt zu kündigen. Heute arbeitet sie als Erziehungsberaterin in einer städtischen Einrichtung in München.

Pedro und Maria führen eine Wochenend-Ehe zwischen München und Lissabon.

Als wir von Heirat zu sprechen begannen, war es für Pedro nicht klar, warum er jetzt auf einmal einen Antrag bei der Kirche stellen und um Laisierung bitten müsse. Er hat immer gesagt, er ist Priester und er bleibt Priester, auch nach der Ehe. Und er sähe keinen Grund, warum er diesen Typen schreiben soll. Die 60 Pfennig für Briefmarken könne er sich sparen. Ich aber stand im kirchlichen Dienst und erhoffte mir von seiner Laisierung, daß wir kirchlich heiraten können und daß ich dann auch weiterhin meine Arbeitsstelle behalten darf.
Im Dezember 1978 hat Pedro schließlich doch an seinen Heimatbischof in Lissabon geschrieben. Der hat sich sehr lange nicht gerührt. Inzwischen hatten wir uns selbst eine Frist gesetzt und gesagt, egal, ob der was von sich hören läßt oder nicht, im Sommer wird geheiratet. Und wir haben bis zum Sommer 1979 nichts gehört.

Wann war Ihre Hochzeit?

Standesamtlich am 11. Juli 1979. Und die sogenannte kirchliche Hochzeit war am darauffolgenden 3. August.

Wieso kirchliche Hochzeit? Sie durften ja gar nicht kirchlich heiraten ohne offizielle Amtsenthebung durch den Vatikan.

Wir wollten aber mit einem Gottesdienst heiraten und haben das für uns und vor Gott so beschlossen. Auch ohne das Papier aus Rom. Ein Pfarrer, der uns trauen sollte, war bereits vorhanden: Aurelio aus Portugal. Bei dem hatte der Pedro früher als Kaplan gearbeitet.
Ein viel größeres Problem war, eine Kirche zu finden. Ich habe in der Gegend herumtelefoniert und gesagt, wir wollen ein Fest feiern, und wir hätten gerne eine Kirche. Und jedesmal kam dieselbe Rückfrage: Welches Fest und wozu und warum? Aber ich wollte die Story ja nicht erzählen und erklären, denn dann hätte ich die Kirche sowieso nicht gekriegt. Als ich schließlich alle Kirchen in der Umgebung von München abgeklappert hatte, stieß ich durch einen Bekannten auf die Adresse einer Akademie der SPD, die in einem sehr schönen Schloß im Niederbayerischen untergebracht ist. Zu diesem Schloß gehört auch eine Schloßkapelle. Und plötzlich war das überhaupt kein Problem mehr. Mit

vielen Freunden aus Portugal und aus München haben wir uns dort festlich trauen lassen.

Und das hat der portugiesische Pfarrer mitgemacht, obwohl er wußte, daß Pedro ohne die erforderlichen Papiere war?

Ja, das war sehr mutig vom Aurelio und noch dazu in seinem Alter, mit sechzig. Wir stehen auch heute in freundschaftlichem Kontakt mit ihm. Das Schlimme war, daß ihm sein Bischof später die Hölle heiß gemacht hat und er über sein Handeln Rechenschaft ablegen mußte.

Und wie hat er das begründet?

Aurelio sagte, er habe mit uns einfach nur Gottesdienst gefeiert. Das stimmt ja auch, denn die Eheleute spenden sich das Sakrament der Ehe selber.

Hat Pedro nach Ihrer Trauung jemals wieder etwas von der Amtskirche gehört?

Monate später erhielt er aus Lissabon ein Formular mit haarsträubenden Fragen. Auf diesem Papier stand vermerkt, wenn er seinen Laisierungsantrag weiterhin aufrechterhalten wolle, müsse er diesen Fragebogen ausfüllen. Er enthielt vor allem sehr viele Fragen zur Sexualität, welche Schwierigkeiten er damit hat, ob er bei sich Abnormitäten in dieser Richtung festgestellt habe und solche Dinge. Die müssen ja etwas in der Hand haben für die Laisierung. Je perverser und psychisch defekter sich einer gibt, desto wohlwollender wird er entlassen.

Und wie hat Ihr Arbeitgeber auf diese »unheilige« Eheschließung reagiert?

Damals stand ich gerade ein halbes Jahr im kirchlichen Dienst. Als Sozialpädagogin in einem katholischen Verband in München. Im Büro habe ich damals nur erzählt, daß ich ab heute verheiratet bin, mehr nicht. Ein Jahr später kam dann mein Chef, der selbst Priester ist, auf mich zu und sagte, er habe gehört, ich sei mit einem portugiesischen Priester verheiratet. Ich ging davon aus, daß er

sehr wohl wußte, daß wir nicht »ordentlich« verheiratet sind. Deshalb hielt ich auch nicht damit zurück, was mein großer Fehler war.
Von da an ging's los. Wo immer er konnte, versuchte er, mich moralisch unter Druck zu setzen. Immer wieder ließ er Sprüche fallen wie: Maria, das hast du mir zu verdanken, daß du noch hier bist. Oder: Du weißt, daß du so, wie du lebst, kein Recht hast, hier zu arbeiten.
Und wenn ich montags in die Arbeit kam, dann lagen da Stellenanzeigen aus der »Zeit« auf meinem Schreibtisch, etwa: »Psychologin in Hamburg gesucht«.
Das war echt Wahnsinn, das war schon sehr schlimm. Er hat das alles sehr subtil gemacht. Und mit Frauen kann man das ja machen, weil die immer bereit sind, auf so etwas einzusteigen.
Anfangs habe ich versucht, mit ihm zu reden. Da sagte er mir, auch er fände den Zölibat unmöglich, und auch er hätte eine Freundin gehabt bis kurz vor der Priesterweihe, und überhaupt, er könne mich ja so gut verstehen. Aber er hätte im Moment ohnehin große Schwierigkeiten mit dem Verband bei den Bischöfen, und er müsse für mich gradestehen, wenn es aufkäme, daß solche Leute hier arbeiten würden. Er und nicht ich hätte dann alles auszubaden.
Ich blieb noch zweieinhalb Jahre, ehe ich eine neue Arbeit fand. Dabei bin ich mir oft so beschissen vorgekommen, weil ich mir gedacht habe, du verkaufst dich hier, warum gehst du nicht einfach. Es war eine einzige Selbstverleugnung, andere Zielvorstellungen zu haben von dieser Kirche und durch sie so viel Leidvolles zu erfahren, dann aber genau das mitzumachen, was man eigentlich nicht will. Wäre ich einfach so Knall auf Fall gegangen, hätten wir zu zweit von Pedros Stipendium leben müssen.
Gegen Ende meiner Zeit dort waren die Fronten so verhärtet, daß kein Gespräch mehr möglich war. Zum Schluß geriet ich mit meinem Chef noch ein letztes Mal sehr hart aneinander. Bei dieser Gelegenheit habe ich ihm gesagt, wie scheinheilig ich sein Verhalten empfinde. Sicherlich hatte auch eine Rolle gespielt, daß mein Chef und ich ideologisch andere Wege gingen. Ich war ihm zu politisch und zu wenig kirchlich. Wenn ich auf seiner Linie gelegen hätte, wäre es ihm leichter gefallen, meine Ehe zu akzeptieren. Beim Abschied sagte er: Maria, beides geht einfach nicht – von der Linie abzuweichen *und* einen Priester zu heiraten.

Unter welchen Umständen haben Sie und Pedro sich gefunden?

Man kann sagen: Es war Liebe auf den ersten Blick. Vor genau zehn Jahren, da war Pedro für eine Woche bei einem deutschen Freund zu Besuch, den ich von meinem Praktikum her kannte. In dieser Woche lernten wir uns kennen, blieben in Briefkontakt miteinander und trafen uns erst wieder ein Jahr später.
Pedro war damals bereits zwölf Jahre Priester gewesen und stand gerade am Anfang eines zusätzlichen Pädagogik-Studiums. Das machen sehr viele Priester in Portugal, einfach um durch ein paar Schulstunden ein bißchen Geld zu verdienen.
Bei Pedro kam persönlich noch hinzu, daß er sich mit dem Pädagogik-Studium ein zweites Standbein verschaffen wollte, weil er ständig mit seinem Bischof in Clinch lag. Und zwar deshalb, weil er versucht hat, sein Priestersein so zu verwirklichen, wie er's versteht.

War das ein außergewöhnliches Verständnis von Priestertum?

Für deutsche Verhältnisse vielleicht ja. Hier bei uns geht die Schere zwischen Priester-Basis und kirchlicher Hierarchie nicht so weit auseinander wie in Spanien oder Portugal. Für Pedro war der Kontakt zu den Menschen wichtig, die Bewußtseinsbildung mit den Leuten seiner Pfarrei. Er hatte Familiengruppen und Nachbarschaftsgruppen gegründet, hatte versucht, auch die dort lebenden Zigeuner in die Gemeinde zu integrieren. Und er konnte einfach nicht einsehen, warum gerade die Leute, die das Prestige hatten, den Himmel bei der Fronleichnamsprozession tragen durften. Einmal hat er sich sogar geweigert mitzugehen, was ihm fürchterlichen Ärger einbrachte.

War es das Progressive an ihm, das Sie so beeindruckt hat?

Ja, das gefällt mir heute noch. In den zwei Jahren nach unserem Kennenlernen im Sommer 1976 und 1977 war ich oft bei ihm in Portugal gewesen. Und da habe ich gesehen, wie konsequent und angstfrei er mit den Konflikten innerhalb der kirchlichen Hierarchie umgegangen ist.

Wollten Sie sich da eine Scheibe von ihm abschneiden?

Ein bißchen schon. Diese Klarheit, diese innere Unabhängigkeit ist etwas, was ich nicht schaffe, was mir schwerfällt, was ich mir von mir auch wünsche.

Und warum glauben Sie, nicht so unabhängig und klar sein zu können wie Pedro?

Das liegt vielleicht an der üblichen Frauen-Problematik. Ich richte mich viel mehr nach dem, was um mich herum passiert, was andere sagen, wie andere zu etwas stehen.

Wie haben Ihre Eltern Ihre Verbindung mit Pedro aufgenommen?

Meine Eltern sind sehr religiös und leben auf dem Land. Meine Mutter hat gesagt: Du hast wohl an Ochsenschub vorm Hirn, des kimmt gar net in Frag. Dann habe ich gesagt: Okay, wenn das nicht in Frage kommt, dann ist das eben so erledigt, dann werde ich meinen Weg alleine gehen. Ich denke, es war für meine Mutter ein doppelter Schlag: Pfarrer und Ausländer. Und ich vermute, das mit dem Ausländer war fast noch schlimmer.

Und Ihr Vater?

Mein Vater läßt das über meine Mutter regeln.

Da gab es ja sicherlich auch eine portugiesische Priestermutter. Hat sie ihren Sohn so ohne weiteres aus dem Amt scheiden lassen?

Im dritten Jahr unserer Freundschaft entschloß sich Pedro, aus Portugal wegzugehen. Er wollte hier in Deutschland sein Pädagogik-Studium beenden. Von da an war auch klar, daß wir zusammenbleiben würden.
Pedro ist der Älteste, genau wie ich die Älteste bin. Auch er hat noch einen Bruder und eine Schwester, genau wie ich. Als Pedro zu Hause gesagt hatte, daß er nach Deutschland gehen wolle, konnten die Eltern das überhaupt nicht verstehen. Nur seine Schwester wußte von unserer Beziehung und von der Absicht zu heiraten. Sie war lange Jahre seine Haushälterin gewesen. Und die

Schwester sagte: Das wird unsere Mutter nicht überstehen. Womit sie beinah recht behielt, denn sie hat dann tatsächlich einen Herzanfall gehabt, nur weil ihr Lieblingssohn nach Deutschland wollte. Der Schwester selbst ging es nicht viel anders. Sie trat in eine Art Hungerstreik und kam daher wie ein Leichnam. Sie warf ihrem Bruder vor, daß sie seinetwegen nicht geheiratet hätte, um ihm den Haushalt führen zu können, und jetzt ließe er sie so allein.
In dieser Situation war kein Gespräch mehr möglich. Pedro hatte keine Geduld mehr, hatte die beiden auch angeschrien, es ging sehr heiß und laut her. Bevor er von zu Hause wegging, sagte er noch, er würde sich erst wieder melden, wenn er so heimkommen könne, wie er ist.
Wenige Wochen später rief ihn seine Mutter an und bat ihn, nicht ganz von daheim wegzubleiben.

Und wann erfuhr sie, daß Pedro sein Priesteramt aufgeben würde?

Ein Jahr vor unserer Hochzeit.

Auf Ihr Drängen?

Nein, das war Pedros Sache; es ist ja auch seine Familie. Wenngleich ich sagen muß, daß es sicherlich ein Meilenstein in unserer Beziehung war. Dieses Aufhören, ein Pfarrer zu sein, das war mir nicht so wichtig. Entscheidend für mich war die Auseinandersetzung mit seiner Mutter, mit seinen Eltern. Das, meine ich, ist auch der Schritt, wo Pedro als Mensch und als Priester erwachsen geworden ist. Ich finde, das gilt für Priester-Beziehungen ganz allgemein: Entscheidend ist nicht, ob jemand sagt, ich höre jetzt mit diesem Beruf auf und heirate dich. Entscheidend ist, ob und wie stark sich der betroffene Priester mit seinen Eltern auseinandersetzt. Ich weiß auch gar nicht, ob ich unter diesen Bedingungen, so wie die Kirche jetzt ist, für die Abschaffung des Zölibats bin.

Und wie hat Ihre künftige Schwiegermutter diese Mitteilung verkraftet?

Als sie sah, daß Pedro wieder nach Hause kam, und dies sogar öfter und länger; als sie merkte, daß Pedros Verbundenheit mit ihr nicht unbedingt an sein Priestertum gebunden ist, da hat sie nie mehr wieder ein böses Wort zu mir gesagt und mich sehr herzlich als ihre Lieblingsschwiegertochter aufgenommen.

Seit Sie 1982 den kirchlichen Dienst quittiert haben, arbeiten Sie als Erziehungsberaterin in einer städtischen Einrichtung in München. Und was macht Ihr Mann heute?

Nachdem ich meine neue Stelle angenommen hatte, war ich zunächst einmal die Alleinverdienerin in unserer Ehe. Pedro hatte gerade sein Studium beendet und war ohne Job. Kein Wunder, wenn man Lehrer, Priester und Ausländer in einem ist. Dann fing Pedro mit seiner Doktorarbeit an, mit Hilfe eines Stipendiums der Friedrich-Ebert-Stiftung. Als er auch damit fertig war, bekam er trotz heftigen Suchens immer noch keine Anstellung in Deutschland. Seit 1. Februar dieses Jahres arbeitet er als Produktionschef in einem Verlagshaus in Lissabon. Und mein Gehalt geht für die Wochenendflüge München–Lissabon drauf.

Und wie stehen Sie heute zur katholischen Kirche?

Ich habe eine Stinkwut auf die Kirche. Das erste nach unserer Hochzeit war, daß ich keine Kirchensteuer mehr zahlen wollte. Ich zahle sie aber immer noch. Ich zahle sie, weil ich noch immer mit viel Sehnsucht an die Arbeit denke, die ich einst innerhalb der Kirche gemacht habe. Nicht, weil mir mein Chef oder solche Typen abgingen, es sind die Inhalte dieser Arbeit und auch manche Menschen in dieser Arbeit. Das Bedürfnis, Kirche anders zu leben, echter zu leben, ist immer noch sehr stark in mir. Vielleicht so ein bißchen nach dem Beispiel der Basisgemeinden in Südamerika.
Am Sonntag gehe ich nicht mehr in die Kirche, auch Pedro war schon lange nicht mehr dort. Am Anfang haben wir noch zusammen was gemacht, auch Gottesdienst gefeiert mit Freunden oder ein Stück Evangelium miteinander gelesen. Das ist dann weniger geworden. Doch jetzt, nach Pedros Umzug, wird das sicherlich eine der ersten Sachen sein, daß er sich so eine Gruppe von Gleichgesinnten sucht.

Vermißt er sein Amt?

Sein Amt nie. Seine Arbeit als Priester vermißt er. Und die Leute, mit denen er gearbeitet hat, mit denen er über Glauben reden konnte. Das fehlt ihm sehr. In so einer Gruppe wird er dann sicher wieder Gottesdienst feiern oder Messe lesen.

In den Augen der Amtskirche leben Sie beide in schwerer Sünde. Ist das unter solchen Umständen überhaupt erlaubt?

In den portugiesischen Basisgemeinden gibt es auch Frauen, die Messe lesen. Und im übrigen können er und ich mit dieser Todsünde ganz gut leben.

Werden Sie eines Tages Ihrem Mann nach Portugal folgen?

Ich bin dabei, mich mit diesem Gedanken anzufreunden. Es wird mir schwerfallen, meine Wurzeln aufzugeben. Doch nach allem, was wir gemeinsam erlebt haben, ist ein Stück Abschiedsschmerz ohnehin vorweggenommen.

Bevor ich weg war, habe ich gedacht, irgend etwas macht der Jochen jetzt mit dir

Ursula, 45, und Jochen, 43, sind seit 1982 geschieden. Die Ehe der damals 27jährigen Sozialarbeiterin Ursula mit dem um zwei Jahre jüngeren Kaplan Jochen machte Schlagzeilen: Ursulas Vater war ein prominenter Politiker. Ursula lebt heute mit ihren zwei Kindern in einer bundesdeutschen Großstadt.

Im Sommer 1969 war es für Jochen und mich klar, daß wir den ehrlichen Weg wählen wollen. Daß er um Dispens vom Zölibat bitten wird und wir heiraten werden.
Das hat er dann auch seinem Bischof mitgeteilt. Bald darauf kam ein Antwortbrief des Bischof. Er schrieb: »Der Schritt, den Sie in Ihrem Brief ankündigen, ist wohl, alles in allem gesehen, die größte Enttäuschung, die ich in meiner langjährigen bischöflichen Amtsführung erleben muß. Er wird, wenn nicht noch etwas Ärgeres kommt, ungefähr den Schlußpunkt bilden. Es ist geradezu unfaßbar, mit welcher Leichtigkeit der junge Mensch von heute über die heiligsten Verpflichtungen hinweggeht, kaum, daß er begonnen hat, sie zu erfüllen. Fast möchte man meinen, es handle sich um eine geistige Verwirrung, die schließlich wieder vorübergeht...«

Vor wieviel Jahren wurde Ihr Mann zum Priester geweiht?

Im Frühjahr 1967. Er war 25, und ich stand kurz vor meinem 27. Geburtstag. Ich hatte ihn schon im Jahr zuvor kennengelernt, bei meiner Arbeit als Sozialarbeiterin in einem großen Kölner Krankenhaus. Mehr als Freundschaft und als ein reger Briefwechsel war zwischen uns nicht. Wenn Sie so wollen, wir sind beide jungfräulich in die Ehe gegangen.

Und wann haben Sie geheiratet?

Das war vier Jahre später, im Sommer 1971. Ein Jahr mußten wir auf Jochens sogenannte »Rückversetzung in den Laienstand« warten, was geradezu rasant ging im Vergleich zu ähnlich gelagerten Fällen. Aber wir hatten da so ein bißchen Beziehungen. Acht Tage vor dem Hochzeitstermin, den wir einfach so ins Blaue hineingeplant hatten, gab uns der Bischof grünes Licht aus Rom.
Ich war gerade auf einem Sommerfest von der Klinik, als Jochen nachmittags anrief und sagte, die Laisierung ist schon da. Ich bin aufgestanden und weggefahren und habe mir ein Brautkleid gekauft. Ich wollte in Weiß heiraten, aber nicht in Lang. Das Kleid, das mir gefiel, war lang. Da habe ich es einfach abschneiden lassen.
Für meine Eltern, und besonders für meine Mutter, war die Heirat mit einem Priester ein Schlag. Ich blieb als Einzelkind übrig,

nachdem meine beiden Schwestern jeweils im ersten Lebensjahr gestorben waren. Blinddarm und ein Zimmerbrand. Und die einzige, die noch da ist, heiratet einen Priester. Hinzu kam, daß mein Vater damals Bundestagsabgeordneter war, was in der Presse unheimlich hochgespielt wurde: Abgeordneten-Tochter heiratet Kaplan und so. Und alles noch mit gutrheinischem Katholizismus garniert.
Die anonymen Briefe, die da in mein Elternhaus flatterten, gaben meiner Mutter den Rest. Jeder einzelne war schlimm, war wie ein Stachel. Komisch, daß diese Briefe nur bei meinen und nicht bei Jochens Eltern gelandet sind. Die Frau ist eben immer die, die den armen Priestermann herumkriegt, und er ist der Arme, der nicht anders kann, als an der Angel zu zappeln. Eigentlich sollte man anonyme Briefe ja wegwerfen, wir haben sie dann dennoch zur Dokumentation aufgehoben. Da heißt es zum Beispiel: »An eine angeblich katholische Maid. Sie wollen wohl Vorkämpferin für sogenannte Theologen sein, die ohne Sex nicht leben können. Sie wollen wohl die erste katholische Frau Pfarrer werden. In Wahrheit sind Sie eine Eva, eine Verführerin, voll aufgeblasenem Stolz. Der Wahn ist kurz, die Reue lang. Wehe, wehe ihr, sie gibt Ärgernis durch ihre unerlaubte Liebschaft mit einem Gottgeweihten.« Oder an meine Mutter direkt gerichtet: »Es wird Ihrer Eva kein Glück bringen, einen so jungen Priester zu Fall gebracht zu haben. Keiner darf ungestraft entehren, was geweiht ist.«
Und in diesem Stil geht es seitenlang weiter.
Sogar zwei Jahren nach der Hochzeit war es immer noch so schlimm, daß wir meine Eltern nur mehr heimlich besuchen konnten in dem kleinen Ort zwischen Köln und Bonn, wo sie wohnen. Ich weiß noch, wie wir unsere Barbara in der Babytragtasche nachts, im Dunkeln, hereingebracht haben und am nächsten Morgen, im Dunkeln, wieder herausgegangen sind. Daß mein Mann ein Priester war, hat uns viel zu leiden gegeben.
Für mich persönlich jedoch waren die neun Jahre Ehe mit Jochen, das muß ich wirklich sagen, eine sehr glückliche Zeit, sicher die schönste meines Lebens. Jochen hatte sich inzwischen gut an der Uni in Frankfurt etablieren können, wo er wissenschaftlich tätig war. Wir haben uns sehr bewußt Kinder gewünscht und zwei Mädchen bekommen. Er war rührend mit ihnen und ein toller Spielkamerad. Jochen kochte gerne und hat jeden Morgen das Frühstück gemacht, weil er ein Frühaufsteher war und ich eben

nicht. Er hatte keine Pascha-Allüren, war überhaupt »weiblicher« als andere Männer, was ich sehr genossen habe. Ich glaube, er war auch mit mir sehr glücklich. Er hat es mir oft gesagt und in Gedichtform geschrieben, er war sehr phantasievoll, wenn es darum ging, mir seine Liebe zu zeigen. Überhaupt: Ich empfand ihn immer als den allerbesten und allertollsten Menschen, während ich mir im Vergleich zu ihm eher minderwertig vorkam.

Hat er Sie das spüren lassen?

Seit dieser Sache mit dem Wirbel um unsere Heirat hatte ich viele Minderwertigkeitskomplexe. Ich war scheu geworden. Ein bißchen stand ich vielleicht auch im Schatten von Jochen, er, mit seinem ganzen strahlenden Selbstbewußtsein. Außerdem hatte ich nach der Heirat meinen Beruf aufgegeben.
Wenn wir eingeladen waren, egal wo, habe ich mich immer gefreut, endlich einmal von zu Hause rauszukommen. Meistens waren auch die Leute nett, und das tat mir richtig gut. Auf dem Heimweg überlegte ich mir dann manchmal, ob ich mich irgendwie falsch verhalten habe. Ich fragte den Jochen, ob es so richtig war. Oft hat er dann gesagt: Das hättest du nicht sagen sollen, da bist du richtig reingeplatzt. – Oder: Du hast wieder einmal viel zuviel geredet.
Da war ich immer ganz zerknirscht, und er hat mich getröstet, indem er sagte: Das ist gar nicht schlimm, ich mag dich trotzdem. Daß er jemanden, der so schlimm ist wie ich, daß er den dennoch mag, war für mich wichtig. Ich fühlte, das ist die Opferseele, die sich meiner annimmt, trotz allem. Mir ist aber nie gekommen, daß Jochens Verhalten vielleicht falsch sein könnte.
Ich bin in all den Jahren in eine Abhängigkeit hineingeschlittert, ohne zu merken, wie sehr mein Selbstwertgefühl zerbröselt. Es war ein schreckliches Erwachen, als der einzige, von dem ich wußte, der akzeptiert dich so, wie du bist, als er eben sagte: Aus.

Kam dieses »Aus« allmählich oder aus heiterem Himmel?

Es kam genau am 22. Mai 1981. Es war wie ein Schock für mich. Von Krise war in all diesen Jahren nie die Rede gewesen. Im Gegenteil.
An diesem Abend war Jochen gerade von einer Studienfahrt nach

Perugia zurückgekehrt, die er mit seinen Studenten unternommen hatte. Und als die Kinder im Bett lagen, sagte er zu mir: Ich will frei sein. Ich will meine Individualität bewahren. Ich will gehen. Ich kann nicht mehr so weiterleben, ich habe mein Leben neu überlegt, ich möchte anders weiterleben.
Und wie willst du weiterleben, habe ich gefragt.
Das weiß ich nicht, hat er gesagt,
Ich war wie weggetreten. Und die Rosen, die er mir in seiner Abwesenheit per Fleurop zukommen hat lassen? Und unser letzter Abend beim Italiener vor seiner Abreise? Da hatte er mir noch erzählt, welche Rede er halten würde zur Goldenen Hochzeit meiner Eltern. Es bot sich an, als einziger Schwiegersohn. Jetzt sage ich dir, hat er gesagt, was ich bei deinen Eltern für eine Rede halte. Da hat er über die Treue gesprochen und wie schön das wäre, wenn sich Leute über 50 Jahre die Treue hielten, was wohl auch das Wichtigste in einer Ehe sei. Als ich dann sagte, wie toll ich das fände, meinte er, das ist doch ganz klar, er würde mir die Treue halten, da könne ich noch so krank und noch so verrückt sein. Das wäre doch selbstverständlich, wir haben uns das doch versprochen.
Dann fuhr er weg und kam als ein anderer wieder.
Auf dieser Studienreise muß irgend etwas Seltsames passiert sein, das bestätigte mir auch ein Kollege von Jochen, den ich später befragt habe. Die ganze Gruppe kam wie in Trance zurück, sagte er. Und ein Psychotherapeut, den ich lange danach um Hilfe gebeten habe, meinte, da könnte so eine Art gruppenerotischer Prozeß in Gang gekommen sein. Wie immer auch – Jochen war nicht mehr Jochen.
Plötzlich hatte er auch oft keine Zeit mehr, in die Sonntagsmesse zu gehen. Er könne nicht, sagte er. Er müsse mit seinen Studenten nach Trier, der Ausgrabungen wegen. Und dann ist er eben nicht in die Messe gegangen. Auch was seine Moralvorstellungen anging, begann er eine Toleranz zu entwickeln, die ganz und gar unverständlich war bei seinem Hintergrund als Priester: Ob ich schon mal was von freier Ehe gehört hätte, meinte er einmal. Und einige Male ist er über Nacht weggeblieben und kam erst am anderen Tag wieder.

Man könnte meinen, daß sich Ihr Mann mit dieser Gruppe ein neues »Kirchenvolk« zugelegt hat, nur auf einer anderen Ebene.

Ja, wahrscheinlich. Diese Verehrung, dieses Hochjubeln war bei der Mutter genauso da wie später in der Pfarrei. Dieses Sich-wichtig-genommen-fühlen, ohne in eine konkrete Verantwortung einsteigen zu müssen. Als Steigerung seines Lebensgefühls hat er dann offensichtlich eine sehr intensive Partnerschaft gebraucht, mit all dem Wirbel, die so ein ungewöhnlicher Schritt in unserem Falle mit sich bringt. Und plötzlich schienen alle Superlative aufgebraucht. Der Ehealltag und die Kinder waren auch nicht mehr ganz so spritzig wie am Anfang. Ja, und dann kamen auf einmal diese Studenten und vor allem Studentinnen, die gesagt haben: Sie sind der Größte. Die ihn nicht gefragt haben: Wo ist deine Dissertation, an der er schon einige Jahre herumgedoktert hat.
Als Ende Juni die Semesterferien begannen, dachte ich, jetzt sind die Studenten weg, jetzt wird es wieder gut. Anfang Juli fuhren wir in ein Kloster in Flandern. Ich habe immer gedacht, da würde alles wieder in Ordnung kommen, vier Wochen Zeit, vier Wochen Reden und Entspannen. Die Kinder hatten ein Zimmer, und wir hatten ein anderes Zimmer, mit großem Ehebett. Wir schliefen nebeneinander, und es tat sich nichts mehr zwischen uns. Es war die totale Funkstille.
Wie aufgebahrt lag ich da, starrte in das Dunkel, und meine Gedanken waren Rädchen, die unentwegt surrten und sagten: Der mag mich nicht mehr, und warum mag er mich nicht mehr, und was habe ich anderes, als die an der Uni haben, und ich bin eben zu alt für ihn. Und mein Mann sagte: Du brauchst dir keine Hoffnungen zu machen. Ob das je wieder wird mit uns, nein, das wisse er nicht.
Am nächsten Tag holte er sich am Kloster-Kiosk 18 Ansichtskarten. Die Studenten hätten sich gegenseitig versprochen, daß jeder jedem eine Karte schreiben würde. Ich schlug vor, er könne doch an eine Kontaktadresse eine Karte für alle schreiben. Nein, das ginge nicht, und diese Gruppe lasse er sich von mir nicht nehmen. Sie sei ihm wichtiger als unsere Ehe, hat er gesagt.
Die Schlaflosigkeit wurde immer schlimmer. So was hatte ich noch nie im Leben erlebt. Einmal sind wir losgezogen und haben uns in der Apotheke etwas gegen Störungen des vegetativen Nervensystems geholt, baldrianartige Sachen. Es hat nichts geholfen.
Wie das in Klöstern so üblich ist, sind wir jeden Abend, etwa ab

acht, mit dem Abt und den anderen Gästen zusammengesessen. Wir haben dabei einen schweren Rotwein getrunken, und ich merkte zunehmend, wie ich tagsüber schon sehnsüchtig auf dieses erste Glas am Abend gewartet habe. Wenn wir um elf Uhr ins Bett gingen, habe ich nicht mehr an meine Probleme gedacht und geglaubt, schlafen zu können. Die Wirkung des Alkohols ließ schnell nach. Um zwei Uhr lag ich wieder wach. Manchmal habe ich gedacht, warum kann er schlafen und ich nicht.
Um vier Uhr klingelte dann das Glöckchen für die Mönche zum Gebet. Dann hörte ich sie herumstochern im Gärtchen vor dem Gästehaus. Und um fünf Uhr saß ich im Konventamt.

Haben Sie da gebetet?

Nein, ich konnte nicht mehr beten. Aber es gab damals schon einige Leute, die von unserer Krise wußten. Die sagten, sie würden für mich beten. Und da habe ich gedacht, ich kann jetzt nicht, aber dafür gibt es andere, die das für dich tun.
Ich kam zurück nach Frankfurt und hatte fünf Kilo abgenommen, Kilos, für die ich früher Gold gegeben hätte. Im Postkasten lag nur eine einzige Ansichtskarte, die eines jungen Mannes.
Jochen blieb weiterhin weg, trotz der Sommerferien. Abends saß ich am Fenster und starrte hinunter auf den Parkplatz, ob mein Mann heimkommt. Die Tage teilten sich ein in: Kommt er? Oder: Kommt er nicht?
Eines Tages bat ich ihn: Sag mir doch, was ich falsch mache. Seine Antwort: Das weiß ich jetzt nicht. Aber wenn ich es weiß, dann sag ich's dir schon. Einmal habe ich mich sogar niedergekniet und ihn angefleht: Bitte, bitte, bleib bei uns. Und er hat mich praktisch nur beiseite geschoben.
Ich habe ihm auch den Vorschlag gemacht, daß er vorne, im Arbeitszimmer, schlafen solle, damit ich nicht wüßte, ob er nachts weg ist oder nicht weg ist. Ich würde es gar nicht hören, und morgens frühstücken wir einfach zusammen, und ich weiß gar nichts. So was durchzuhalten, war natürlich eine Illusion. Einmal habe ich auch Geschirr zerschlagen. Zerknallt. Daraufhin hat der Jochen gesagt: Das ist das Schlimmste, was man tun kann, und ob ich mich nicht schämen würde. Ich habe gesagt: Wenn du dich schon nicht mehr an das Gute erinnern kannst in unserem Leben, so denke an das Schwere, das wir zusammen erlebt haben. Unsere

Johanna war oft und schwer krank gewesen. Wir hatten zusammen um sie gebangt und für sie gebetet.
Ich dachte halt, die Welt geht unter, wenn der Jochen weggeht von mir. Ich dachte, ich sei nicht lebensfähig ohne ihn.
Mitte September hatte ich die Idee, wegzufahren. Einfach allein wegzufahren zu einer Freundin, das würde die Lösung der Krise sein. Und ich lag im Bett neben ihm und sagte: Jochen, jetzt fahre ich für einige Zeit weg. Und dann wird alles wieder gut. Und er sagte: Ach ja, du möchtest auch einmal handeln und nicht behandelt werden. Ich brauche dich nicht, und die Kinder brauchen dich auch nicht.
Da bin ich raus aus dem Bett und habe gesagt: So, ich nehme jetzt mein Bett weg, du sollst wegen mir keinen Schmutz haben, ich lege mich ins Wohnzimmer und nehme Tabletten. Dann habe ich noch einen Brief an meine Eltern geschrieben und gesagt: Ich bin völlig unnütz. Seid mir bitte nicht böse, daß ich das getan habe. Ich weiß nicht mehr weiter. Gott möge mir verzeihen.
Ich muß ungefähr 60 Beruhigungstabletten genommen haben. Bevor ich weg war, habe ich noch gedacht, irgend etwas macht der Jochen jetzt mit dir. Als ich am nächsten Tag wieder aufwachte, waren die Kinder weg und mein Mann auch. Da war mir klar, daß Jochen mich hat liegenlassen, daß Jochen nichts gemacht hat. Ich habe mich bis zum Telefon vorgearbeitet und einen Abeitskollegen von Jochen angerufen. Der hat die Giftzentrale verständigt, und so bin ich ins Krankenhaus gekommen.
Als die Krankenkasse später eine eingereichte Rechnung in Höhe von 3 000 Mark mit dem Hinweis zurückschickte, für Selbstmordversuche würde keine Kostenerstattung übernommen, hat der Jochen zu mir gesagt: Jetzt siehst du mal, was du angerichtet hast. Wenn du gemeint hast, du könntest mich damit erpressen, hast du dich geirrt. Und dann ist er weggegangen, am gleichen Nachmittag.
Ich dachte, ich drehe durch. Ich fuhr zur Uni, habe mir die Mädchen dort angeguckt und habe gesagt: Was haben die, was ich nicht habe. Warum? Warum? Ich war am Ende, obwohl ich glaubte, schon längst am Ende zu sein. Da habe ich mir gesagt: Jetzt geh ich weg, mit den Kindern. Und Jochen wird viel Ruhe haben für die richtige Entscheidung.
Ich rief diese Freundin an, zu der ich vorher schon wollte. Ich hatte vor, sofort zu starten. Jochen sollte nicht wissen, wo ich bin. Beim

Packen wurde mir klar, du willst ja nur, daß er dich sucht, und du sitzt dann dort mit deinen Kindern und wartest verzweifelt, daß er kommt. Ich beschloß, auf seine Rückkehr zu warten. Jochen sagte, das sei gut, daß ich fahre. Er half mir noch die Fahrräder für die Kinder ins Auto einzuladen. Ich solle erst im Oktober wieder heimkommen, hat er gemeint.
Das Schlimme war, daß zwei Tage später unerwartet die Mutter meiner Freundin aus dem Krankenhaus entlassen wurde. Jetzt waren plötzlich vier Gäste da: Zwei wilde Kinder, eine kranke Frau mit Krücken und ich. Die Mutter sagte mir ziemlich bald nach ihrer Ankunft: Und wie lange gedenken Sie hierzubleiben?
Das war vielleicht der tiefste Punkt in dieser Zeit. Meine Kinder an der Hand, rechts und links, gingen wir zur Post, und ich sagte: Ich weiß nicht, wohin wir sollen. Mir fiel niemand ein. Beim Postamt wollte ich telefonieren. Ein paar Kollegen von Jochen hatten mir versprochen, inzwischen mit ihm zu reden. Und ich dachte, wenn die mit ihm geredet haben, dann ist alles in Ordnung. In diesem Augenblick wußte ich auch, daß Selbstmord keine Lösung ist. Das kannst du nicht machen, du hast die Kinder an der Hand. Johanna war fünf und Barbara acht.
Die Kollegen sagten, sie hätten leider noch keine Zeit gehabt, um mit Jochen zu reden.Die anderen Freunde, die ich versucht habe anzurufen, waren alle in Urlaub. Es war einfach niemand da.

Und Ihre Eltern? Hätten Sie da nicht hingehen können?

Nein, die wußten nur, daß es mir nicht gut geht. Bei denen war alles der Kreislauf.

Haben Sie zu diesem Zeitpunkt immer noch nicht an Scheidung gedacht?

Ich habe mir immer nur gedacht, das wird ja wieder. Nur diese schreckliche Zeit mußt du überstehen. Meine Angst war nur die, hoffentlich schaffe ich sie noch, diese schreckliche Zeit. Ich hätte mir einen Arm abgeschnitten, wenn das geholfen hätte, daß wieder alles so würde, wie es war.
Dann habe ich Jochen angerufen und ihn gefragt, ob ich wieder heimkommen dürfe. Und er sagte: Freilich darfst du heimkommen, es ist ja auch dein Heim. Ich hatte mir die Haare abschneiden

lassen. Mit diesen kurzen Haaren kam ich nach Hause. Wir haben uns, der Jochen wirklich auch, ein paar Tage bemüht, gut zueinander zu sein. Das ging drei, vier Tage. Es war alles so krampfhaft, wir schliefen auch wieder miteinander, das war auch sehr schön, aber morgens war es wieder vorbei. Ich muß dann in ein tiefes seelisches Loch gefallen sein: In der Frühe konnte ich überhaupt nicht mehr aufstehen, ich nahm ein Kilo nach dem anderen ab, und die Leute im Haus haben mir die Kinder abgenommen. Und abends stand ich auf, total wie neu, denn abends wußte ich, daß er kommt. Er hat gesagt, das Schlimmste ist, wenn du weinst. Ich habe sehr viel geweint. Stundenlang. Das wollte er nicht. Und ich habe mich zusammengerissen und wollte nur sein, wie er mich gern hat. Ich wollte abends die liebenswerte Frau sein. Ich habe versucht, toll zu kochen, nicht zu dick aufzutragen, aus einfachen Mitteln etwas zu machen, mit viel Mühe.
Aber dann kamen diese Leute aus den Semesterferien zurück, und alles war wieder im Eimer.
Meine Eltern habe ich inzwischen vorsichtig aufgeklärt, daß zwischen Jochen und mir etwas nicht in Ordnung ist. Sie wollten uns eine Romreise bezahlen, als Ehekitt, damit es wieder gut wird. Und da waren wir Anfang Oktober in Rom.
Wir hatten zwei schöne Wochen, auch mit schönen Erlebnissen. Eine Woche waren wir zu dritt, mit einem ehemaligen Priesterkollegen von Jochen. Der wußte von unserer Krise. An seinem letzten Tag in Rom sagte er beim Mittagessen zu Jochen, du solltest diese Frau ehren und auf Händen tragen. Da stand der Jochen auf und verschwand. Wir haben ihn abends im Petersdom gefunden, und da ging er auf uns zu, als wäre nichts gewesen.
Seit dieser Priester abgeflogen war, verbrachten wir die Tage wie rohe Eier miteinander. Wir wollten über nichts sprechen, was den Frieden hätte stören können und die Hoffnung, die da aufkam. Jeder war nett zum anderen. Dann kam der Sonntag. Es war gerade Bischofssynode über Ehe und Familie in Rom. Von großen Plakaten herunter lud der Heilige Vater alle Familien der Welt ein, heute abend zum festlichen Familiengottesdienst auf den Petersplatz zu kommen. Zuvor wollten wir in unserem Lieblingslokal essen gehen. Jochen hat sich noch mokiert über die doofen Deutschen, die nur Spaghetti als Hauptgericht aßen, wo es doch so tolle Dinge da gibt. Und beim Wein sagte er: Weißt du was, Ursula, am Dienstag ziehe ich aus. Ich habe mir das überlegt, das ist besser so.

Abends sind wir dann in die Papstmesse für die Familien der ganzen Welt gegangen. Wir standen so da, und der Papst sagte: Reichet einander die Hand und schaut Euch in die Augen. Und um uns herum sagten die Leute in allen möglichen Sprachen: Vor Gottes Angesicht nehme ich Dich und verspreche Dir Treue, bis daß der Tod uns scheidet. Wir haben uns keine Hand gegeben. Und um uns herum fielen sich alle in die Arme. Und Jochen ging ein paar Schritte hinter mich und hat ein Bild von mir gemacht.

Warum hat er Sie überhaupt noch fotografiert?

Das hat er häufig gemacht. Bei den Kindern auch. Ein gemeinsamer Freund hat später einmal gesagt: Wie kann jemand, der solche Bilder macht, Frau und Kind verlassen.
Ich kann Ihnen darauf keine Antwort geben. Er hat ja auch immer gesagt: Ich weiß nicht, was ich gegen dich habe. Mit mir ist was los, aber ich kann dir nicht sagen, was das ist.
Ich bin ja geneigt, das Positive anzunehmen. Vielleicht war das alles bei ihm wirklich so eine Art ekklesiogene Neurose, die da mit Spätzündung aus ihm herausgebrochen ist. Oder eine Art Trotzphase, wie seine Mutter sagt.
Im Gespräch mit anderen, und jetzt auch mit Ihnen, habe ich mir oft gedacht, vielleicht ist da eine Unredlichkeit von mir drin, weil doch jeder versucht, sich selbst am besten darzustellen. Und das tu ich sicher auch. Es fehlt natürlich die andere Seite. Da fühle ich mich nicht so ganz wohl dabei, weil ich Angst habe, daß ich mich zu gut darstelle. Auch heute ist mir alles noch ein Rätsel.

Und was haben Ihre Eltern gesagt?

Auf der Heimfahrt von Rom mußten wir einen Umweg zu meinen Eltern machen, die Kinder abholen. Im Auto haben wir uns sehr geschlagen. Wenn es gar nichts mehr zu sagen gibt, dann schlägt man eben. Er hat meine Mutter so schlechtgemacht vor mir. Und da habe ich einfach auf ihn eingeschlagen. Er hat gesagt: Schlag nur, schlag nur. Und ich habe geschlagen. Bei jedem Schlag habe ich gemerkt, daß ich mich eigentlich immer mehr verliere.
Als wir bei meinen Eltern ankamen, habe ich ihnen gesagt, daß alles wieder gut ist. Beim Essen dann habe ich geweint und gesagt, daß er ausziehen wird.

Dann fuhren wir zurück nach Frankfurt. Er hat im Arbeitszimmer geschlafen. Am nächsten Morgen kaufte er ganz viele Sachen ein und zog aus. Ich glaube, er hat in seinem Büro geschlafen.
Dann und wann kam er heim, ganz unerwartet, und blieb dann wieder weg. Ich wußte nie, wann er kommt.
Wie jedes Jahr ging ich auch diesmal zum Eröffnungsgottesdienst des Semesters. Ich wußte, beim Eröffnungs- und Schlußgottesdienst ist er meistens. Auf dem Weg dorthin sehe ich ihn auf der anderen Straßenseite mit einer jungen Frau, und ich denke, ach lieber Gott, laß ihn da auch hingehen, denn wenn er in den Gottesdienst geht, dann ist das ja mit mir wieder in Ordnung. Aber er stieg mit dem Mädchen in ein Auto und fuhr weg.
Als er an diesem Abend zu Hause auftauchte, habe ich gesagt: Jetzt möchte ich nur wissen, wohnst du noch hier oder wohnst du nicht mehr hier? Ich muß das ja auch wissen, ob ich kochen soll oder Wäsche waschen soll. Dann sagte er: Du willst mich wohl rausschmeißen? Gut, ab morgen bin ich weg.
Am nächsten Morgen hat er zum letztenmal Frühstück gemacht, wir saßen alle am Frühstückstisch. Er hat zu den Kindern gesagt: So, ich geh' jetzt weg. Ihr müßt recht lieb zur Mami sein, allein ist alles schwieriger, als wenn man zu zweit ist. Dann stand er auf und sagte: Ich geh jetzt. Ich fragte: Hast du alles? Er sagte: Ja, ich hab' alles. Auf Wiedersehen.
Das war am 28. Oktober 1981. Später hat er sich noch den Eßtisch geholt und das Kreuz.

Sie sind heute eine geschiedene Priesterfrau. Sie waren früher sehr stark in der Kirche engagiert und arbeiten heute als Halbtagssekretärin in einer Redaktion. Hat der persönliche Bruch mit einem katholischen Priester Spuren in Ihrem Glauben hinterlassen?

Im Moment stehe ich sicher in einer Krisensituation, mehr als während der ganz schlimmen Phase vor dem Ende unserer Ehe. Vielleicht wandelt sich mein Gottesbild: Von einem Geborgenheit gebenden Gott hin zum gerechten, strengen Gott. Vom Bruder-Gott und Vater-Gott zum Gott des Alten Testaments. Mein Glaube wankt nicht, aber ich sehe einfach mehr den strengen Vater von oben. Ich nehme das auch hin, was von ihm kommt, doch eigentlich mit unterschwelligem Ungehorsam. Die Inhalte und die Texte im Gottesdienst sehe ich heute viel kritischer. Wenn es da zum

Beispiel heißt »kleines Senfkorn Hoffnung« oder »ich spinne feine Netze von mir zu dir« – da drehe ich fast durch, weil ich diese Dinge alle so verlogen finde. Sicherlich ist das darauf zurückzuführen, daß sich mein Verhältnis zu den anderen gewandelt hat. Es fällt mir heute schwer, Vertrauen zu haben.

Sie sagten, Sie haben sich oft im Schatten Ihres Mannes gefühlt. Haben Sie nach der Scheidung ein neues Selbstbewußtsein gewonnen?

Es wuchs erst wieder mit der Zeit. Da ist zum Beispiel der Frühschoppen nach dem Pfarrgottesdienst. Lange Zeit habe ich mich nicht getraut, mit meinen beiden Kindern hinzugehen. Einmal habe ich meinen ganzen Mut zusammengenommen und eine geschiedene Frau, die ich noch aus Jochens Zeiten kannte, gebeten: Nehmen Sie mich bitte mit, Sie sind es gewohnt, da alleine hinzugehen. Sie hat mich mit reingenommen, und die Leute waren unheimlich nett zu mir.
So fand ich mit der Zeit viele liebe Menschen, die mich ohne viel Neugier und Fragen annahmen. Vor einem Jahr habe ich mich sogar in den Pfarrgemeinderat wählen lassen. Ich dachte, auch diese kaputten Ehen, auch die Alleinerziehenden müßten hier repräsentiert sein. Ich finde das ganz wichtig, daß es da eine kirchliche Lobby gibt für Frauen, die Vater und Mutter sind. Manchmal ist es einfach gut, dazusein und Partei zu ergreifen für Frauen wie mich. Und unser Pfarrer ist da sehr feinfühlig in diesen Dingen. Im Sachausschuß für Ehe und Familie, wo ich auch bin, sitzt ein Staatsanwalt. An einem Abend hat er die Scheidungs-Frauen derart miesgemacht und gleichzeitig die geschiedenen Männer als smarte Junggesellen hingestellt, daß ich nicht mehr an mich halten konnte und ihm vor die Nase geknallt habe: Ich bin auch eine. Da ist er ganz klein und ganz still geworden. Seither wird in diesem Ausschuß anders gesprochen.

Glauben Sie, daß Sie heute noch einmal für eine Priesterbeziehung anfällig wären?

Ich war da sicher mal allergischer. Heut käme es einfach auf die Person an. Ich weiß überhaupt nicht, ob ich noch mal einen Partner möchte, sosehr ich darunter leide, daß ich keinen Partner habe.

Was hat Ihnen eigentlich über die Trennung hinweggeholfen?

Das war eine Gesprächspsychotherapie mit einem Therapeuten, zu dem ich im Frühjahr 1982 gegangen bin. Zwei Jahre lang, einmal im Monat. Der ist Priester und kannte von daher unseren kirchlichen Hintergrund. Gemeinsam haben wir versucht, das Trauma der Trennung durchzuarbeiten.

Ist es nicht merkwürdig, daß Sie schon wieder bei einem Priester gelandet sind, ehe Sie den ersten ganz verdaut haben?

Nein, das finde ich nicht. Das war für mich ganz wichtig, jemanden zu haben, der versteht, woher wir kommen. Der um das Milieu weiß. Dem klar ist, das ist nicht nur eine Ehekrise oder eine gescheiterte Ehe, da stecken noch ganz andere Dinge dahinter.
Obwohl Jochen bereits ausgezogen war, hatten wir uns zunächst an einen anderen, weltlichen Psychologen gewandt. Das war sicher auch aufschlußreich. Erst fragte er Jochen: Was hat Ihnen an Ihrer Frau so gefallen beim Kennenlernen? Er antwortete: Ihre Spontaneität, ihre Unbekümmertheit, ihre Lebhaftigkeit. Nach einer Stunde hat ihn der Psychologe ganz beiläufig gefragt, was er denn an der Studentengruppe so gut fände. Er antwortete: Die Spontaneität, die Jugendlichkeit, die Unbekümmertheit.
Dann hat er nachgehakt und wollte von Jochen wissen, welche Rolle er denn in der Gruppe einnimmt. Er antwortete: Ich muß gar nichts tun, ich bin einfach da, und an mir entwickeln sich Talente. Als wir weggingen, hat der Jochen gemeint, das bringt für ihn nichts. Er ist nur noch einmal mit hingegangen.
Noch am selben Abend rief mich der Psychologe an und sagte, es sei zwar völlig unüblich, in der Paartherapie einen Klienten zu bevorzugen, aber er sei so erschüttert von diesem Gespräch, und er möchte mir einfach noch mal seine Solidarität bekunden. Und er fügte hinzu: Mit der Gruppe will Ihr Mann das wiederhaben, was er einst von Ihnen bekommen hat: keine Verantwortung, keine Ansprüche, keine Forderungen.
Der Priester-Therapeut, der die ekklesiastische Szene kennt, hat diese Analyse noch um einen weiteren Aspekt erweitert. Im Grunde, hat er gesagt, ist Ihr Mann in der Gruppe wieder zum Kaplan geworden, der mal da berät und mal dort hilft, sich aber sonst raushält und über den Dingen schwebt.

Was macht Jochen heute?

Er ist weggegangen aus Frankfurt an eine Uni nach Süddeutschland. Er lebt mit einer Studentin der Kunstgeschichte zusammen. Meine Schwiegermutter erzählte mir erst vor ein paar Tagen, sie bete immer noch und glaube an ein Wunder, daß Jochen zurückkommt. Das ist wieder einmal typisch für das gutbürgerlich katholische Verständnis. Die Frau wird überhaupt gar nicht gefragt, ob sie das will. Die Frau hat zu warten und auch immer brav den Platz freizuhalten und darf auch keine neue Bindung eingehen.
Vor einem Jahr ist Jochen in die SPD eingetreten und aus der Kirche ausgetreten. Das hat mir meine Schwiegermutter erzählt. In einem Brief teilte er ihr mit, daß er heute, vor genau 18 Jahren, geweiht wurde und mit diesem Datum aus der Kirche ausgeschieden ist.
Ich selbst habe es nur durch ein Schreiben des Anwalts erfahren. Da steht drin, daß mein Mann aus der Kirche ausgetreten ist und mir dadurch künftig DM 27,11 mehr an Unterhalt zustehen.

Jetzt kann ich diese verschiedenen Teile von mir einfach leben lassen

Sarah und Rudolf haben sich im Ausland kennengelernt. Sarah, 40, ist Logopädin, geschieden und lebt mit ihren zwei Kindern in einer Stadt in der Schweiz. Rudolf, 52, ist Pfarrer in einer Großstadtgemeinde in der Bundesrepublik und seit 16 Jahren ihr Mann.

Als ich zwölf Jahre alt war, habe ich meinen Vater gefragt, warum Priester nicht heiraten dürfen. Er hat lange und umständlich ausgeholt und erklärt, warum und wieso. Unbewußt hatte ich das Gefühl, das sind nur Worte um irgend etwas herum, das im Kern ganz schlimm sein muß. In Erinnerung ist mir nur noch ein Schluß-Satz geblieben. Erst hat er gestottert, und dann ist es aus ihm herausgebrochen: Ja, das geht halt einfach nicht. Stell dir vor – hat er mit großer Erregung in der Stimme gesagt – stell dir vor, ein Priester tät in der Früh' in der Heiligen Messe die Hostie mit der Hand berühren, mit der er am Abend vorher die Frau berührt hat.
Diese Szene ist mir noch oft eingefallen. Diese Szene war vielleicht auch das Schlüsselerlebnis, warum ich später eine Zeitlang diese unausgesprochene Abwertung des Weiblichen damit wettzumachen versuchte, indem ich mir vornahm: So, euch Mannsbildern werd ich's zeigen.
Dabei war mein Vater so gespalten in seinen Gefühlen. Einerseits vermittelte er mir, daß Frausein nicht in Ordnung ist. Andererseits gab er mir immer das Gefühl, daß er mich liebt. Ich habe Fotos im Kopf, wo er mich als ganz kleines Kind im Arm hält, sehr zärtlich und sehr liebevoll. Dieser stille, einsame und stets gradlinige Mensch – er hatte sehr spät geheiratet, er war bereits ein Stück über vierzig – sah in mir so etwas wie einen Rettungsanker. Seine Jugend war unwahrscheinlich hart. Die Mutter starb, als er zwei war, er mußte schon früh schwere Arbeiten verrichten. Und ich kann mir gut vorstellen, daß es für so einen Menschen schön gewesen sein muß, plötzlich so etwas Lebendiges in seinem Arm zu halten, das ihm gehört, das ihm zugetan ist.
Auch ich habe meinen Vater sehr geliebt. Ich habe einfach gewußt, wenn ich in seiner Nähe bin, dann ist das etwas für ihn. Ich habe den Schlüssel zu ihm. Ich bin wichtig für ihn.

Wichtiger als seine Frau?

Ja, wichtiger als seine Frau. Das habe ich auch als Kind deutlich gespürt: den Neid meiner Mutter auf dieses erstgeborene Kind und meine Überheblichkeit ihr gegenüber. So ungefähr: Ich schaffe, was du nicht schaffst. Für meinen Vater war ich sicherlich auch Partnerersatz. Auch heute noch fühle ich mich sehr hingezogen zu Männern, die sich sehr schwer tun mit ihrem Innenleben und es nicht so leicht formulieren können. Irgendwo möchte ich Sprachrohr sein für sie. Und zur gleichen Zeit ärgert mich das.

Ist Rudolf so ein Mann?

Ja, ich sehe überhaupt sehr viele Parallelen zwischen Rudolf und meinem Vater. Für Rudolf bin ich auch Partnerin und darf es nicht zeigen. Als ich in Rudolfs Leben trat, war er auch schon über vierzig.

Wann war das gewesen?

Das war 1969. Seit einem Jahr lebte ich bereits mit meinem Mann und meinen beiden Kindern in Rom. Es war immer schon ein Wunsch von uns gewesen, einige Jahre in der Ewigen Stadt verbringen zu dürfen. Und als sich Martin, meinem Mann, die Gelegenheit bot, Lehrer an einer internationalen Schule zu werden, haben wir unsere Sachen gepackt und sind losgezogen. Zehn Jahre haben wir in Italien gelebt, mein zweites Kind, die Konstanze, wurde 1970 dort geboren.
Ich habe Rudolf zum ersten Mal bei einem ökumenischen Gottesdienst gesehen. Er war Auslandsseelsorger einer deutschen Gemeinde in Rom, zu der auch wir gehörten.
Ich sehe ihn noch vor mir: Am Ende des Gottesdienstes begrüßte er die Leute und mich auch. Er hat ein sehr freundliches Gespräch mit mir begonnen, doch das schien mir einfach zu glatt. Ich hatte das Gefühl: Das ist ein Mann, der sich in seiner Rolle sonnt. Und dann war noch ein zweites, sehr verschwommenes Gefühl in mir: Du gehst zwar so freundlich auf mich zu, aber ich bin nicht jemand, den man so leicht einstecken kann.

Kam dieses zweite Gefühl aus Ihrer Grundstimmung Männern ganz allgemein gegenüber?

Das ist sicherlich ein Teil meiner Geschichte. Das erlebte und erlebe ich immer wieder, daß ich das Gefühl habe, Männer möchten von meiner Vitalität oder Farbigkeit profitieren, ohne meine Person sehen zu wollen, Männer möchten Trittbrettfahrer bei mir sein. Da habe ich eine große Empfindlichkeit in dieser Richtung.

Hatten Sie bei Ihrem Ehemann auch so ähnliche Gefühle?

Der Ursprung dieser Gefühle liegt sicherlich zu einem großen Teil in dieser Verbindung begründet. Als wir nach Rom gingen, war meine Ehe mit Martin vier Jahre alt. Was hier in Bern nur schwelend vorhanden war, kam dort vollends zum Ausbruch: Martins Tendenz, aus unserer Beziehung nach außen zu gehen. Auch vorher hatte er immer wieder mal Beziehungen zu Frauen gehabt, doch das habe ich eher als Zufall angesehen und es auf meinen eigenen Buckel genommen. Als ich 1966 mit Regula, unserer Erstgeborenen, im Krankenhaus lag, war er bei einer anderen Frau. Mein Mann ist in einem Heim aufgewachsen und hatte offenbar auch als Erwachsener ein Bedürfnis nach ständig wechselnden »Müttern«. Das neue Lebensgefühl in Rom, der fehlende Freundeskreis, der gewohnte Rahmen, der jetzt nicht mehr da war, haben wohl Martins Drang nach außerehelichen Eskapaden verstärkt. Erst hat er alles heimlich, dann hat er es offen gemacht. Er sagte, er müsse in die Stadt gehen, um sich Literatur zu besorgen, und kam erst nach Mitternacht wieder. Ich wußte, daß das nicht stimmen konnte, aber ich habe einfach nicht hinschauen wollen.Ich habe gedacht, das darf es nicht geben. Ich habe dann alle Phasen durchgemacht, vom stillen Ertragen und Mich-selbstabwerten bis zu hysterischen Ausbrüchen und supergescheiten Rationalisierungen.

Es war eine schlimme Zeit. Ich habe mich unendlich schuldbewußt gefühlt und unendlich alleine mit den kleinen Kindern. Das waren Abende, die mir noch deutlich in Erinnerung sind: Katharina war etwa acht Monate alt, und ich konnte das Kind nicht zum Einschlafen bringen. Dabei habe ich mich so danach gesehnt, einmal Zeit für mich zu haben. Wenn Martin da war und die Kinder ins Bett brachte, klappte das immer. Auch mit Katharina. War ich allein, wollte und konnte Katharina offenbar nicht einschlafen. Sie hat ja gemerkt, daß mein einziger Wunsch nur der war, sie loszuwerden. Und sie hat wohl auch die Wut und die Enttäuschung in mir gespürt, daß Martin nicht da war. In solchen Situationen hatte ich unendliche Angst, daß ich dem Kind etwas antun würde.

Es war so schrecklich, dieses Gefühl, ständig verletzt zu sein. Damals habe ich Martin seine Bindungsunfähigkeit zum Vorwurf gemacht, heute erscheinen mir diese Verletzungen so, wie Kinder sich verletzen. Wie Geschwister, die aufeinander böse sind.

Und in dieser Befindlichkeit ständigen Verletztseins haben Sie Rudolf kennengelernt?

Ja, und ich muß sagen, das war wie ein Naturereignis, wie eine Naturgewalt.
An einem Samstagabend, zwei Wochen vor Pfingsten, saßen Martin und ich, Rudolf und einige Leute aus der Pfarrgemeinde bei uns zusammen, um über das Evangelium vom Sonntag zu reden. Nach einiger Zeit standen die anderen auf und gingen. Rudolf blieb. Und während unsere Worte so dahinplätscherten, fragte er unvermittelt, wie es uns beiden denn so ginge. Wir haben ein bißchen von uns erzählt, und es wurde ein recht gutes Gespräch. Ich war irgendwie froh darüber, auch froh über Rudolf. Den ganzen Abend habe ich schon so eine Art Faszination verspürt, die von ihm ausging, so, als sähe ich etwas an ihm, was ich noch nie an ihm gesehen habe. Einen Menschen in seiner ganzen Fülle.
Es war schon Nacht, als er ging. Martin und ich standen oben an der Treppe und haben ihm nachgeschaut. Und plötzlich, in einer ganz spontanen Reaktion, ich weiß nicht, was es war – ich habe noch die Schuhe ausgezogen, damit ich schneller laufen konnte –, renne ich dem Rudolf nach, berühre ihn am Arm, gebe ihm auf die Wange einen kurzen Kuß und sag': Danke. Es war schön.
Diese winzige Berührung, das war wie eine Naturgewalt, das kann ich nicht beschreiben. Da ist irgend etwas aufgeplatzt in mir. Ich legte mich ins Bett, schloß die Augen und sah ein Bild vor mir, mit einer unwahrscheinlichen Straße und einer unwahrscheinlichen Perspektive, immer wieder. Und da habe ich überlegt, das hast du doch schon irgenwann einmal in deinem Leben gesehen. Das muß schon ewig lange her sein, daß ich das gesehen habe. Mit einem Mal wußte ich, das ist, wenn man verliebt ist.
Am nächsten Morgen war ich mit ein paar Frauen aus unserem Literaturkreis verabredet. Es waren Kolleginnen aus der Montessori-Schule, in der ich inzwischen eine Stelle angenommen hatte. Ich weiß noch, wir haben Cesare Pavese gelesen. Und ich habe nichts verstanden, überhaupt nichts. Ich bin bloß so dagesessen – nicht in mir und doch so stark in mir – eine ungeheuere Mischung.
Gesehen habe ich ihn erst wieder am Dienstagmittag nach Pfingsten. Rudolf brachte mir ein Buch über die Sebastianskatakombe. Das hat er mir in die Hand gedrückt, und ich habe mir das angeschaut.

Ich war allein mit ihm. Wir haben nicht viel geredet, ein bißchen über das Urchristentum vielleicht. Es war eine Atmosphäre, die mir fast die Luft genommen hat. Ich hatte das Gefühl, ich muß da raus, der Hochspannung entweichen. Wir setzten uns ins Auto und fuhren auf den Monte Mario. Und wie wir oben ankommen, stelle ich mich an eine Mauer, eine sonnenwarme Mauer, schaue über dieses große ausgebreitete Rom und sagte: Ist das schön?
Da sagt er: *Sie* sind schön.
Das Herz ist mir stehengeblieben. Ich habe das gleich abgeschüttelt von mir und gesagt: Jetzt rennen wir. Ich mußte einfach laufen. Beim Rennen ist mir die Luft ausgegangen, und ich bin japsend stehengeblieben und habe gesagt: So schnell geht's bei mir nicht, ich bin eher ausdauernd. Ich kann zum Beispiel sehr lange schwimmen, habe ich hinzugefügt, und Rudolf meinte, dann müsse er mich mal zum Bolsena-See mitnehmen, da hat ein Freund von ihm ein Holzhaus.
Auf dem Rückweg sind wir noch bei einem Bäcker vorbeigefahren, der deutsches Brot macht. Und ich hatte ausgerechnet meinen Geldbeutel nicht dabei. Das ist bei mir wirklich bedeutsam, denn ich habe immer Geld dabei. Da gab er mir seinen Geldbeutel, und dieser Geldbeutel hat ausgesehen wie der Geldbeutel von meinem Vater, so dick und so verbeult war er.
Inzwischen war mein Mann zurückgekehrt, und wir haben gemeinsam zu Abend gesessen. Rudolf hat gesagt, er möchte, daß wir zusammen beten, denn wir sitzen doch alle im gleichen Boot. Der Martin hat natürlich die Bedeutung dieser Worte nicht verstanden, und wir haben auch nichts gesagt. Bald darauf habe ich meinem Mann eröffnet, wie sehr ich verliebt bin. Durch meine Mitteilung fühlte er sich eher erleichtert und entlastet.

Und Rudolf? Hat es ihn nicht belastet, daß er in ihr gemeinsames Boot eingebrochen ist, zumal als Priester?

Unser Boot hatte ja bereits ein großes Leck. Es war keine Frage der Entscheidung mehr, weil unsere Gefühle füreinander so intensiv waren. Wenig später hat der Rudolf einmal gesagt: Ich möchte mich so verhalten, daß ich einer möglichen Rettung eurer Ehe nicht im Wege stehe.
Es dauerte noch einige Zeit, bis der Augenblick kam, wo er gemeint hat: Jetzt können wir aber ›du‹ zueinander sagen. Und ich

sagte: Das würde mir nichts ausmachen, ich könnte auch weiterhin ›Sie‹ sagen.
Es war auch da bereits ein Zug minimalster Anforderungen vorhanden. Eigentlich ist das immer schon so gewesen. Überhaupt: Ich war sehr diszipliniert. Die Lektion aus frühester Jugend hatte ich gut gelernt: Die Frau und das Mädchen sind verantwortlich für die Reinheit des Mannes, weil es der Mann viel schwerer hat als die Frau.

Und die beiden Männer, standen sich die nicht im Wege?

Die haben sich immer gut verstanden. Die mögen sich auch heute noch, es ist etwas in ihnen, was sie anzieht. Ich glaube aber auch, daß sie ein Stückchen ihrer Rivalität und Aggression unterdrückt haben; miteinander gutgetan haben, weil sie nicht anders konnten. Für mich war diese anfängliche Dreiecksbeziehung schlimm, peinlich und oft verletzend. Die Beziehung zwischen Martin und mir ist dann immer loser geworden, bis er bald nach unserer Rückkehr in die Schweiz im Sommer 1978 ausgezogen und zu den Hare-Krishna-Leuten gegangen ist. Seit 1980 sind wir geschieden.
Als sich der Martin endgültig von mir und den Kindern getrennt hatte, bekam ich es mit der Angst zu tun. Ich habe mich gefragt, was bedeutet mir jetzt die Beziehung zu Rudolf? Es war mir völlig klar, daß auch ich sehr zwischen beiden Männern polarisiert habe: Da ist der Zuverlässige, und da ist der Flatterhafte. Da ist die Heimat und dort der glitzernde Vogel. Als dann der schillernde Teil weggefallen ist, erschien es mir eine Zeitlang so, als würde auch der andere, der erdige Teil an Wert verlieren; als wäre sein Wert erst entstanden aus meiner der Ungeborgenheit erwachsenden Sehnsucht nach Gehalten-sein und Heimat-haben. Das war ein Stück meine Angst und ein Stück mein Erleben in der ersten Phase.
Daß dieser wahnsinig unzuverlässige Mensch aus meinem Leben gegangen ist, zeigte sich mir zunehmend auch als Chance, nicht nur wegen Rudolf. Ich begann plötzlich Sachen an mir zu entdekken, die ich bis dahin ausschließlich Martin zugetraut hatte. Ich habe immer geglaubt, nur er könne mit den Kindern spielen, weil er so phantasievoll ist und so spontan. Ich bin bloß zuständig fürs Kochen und daß die Kinder halt zeitig ins Bett gehen. Und für die Ordnung. Als er dann weg war, habe ich zu meinem Erstaunen

erlebt, daß auch ich spielen kann, daß auch ich Phantasie habe. Sogar – daß auch ich unzuverlässig sein kann. Das war immer so ein symbolisches Reizwort zwischen Martin und mir: Ich bin zuständig für Zuverlässigkeit, er für Unzuverlässigkeit. Ich habe mir immer gewünscht, in Martin einen Mann zu haben, der sich so ein bißchen nach allem sorgt. Wenn ich vor Martin ins Bett gegangen bin, hat er meistens vergessen, die Haustüre abzusperren. Es war dann die ganze Nacht die Haustüre offen, was mich sehr betroffen und sehr ärgerlich gemacht hat. Nach dem Weggang von Martin habe ich ein paar dutzendmal vergessen, die Haustüre zuzusperren. Die abgeblockte Unzuverlässigkeit von einst kam jetzt an die Oberfläche. In dieser Zeit war es dann auch, wo mich Rudolf manchmal mit Martin verglichen hat; auch so ein bißchen Angst gehabt hat, ich könnte so etwas führen wie ein Doppelleben. Er hat mir manchmal Seiten hingeschoben, die ich in mir nicht gefunden habe.

Kann man sagen, daß in dieser ersten Identitätsverwirrung Rudolf Ihren Persönlichkeitsanteil und Sie den Ihres ehemaligen Ehemannes angenommen haben?

Nicht so stark, aber es hat schon Züge gegeben, wo ich mich wehren mußte gegen das Bild, das Rudolf von mir hatte. Ich habe ihm gesagt: Mach deine Augen auf, schau, wer ich bin, und mach dir nicht ein Bild von mir.

War das auch ein Bild von »Eva mit dem Apfel«, das er von Ihnen gehabt hat?

Das weiß ich nicht. Möglich.
Irgendwann einmal, viel, viel später, hat er zu mir gesagt: Du warst auf dem sexuellen Gebiet ein guter Lehrer für mich. Doch das war nicht das, was wichtig, was ausschlaggebend für mich war. Es war vielmehr das Einbringen-dürfen meines ganzen Person-Seins, mit all dem, was ich bin, das die Begegnung mit Rudolf so wertvoll für mich machte. Wir haben mit der Zeit eine gemeinsame Sprache entwickelt, die immer und jederzeit für uns gestimmt hat und bis auf den heutigen Tag stimmt. Wie ekstatisch oder wie zärtlich oder wie ruhig oder wie einfach sie auch immer klingen mag, sie stimmt jedesmal für uns und für die Situation, in der wir uns befinden. Am

Anfang war es eine echte Erleichterung, daß ich soviel von meinen Verletzungen aufarbeiten konnte. Ich weiß, es gab eine Phase, wo ich mich so richtig angeklammert habe. Früher wäre es eine Horrorvorstellung für mich gewesen, ich und anklammern, das geht nicht, das darf ich nicht und das ist kindisch. Und nun konnte ich erleben, der Rudolf, der hält das aus. Der sagt nichts und stößt mich nicht von sich und kriegt nicht Angst und sagt auch nicht, ich bin kindisch. Er war einfach da. Dieses Klammerbedürfnis hat sich mit der Zeit wieder gelöst.
Aber auch heute noch, wie jetzt in den Weihnachtsferien, regrediere ich bei ihm, so richtig genüßlich und ganz und gar freiwillig, wenn man das so nennen will. Ich fahr zu ihm ins Pfarrhaus, nehme einen Haufen Bücher mit, auch etwas zum Schreiben, und ich tu nichts. Dann bin ich zwei Wochen wie eine Katze, eingerollt hinter dem Ofen, und warte. Wenn er was zu tun hat, warte ich halt, daß er wieder kommt.
Früher hat mir das unendlich Angst gemacht. In solchen Momenten habe ich mir in meiner Phantasie mit Gewalt vorstellen müssen, daß ich doch sonst eine ganz selbständige Frau bin. Daß ich einen verantwortungsvollen Beruf habe. Daß ich Mutter von zwei Kindern bin. Inzwischen macht mir das keine Angst mehr. Jetzt kann ich diese verschiedenen Teile von mir einfach leben lassen. Dort lebe ich den Teil, und da lebe ich den Teil. Und ich weiß sehr genau, hätten wir aus unserer Liebe die Konsequenzen gezogen, hätte er seinen Beruf aufgegeben – das wäre das Ende unserer Beziehung gewesen. Das wäre schiefgegangen. Wir hätten uns gegenseitig kaputt und unfrei gemacht. Aber so verbringen wir unser Leben im Wechselspiel von alltäglicher Nähe und alltäglicher Ferne.
Manchmal sagt Rudolf einfach so zum Spaß: Wenn ich mit dir verheiratet wäre, dann würde ich dich festbinden. Aber er ist sich bewußt, genau wie ich auch, daß in dem ein Stück Wahrheit steckt. Es ist ihm klar, daß ich nur gedeihen kann, wenn ich einen großen Freiraum habe. Und er letztendlich auch.

Wie sieht sein Freiraum aus, wie Ihrer?

Wir leben vierhundert Kilometer voneinander entfernt. Ich in Bern, er in einer Großstadtpfarrei in der Bundesrepublik. Wir sehen uns alle drei Wochen zwei Tage auf halber Strecke. Und in

den Ferien komme ich zu ihm. In diesen zwei Tagen ist sehr viel Nähe möglich, ist sehr viel Austausch drin, ist für Auseinandersetzungen wenig Platz, weil jeder mit dem anderen sehr samtpfötig umgeht.
Ansonsten meine ich, daß jeder von uns ein ungeheuer volles Leben hat und seinen Freiraum mit Inhalten auszufüllen versucht. Rudolf findet ihn in seiner Pfarrei, mit seiner sehr lebendigen Gemeinde, wo von links nach rechts alles vertreten ist. Rudolf ist da von einer bewundernswerten Offenheit allen gegenüber: Wenn jemand aus der Kirche ausgetreten ist, dann lädt er den erst recht ein. Auch die Leute aus der benachbarten Baptisten-Gemeinde machen bei seinen Jugendmessen mit. Und auch zu alten Menschen hat er einen guten Zugang. Ich glaube, daß Rudolf sehr unterschiedliche Leute anzieht. Und je weiter jemand weg ist, desto mehr fasziniert ihn das.
Mein Freiraum ist mein neuer Beruf als Logopädin, den ich sehr spannend finde, und meine Kinder, die ich sehr liebe. Meine Beziehung zu Rudolf wird immer schöner und stimmiger. Vielleicht ist es gut für mich, daß ich beides habe: eine intensive Partnerschaft und mein selbständiges Leben. Dazu stehe ich einfach, das ist einfach meine persönliche Realität. So wie ich mich kenne, würde ich mich in einer alltäglichen Partnerschaft wieder sehr schnell in eine Rolle verziehen, wo ich auf jeden Fall weniger weiß und weniger kann als der Mann. Wo ich auch meine, sehr viel Kraft fürs Ausgleichen aufbringen zu müssen.
Das ist auch der Vorwurf von Katharina, die sehr kritisch ist und sehr viel sieht. Unlängst sagte sie, wenn du mit Rudolf zusammen bist, dann bist du so anders.
Ja wie denn anders, habe ich nachgehakt.
Ja, du tust so harmonisieren, hat sie dann geantwortet.
Vielleicht ist etwas Wahres dran. Ich habe Angst, daß zwischen Rudolf und den beiden Kindern ein Konflikt ausbrechen könnte. Das würde mir furchtbar weh tun. Wahrscheinlich spürt Rudolf das unterschwellig auch. Er geht sehr behutsam mit ihnen um. Aber sie mögen sich.

Wie haben Ihre Kinder diesen Partnerwechsel verkraftet? Und auch die Tatsache, daß Ihr Lebensgefährte ein Priester ist?

In diesem Gespräch kürzlich mit Katharina, wo sie mir das mit dem Harmonisieren vorhielt, sind wir gemeinsam weitergetappt und weitergetappt in die Vergangenheit. Und es sind Bilder aufgetaucht, die mich sehr ergriffen haben. Es muß so mit vier gewesen sein, hat Katharina erzählt: Wenn Rudolf und ich uns umarmten, wußte sie nie so recht, was los war. Ist das jetzt auch was Heiliges, hat sich Katharina gefragt. Sie kannte Rudolf auch aus dem Gottesdienst. Aber sie hat sich nie zu fragen getraut, sagte sie mir jetzt.

Die Geheimniskrämerei um eine Liebe, die künstlich aufgerichteten Tabus um eine menschliche Beziehung waren auch die Punkte, die mich jahrelang am meisten gequält haben. Ich habe später, als wir wieder in der Schweiz waren, sehr offen mit den Kindern darüber gesprochen. Aber sie standen dennoch im Zwiespalt. Den haben sie stillschweigend von mir übernommen. Sie wußten ja, daß wir da heimlich tun müssen.Zum Beispiel, wenn wir bei Rudolf waren: Die Mama war um die Mittagszeit nicht aufzufinden. Die Kinder wußten, die macht einen Mittagsschlaf mit dem Rudolf. Wenn aber jemand nach mir gefragt hat, wußten sie nicht, sollen sie das nun sagen oder nicht. Für Kinder ist das eine schreckliche Situation.

Aber Ihre beiden Mädchen machen keinen sehr gestörten Eindruck.

Meine Kinder haben auch eine Scheidung überlebt. Ich weiß nicht, was an Schmerz und Verletzungen in ihnen verkapselt ist. Ich bin mir völlig klar darüber, daß ich ihnen sehr viel zugemutet habe an eigenen Emotionen, an eigener Ratlosigkeit, Traurigkeit und Wut. Manchmal, in so großen Glücksstunden – und die sind meist an Ferientagen, wo wir abends am Kamin sitzen und miteinander reden –, manchmal, da kommen die alten Geschichten und Ängste aus ihnen heraus und wir versuchen, sie gemeinsam anzuschauen. Ich habe mich immer bemüht, möglichst ehrlich zu sein und meinen Kindern zu vermitteln: Du bist richtig so, wie du bist. Das ist mir auch keine Anstrengung, denn ich freue mich, so wie sie sich entwickeln. Gut, ich ziehe Grenzen, wo es mir angezeigt erscheint, aber dann begründe ich das auch. Früher sind auch viele Konflikte über die Kinder gelaufen, obwohl wir uns bemüht haben, es nicht zu tun. Jetzt ist das weg, und wir haben oft viel Spaß miteinander. Freilich, jetzt in der Phase, wo sichTöchter von ihrer Mutter lösen wollen und müssen, geht mir der Vater schon ab. Ich weiß nicht, ob

Rudolf ihn zu ersetzen vermag. Die Kinder mögen ihn wohl, so ein bißchen als Sicherheit im Hintergrund. Nur einmal, da hat mich die Ältere, die Regula, sehr scharf gefragt: Was findest du eigentlich am Rudolf? Bei dem ist alles so geheimnisvoll und pastoral.

Sehen Sie in Rudolf auch den Pastor, den Seelenhirten?

Früher, vor allem in der gemeinsamen Zeit in Rom, habe ich ihn ganz, ganz stark idealisiert. Richtig bewundert. In Rom war ich sehr aktiv in der Pfarrgemeinde. Darüber hinaus hatte ich auch guten Kontakt zu den italienischen Arbeiterfrauen in unserem Viertel. Was immer ich auch gemacht habe, es sollte ungeheuer gut sein, damit der Rudolf sieht, wie gut ich bin. Ich habe genau gefühlt, was Rudolf gut findet. Und das habe ich dann gemacht. Erst mit der Zeit ist mir aufgegangen, daß es mir eigentlich gar nicht so sehr um die Arbeiterfrauen ging. Ich habe nicht die Frauen gemeint, ich habe den Rudolf gemeint.
Dies erkennen zu müssen, hat mir zunächst sehr weh getan und mich mit großer Wut auf Rudolf erfüllt. Nicht so eine offensichtliche Wut, es waren mehr Sticheleien. Wenn die Leute so untertänig zu ihm gekommen sind und ihn gefeiert und hochgejubelt haben – Padre hin und Padre her –, habe ich oft ganz bewußt boshafte Bemerkungen losgelassen, die ihn auch sehr verletzt haben. In dieser Zeit fing ich auch an zu bohren: Du, wer bist du, Rudolf, ohne deine Rolle? Wer bist du wirklich? Wer ist da dahinter? Ich hätte da eigentlich gerne mehr gesehen.

Und was haben Sie gefunden?

Im Rom noch nicht viel. Wenn ich Rudolf so betrachte, ist er jemand, der zwar sehr kontaktfreudig wirkt, worin auch seine sehr große Stärke liegt, aber letzten Endes hat er keinen nahen Freund. Er hat viele gute, nette Bekannte. Mehr will er gar nicht. Er zieht sich sehr schnell irgendwohin zurück. So ein Idealbild zu sein, ist auch unwahrscheinlich anstrengend. Mein Bohren, mein Versuch, hinter seine Rollen zu schauen, hat damals viel Angst in ihm ausgelöst. Erst als wir hier waren, ist diese Selbstsicherheit und dieses gegenseitige Sich-sicher-sein gewachsen. Nachträglich finde ich es wie ein Wunder, daß wir es beide geschafft haben zu sagen: Ich darf Fehler haben, und du darfst Fehler haben. Seither ist unsere Beziehung erst richtig farbig.

Und Krisen? Gibt es die auch in Ihrem Leben mit Rudolf?

Ja, eine große gab es bisher. Rudolf stand am Anfang einer psychotherapeutischen Ausbildung, die er sich nebenher aneignen wollte. Ich glaube, das war 1979. Er hat dann in so einer Gruppe erlebt, wie schön es ist, wenn Menschen sich auftun. Als er selbst an die Reihe kam, hat er sein Problem mit dem Zölibat vorgetragen. Die Gruppe war sehr betroffen und sehr geteilt. Aber der Therapeut hat ihn ganz cool gefragt: Was willst du uns damit sagen? Willst du uns jetzt etwas erzählen, oder willst du dich entscheiden, oder willst du so weiterleben? Was willst du überhaupt? Bei Rudolf ist das so angekommen, als dürfe er diese Beziehung nicht mehr weiterführen, als müsse er sich zwischen Priesteramt und Frau entscheiden.
Wenig später trafen wir uns, wie üblich auf halber Strecke, an einem Wochenende im Herbst. Es schien alles so harmonisch, und wir waren vorher noch sehr intensiv beieinander. Und plötzlich bricht es aus ihm heraus: Ich möchte doch wieder zölibatär leben, jeder glaubt, ich lebe den Zölibat, und dabei habe ich eine Frau. Ich halte das nicht mehr aus, dieses Doppelleben, diese Unehrlichkeit, ich bin für mich selbst nicht mehr glaubwürdig, ich habe keine Achtung mehr vor mir.
Aus heiterem Himmel kam das für mich. Ich war erschüttert. Ich bin mir so schlecht behandelt vorgekommen, so ungeheuer verletzt. Mir ist das vorgekommen, als hätte er sich bei mir erst noch das eine holen wollen, um mir dann mitzuteilen: Jetzt möchte ich die andere Seite wieder leben.
Nach und nach löste sich meine Erstarrung, Verständnis kam durch. In dem Augenblick ist vor mir so ein Bild entstanden von einer Achter-Schlinge. Unser gemeinsames Erleben und Lernen im oberen Teil, seine Berufung als Priester im unteren Teil. Der untere Teil ist immer größer geworden, immer dichter, bis es blubb gemacht hat und aus ihm ein Ganzes geworden ist. Die andere Hälfte, habe ich mir gesagt, muß jetzt nicht mehr sein. Wir waren einander für eine bestimmte Zeit unseres Weges wichtig, habe ich mir gesagt, und jetzt kann jeder wieder seinen eigenen Weg gehen.

Wir haben dann beide sehr geweint. Ich bin in den Zug gestiegen und er ist wieder zurückgefahren. Erst war so eine Traurigkeit da, die getragen war von dem Gefühl der Klarheit, von der Überzeugung, der Schritt stimmt. Als ich dann im Zug gesessen bin, habe ich nur mehr geschluchzt, obwohl das Abteil voll war. Ich habe mich so benutzt und verlassen gefühlt. Wie sollte ich diese Pflänzchen und alles, was in mich hineingewachsen ist, wie sollte ich das wieder rausreißen? Das ist so fest in mir verwurzelt, wie soll ich jetzt weiterleben? Ich kann nicht so weiterleben, schien mir.
Tagelang bin ich herumgegangen wie eine Leiche, wie ein Bleigewicht, und habe nicht gewußt, wie ich das überstehen soll. In dieser Zeit war ich in einem Gebetskreis. Und im Gebet ist mir klargeworden, daß Leid und Freude eigentlich ein und dasselbe sind. Ich fühlte mich versöhnt, es war kein Haß da, aber es war in mir auch ein tiefes Gefühl von sinnloser Tat. In dieser Stimmung habe ich Rudolf angerufen und gefragt: Wie geht's dir? Und er hat gesagt: Miserabel, Sarah, ich weiß gar nicht, warum wir das gemacht haben.
Dann sind wir mit fliegenden Fahnen aufeinander zu. Er hat mir versprochen: Ich treffe keine einsamen Entscheidungen mehr. Ich treffe nur noch Entschlüsse zusammen mit dir.

Könnte es eines Tages einen gemeinsamen Entschluß zur Heirat geben?

Mir wäre angst und bang, wenn ich wüßte, Rudolf würde seinen Beruf verlieren. Die Rolle als Priester ist doch sehr eng mit seiner Person verwachsen. Rudolf sagt immer, seine große Hoffnung ist die Pensionierung. Ja, er würde gerne heiraten, für ihn wäre das wahrscheinlich auch die klare Zusage von mir an ihn. Für mich wäre diese Zusage schwierig, ich hätte Angst, dann nicht mehr gleichberechtigt zu sein. Ich möchte auch keinen anderen Namen mehr tragen, einer langt mir schon. Ich möchte kommen und gehen können. Und wenn das dann so einen äußeren Rahmen hätte, würde ich mich wieder für alles mögliche verantwortlich fühlen. Ich würde wieder kleiner werden als er. Wir haben oft geredet über dieses Kleiner-sein und Größer-sein. Und auch ihm ist es wichtig, daß wir gleich groß sind. Das ist ihm ein Anliegen.
Ich bin mir da so wenig sicher. Das ist für mich noch eine schwierige Stelle.

Eigentlich möchte ich schon gerne mit ihm leben. Vielleicht kommt es auch eines Tages dazu. In letzter Zeit merke ich deutlich, daß ich auch längere Abschnitte mit Rudolf genießen kann, auch wenn die nicht immer so glänzend sind; auch wenn das alles so gleichmäßig dahinläuft. Das schmeckt einfach gleichmäßig gut, wie ein Butterbrot mit Schnittlauch.

Würden Sie auch als Haushälterin mit ihm leben wollen?

Nein, wir haben das miteinander durchgesprochen. Rudolf weiß, daß dies das Ende unserer Beziehung bedeuten würde. Ich hätte große Identitätsschwierigkeiten, wenn ich nach außen hin nur dazu da wäre, das Zeug auf den Tisch zu stellen. Und wenn Besuch da ist, etwa von irgendeinem klugen Stadtrat oder irgendeinem Kollegen, dürfte ich dann stillschweigend das Essen servieren, ohne daß ein Wort fällt, ob es schmeckt oder nicht, einfach weil's selbstverständlich ist. Nein, das hielte ich nicht aus. Ich würde auch wieder in die Situation kommen, keine Wünsche und Forderungen stellen zu dürfen, jedenfalls nicht in der Öffentlichkeit.

Wie ist Ihre Beziehung zu den Mitgliedern der Pfarrei?

Anfangs habe ich das Gefühl gehabt, die Leute mögen mich nicht. Die schauen mich schief an. Heute ist mir klar, daß *ich* die Leute nicht mochte, daß *ich* die Leute schief angeschaut habe. Ich habe die Leute abgelehnt und mich in ein Eckli hineinmanövriert. Das Katholische, das eng Kirchliche ist mir ein großes, schwarzes, furchtbares Gefängnis. Damit will ich nichts zu tun haben. Doch je mehr mich der Rudolf mit einbezogen hat, wenn ich dort war, je mehr er uns beide auch eingebracht hat als Partner, desto wohlwollender bin ich aufgenommen worden und desto richtiger konnte ich auch die Leute sehen und mögen.

Wissen denn einige Leute aus der Pfarrgemeinde von Ihrer Beziehung?

Ja. Ich denke eine ganze Reihe. Es gibt auch ein paar Frauen in der Pfarrei, die einen Gebetskreis zur Rettung des Herrn Pfarrer organisiert haben. Die haben wochenlang gebetet, dann haben sie's aufgegeben.

Wie sehen Sie die Frauen in seiner Pfarrei? Sind das irgendwo auch Rivalinnen für Sie?

Ernstzunehmende natürlich nicht. Rudolf bekommt sehr viel Zuwendung von den Frauen in der Pfarrei, er ist so verständnisvoll und so menschlich, sagen sie. Und wenn er mal einen Putzlumpen in die Hand nimmt, brechen die gleich in Begeisterungsstürme aus. Ach ja, ach der Herr Pfarrer, der Herr Rudolf ist ja so natürlich, heißt es dann. Und er steht ja sooo mit beiden Beinen auf der Erde.
Vor vier Jahren sind in seiner Pfarrgemeinde Frauengruppen entstanden. Die Frauen haben ihn gebeten, die Leitung zu übernehmen. Das kam mir schon sehr merkwürdig vor. Und er hat sich auch tapfer dagegen gewehrt. Ich habe zu Rudolf gesagt: Herrschaftszeiten, was machen die da mit dir, welche Rolle erwarten die da von dir? Entweder sind es Selbsterfahrungsgruppen – dann sollen sie selber ihr Süppchen kochen, oder du bist ein Zwitterwesen in deren Augen.
Ich sehe halt auch, daß ihn alle diese Frauen als Projektionswand benutzen: Da ist ein Mann, zu dem ich alles, was ich zu Hause an Ängsten und Frustrationen erleide, hintragen kann. Da ist ein Mann, der fällt als Mann für mich aus und ist trotzdem ein Mann; der will nichts von mir, und ich kann in ihn alles hineindichten, was immer ich mag.
Natürlich wird er auch mit Jacken und Pullovern eingedeckt. Er kriegt alles. Schals, hausgemachte Marmelade, ein schönes Tuch, Selbstgetöpfertes, verzierte Kerzen mit Herzchen und Blumen. Das ist alles unwahrscheinlich liebevoll gemacht. Einerseits freut es mich, andererseits tut es mir auch weh, wenn ich die ganze Pracht sehe, mit der er umgeben wird. In solchen Momenten sage ich oft ein bißchen spitz: Genieße es, bei mir ging's dir nicht so gut. Er lacht dann und genießt es auch, obwohl ihm sehr bewußt ist, daß das alles vergänglich ist und jederzeit umschlagen kann.
Meine Überlebens-Strategie noch aus der Zeit mit Martin war die, Eifersucht nicht zuzulassen. Wegzurationalisieren. Erst mit Rudolf habe ich langsam gelernt, sie auszuleben, sie einzubringen in unsere Beziehung.

Sind Sie manchmal auch eifersüchtig auf seinen Beruf?

Ja, das mag vielleicht merkwürdig anmuten, aber so ein bißchen rivalisiere ich auch auf dieser Ebene mit ihm. Um das mal ganz unverhohlen auszudrücken: Ich wäre auch gerne Priester. Und ich könnte mir vorstellen, daß ich das könnte. Und ich neide es ihm, daß er das kann und ich nicht. Das fängt an, ganz primitiv ausgedrückt, bei seinen Gesten, bei seinen Kultkleidern. So etwas Einfaches, so etwas Schönes, so etwas Gradliniges, so etwas Klares. Und hört auf bei der Führung, die er geben kann.

Und die Macht, reizt Sie die auch?

Ja. Aber ich würde es eher als Vorschuß an Vertrauen bezeichnen, der aus diesem Amt so üppig fließt. Und auch die Möglichkeiten zur Mittler-Funktion. Ich glaube, für ein geistliches Dasein sehr viele Antennen mitzubringen, auch viel Erdhaftes, was genauso nötig ist. Ich meine, daß ich beides gut miteinander verbinden könnte. Das sagt auch der Rudolf, und irgendwo ist das ja auch aus unserer gemeinsamen Beziehung gewachsen.

Hat sich Ihre Beziehung auch auf Rudolfs Arbeit in der Pfarrei positiv ausgewirkt?

Rudolf sagt, ich bin gegenwärtig in jeder Predigt, bei jedem Gespräch mit einem Paar, in vielen Beratungssituationen. Er sagt, er würde oft überlegen: Was tät sie jetzt denken, was tät sie jetzt sagen.

Ist Ihr Glaube an die katholische Kirche durch Ihr Leben mit Rudolf gewachsen?

Ich komme aus einer traditionell katholischen Familie, bin in der Jugendgruppe großgeworden, war dort aktiv. Mit den Jahren habe ich lernen müssen, daß in der Kirche eine ungeheuere Angst da ist vor Lebendigkeit und Vitalität, wozu auch Sexualität gehört. Daß diese katholische Kirche etwas Dumpfes, Totes und Lebloses ist, was häufig jene Leute vergrault, die wirklich lebendig sind und wirklich ein geistiges, geistliches Leben wollen.
An einem der ersten Sonntage nach meiner Rückkehr aus Rom

war ich in einem Gottesdienst. Als die Kommunion ausgeteilt wurde, ging ich zum Altar, blieb vor dem Priester stehen und hielt ihm die Hände entgegen. Er macht keine Bewegung, wartet. Ich weiß nicht, was los ist. Ich schaue ihn groß an, und er wartet immer noch. Plötzlich drückt er mir die Hostie mit einer unglaublichen Brutalität zwischen die Lippen. Ich war starr vor Schreck. Ich habe mich so verletzt und so mißhandelt gefühlt. Nach dem Gottesdienst bin ich hingegangen und habe gefragt, was los war. Da hat er mir gesagt, ich hätte die Hände falsch gehalten: Die linke Hand lag unter der rechten Hand, anstatt umgekehrt. Da könne man doch nicht die Hostie mit der rechten Hand zum Mund führen.

Die unzähligen Gespräche mit Rudolf, die ihn teilweise auch verletzt haben, brachten mich der Kirche wieder näher. Es ist auch nicht so, daß ich nicht zur Kirche gehören will, aber so, wie die Kirche geprägt ist, habe ich oft das Gefühl, es ist hier kein Platz für mich.

Einmal habe ich Rudolfs Bischof einen Brief geschrieben, den ich nie abgeschickt habe. Er war zu Besuch in Rudolfs Gemeinde, und ich bin halt auch dagesessen mit allen anderen Pfarreimitgliedern. Was da abgelaufen ist, war entsetzlich. Der Rudolf lud die Leute ein, Fragen an den Bischof zu stellen. Ein Ehepaar hat erzählt, daß sie unterschiedliche Konfessionen haben und ihr Problem lösen, indem sie einen Sonntag in die eine Kirche und den anderen Sonntag in die andere Kirche gehen. Und sie finden das in Ordnung. Darauf sagte der Bischof: Ja, das ist gut, aber der evangelische Teil darf nur zum Mahl des Wortes gehen.

Das ist mir noch so intensiv in Erinnerung: zum Mahl des Wortes gehen. Als ob man von einem Wort satt werden könnte. Daraufhin ist Rudolf sehr souverän aufgestanden und hat gesagt, sein Vater sei ebenfalls ein überzeugter Protestant gewesen, und er hätte ihm des öfteren die Kommunion gespendet.

Das war nur der Anfang. Dann ist es weitergegangen. Eine junge Frau, sehr aktiv in der Gemeinde, sagte, sie sei geschieden und wieder verheiratet, sie fühle sich sehr wohl in der Gemeinde und gehe auch zu den Sakramenten. Darauf fing der Bischof ein Palaver an mit vielen Wenn und Aber. Die Frau vor mir saß da und hatte bereits zu weinen begonnen. Doch der Bischof redete stur und unbekümmert weiter.

Rudolf hat dann noch mal Anlauf genommen und gesagt, daß Kirche nicht nur Vater Kirche, sondern auch Mutter Kirche ist.

Daß die Kirche auch die Eigenschaften der Mutter haben muß. Der Bischof ist dagesessen mit seinem roten Kittel und seinen hunderttausend Knöpfli. Dann ist ein kleines Kind zu ihm gekommen, etwa zwei Jahre alt, ist so vor ihm gestanden und hat von unten nach oben diese Knöpflipracht bestaunt. Der Bischof hat dieses Kind nicht gesehen, mit keinem Blick. Und ich dachte mir, o Gott, wenn der das nicht sieht, kann er wirklich nur von seinen Gesetzen reden.
An diesem Nachmittag habe ich, bibbernd vor Wut, mir das alles von der Seele geschrieben.

Haben Sie diesen Brief noch?

»Sehr geehrter Herr Bischof!
Vor einiger Zeit war ich Gast in einer lebendigen, aktiven Gemeinde, die Sie mit Ihrer Visitation beehrt hatten.
In einer Aussprache richteten die Pfarrmitglieder Fragen an Sie. Ihre Antworten auf die brennenden Nöte dieser Menschen haben mich zutiefst erschüttert. Sie ziehen Grenzen dort, wo es nötig wäre, daß alle, die guten Willens sind, gemeinsam an einem Strick ziehen. Sie bewegen sich leichtfüßig auf den Pfaden des Gesetzes, wo wir doch lernen müßten, voll Vertrauen in die Weisheit Gottes, schöpferisch und liebevoll neue Wege zu ergründen.
Sie haben immer wieder davon gesprochen, wie defizitär unser Gewissen sei. Was verstehen Sie darunter, Herr Bischof? Heißt das, daß Sie uns Laien kein intaktes Gewissen zutrauen? Gibt es zwei Sorten von Gewissen: das amtlich anerkannte Kirchengewissen und das Gummigewissen des Normalsterblichen, das stets nach eigenem Gutdünken gedreht und gewendet wird? Müssen Menschen, wollen sie in der Kirche bestehen, a priori ihre eigene Mündigkeit und Entscheidungsfähigkeit am Kirchenportal abgeben?
Sie freilich, sehr geehrter Herr Bischof, Sie brauchen kein Gewissen. Sie sind gestützt auf das Gesetz, und was gibt es da noch zu entscheiden?
Sie haben immer noch nicht begriffen, daß der Mensch Leib und Geist in einem ist. Sie dividieren uns immer noch auseinander, wo wir doch endlich dabei sind, eine Ahnung vom ganzheitlichen Menschen zu bekommen.
Eine anachronistische Kirche kann für mich keine Kompetenz in

existentiellen Fragen haben. Auch nicht in dem, was die Haltung zum Zölibat angeht.
Damit habe ich schmerzlich ein Stück Hoffnung verloren und dadurch eine fruchtbare Enttäuschung dazugewonnen.

N.N.«

Ruth, bleibe da wach und laß mich da nicht so einfach los

Ruth, 40, ist Psychologin und Matthias, 48, Priester. Sie kennen sich seit neunzehn Jahren. Seit fünfzehn leben sie wie Mann und Frau in der gemeinsamen Wohnung.
Matthias ist Dozent an einer Universität im Norden der Bundesrepublik.

Als meine Mutter vierzehn war, da kam der Herr Pfarrer in die Schule und hat sich ein Mädchen für den Haushalt ausgesucht. So als zweite Hand der Pfarrhaushälterin. Er hat meine Mutter genommen, weil sie die beste und sorgfältigste Schülerin gewesen war. Er hat mit der Lehrerin gesprochen, er hat mit meiner Großmutter gesprochen, und sie hat dann in der Pfarrküche Haushalt gelernt.
Mit ihr hatte sich der Pfarrer wirklich die Perle herausgepickt, wirklich die ausgesucht, die ihm am kostbarsten erschien, um in seinem Haus sein zu dürfen.

Wann haben Sie Ihrer Mutter das erstemal von Ihrer Beziehung zu einem Priester erzählt?

Das muß so im Sommer 1972 gewesen sein, zwei Jahre nachdem unsere Beziehung begonnen hatte. Ich war so in Not, so geladen von diesem Erleben der letzten Monate, so belastet durch diese Heimlichtuerei, ich war so randvoll, daß es einfach aus mir herausgebrochen ist. Wir saßen beide da und haben einfach nur geheult. Ich glaube, meine Mutter war mir noch nie so nah gewesen wie in diesem Augenblick. In ihrer ganzen Hilflosigkeit und eben einmal nicht in ihrer Dominanz und Stärke. Sie hat's einfach ausgehalten mit mir. Und ein bißchen haben wir uns gegenseitig getröstet.
Die Reaktion meiner Mutter mir gegenüber hat mich damals sehr ermutigt, ein wenig offener mit dieser Beziehung umzugehen. Ohne daß wir viel darüber sprachen, machte sie mir durch ihr Verhalten deutlich, daß sie meine Entscheidung als die meine respektierte. Diese Beziehung ging ja sehr an ihre eigenen Grundüberzeugungen, und schließlich wollte sie ihre Tochter nicht unglücklich sehen.

Lag das vielleicht auch daran, daß Ihre Mutter sich in Ihrer Geschichte wiederfand? Sie sind ja auch »die Perle im Pfarrhaus«.

Das ist für mich so ein Aspekt, an den ich noch nie gedacht habe, aber es kann tatsächlich sein. Ihr Engagement für die Tochter ging später so weit, daß sie bei den Frauen der Gemeinde zu einer Verfechterin der Zölibatsauflösung wurde. Sie wurde richtig kämpferisch.
Heute merke ich bei meiner Mutter manchmal eine tiefe Bitterkeit

darüber, daß sie im Grunde überhaupt keine Chance hatte, für sich zu suchen, weil *sie* ausgesucht wude. Und da sind bei ihr wirklich unglaubliche Fähigkeiten verlorengegangen. Sie ist eine kreative Frau, eine Frau, die mit uns auch in Bewegung geblieben ist. Aber sie hat so viel verschenkt, so viel ist bei ihr einfach durch den Kamin gegangen.

Wurden Sie ausgesucht, oder haben Sie ausgesucht?

Ich habe oft darüber nachgedacht, welche Rolle diese auf Rollen festgelegten Männer für mich spielen. Das bringt schon mein Beruf als Psychologin mit sich, daß ich mich oft mit solchen Zusammenhängen befassen muß. Und es wird für mich heute immer deutlicher, daß ich unbewußt sehr »aktiv« an dieser Auswahl mitgewirkt habe durch meine Vorgeschichte, daß ich mir diesen Mann in einem solchen Sinne »ausgesucht« habe.
Deshalb hätte ich auch ein ganz ungutes Gefühl dabei, mich hier als arme Frau, als Opfer dieser Umstände darzustellen. Diese Beziehung mit Matthias hat gewaltig mit mir zu tun.

Hat Ihre Vorgeschichte auch etwas mit Angst vor Nähe zu tun?

Wenn ich jetzt so meine früheren Beziehungen zu Männern betrachte, sehe ich, daß ich ganz viel Angst vor Nähe gehabt haben muß, ganz viel Angst vor Vereinnahmung, vor dem Autonomieverlust. Ich habe mich oft verliebt, und das war immer nach kurzer Zeit vorbei. Weil ich diejenige war, die bestimmte, wann's vorbei zu sein hatte.

War das auch eine Angst vor Bindung?

Vor Bindung, ja. Das ist sicher etwas, was ich von meiner Mutter mitbekommen habe. Wenn ich so zurückblicke, wurde es immer bei ihr an der Stelle gefährlich, wenn ich Ich sein wollte, wenn ich auch mein Erleben zulassen wollte, wenn ich autonom sein wollte. Sie war eine dominante Mutter, eine ganz liebe, aber eine, die stets genau wußte, wo's lang geht. Vor deren Zugriff ich mich immer hüten mußte. Gleichzeitig konnte sie selbst von ihrem Erleben ganz wenig zulassen. Sie hat ganz viel Schutz um sich herum aufgebaut, weil es sonst Dammbrüche gibt. Ich glaube, sie durfte

auch so vieles aus ihrer eigenen Entwicklung gar nicht angucken. Sie hat ganz früh ihre Eltern verloren und mußte wirklich immer ihre Frau stehen. Sie konnte es sich gar nicht leisten, irgendwo ein Ventil aufzumachen, das wäre ganz gefährlich gewesen. Sie wäre verloren gewesen, weil sie niemanden hatte, der ihre Gefühle verstanden hätte. Meine Vorsichtigkeit und Ängstlichkeit, mich auf Beziehungen und Bindungen wirklich tief einzulassen, ist sicher von daher beeinflußt.
Daß ich meine Angst vor der Nähe in Beziehungen bei Matthias zulassen konnte, darin steckt so etwas wie Erlösung. Entbindung von Schuld. Ich habe mein Tabu-Päckchen von zu Hause mitgebracht und bei ihm abgeladen. Und er hat seine Tabus als Priester, die jedermann weiß. Und ein Tabu hat das andere getroffen, und wie zwei gleiche Vorzeichen haben sie sich gegenseitig aufgelöst. Das ist natürlich nicht überprüfbar, aber ich bin heute fest davon überzeugt, daß ich diesen Mann getroffen habe, weil das der Weg war, der sich anbot; weil das der Weg war, der es mir ermöglichte, die Dinge aus meiner Geschichte zu verarbeiten, die ich vielleicht anders nicht hätte verarbeiten können.

Vielleicht mußten Sie den Ernst der Lage durch eine Beziehung zu einem amtierenden Priester erst richtig deutlich machen, damit Sie von Ihrer Mutter auch wirklich ernstgenommen wurden.

Sie meinen, so eine Signal-Situation. Das kann sein. Darüber hab ich mir noch keine Gedanken gemacht. Aber mir gegenüber, mir selbst gegenüber, ist das sicher so. Ich hab mir so eine Herausforderung »gesucht«. Es war etwas ungeheuer Wichtiges für mich, dieses Gefühl, es darf meine Entscheidung sein, was mit dieser Beziehung wird.
Meine Mutter hat mich zum erstenmal wirklich gelassen, und das war ein Beitrag dazu, daß ich wirklich ein Stückchen erwachsener wurde. Daß ich mich an dieser Stelle innerlich abgenabelt habe. Das war jetzt wirklich meins. Ich spürte, ich habe niemals im Leben so eine einsame Entscheidung treffen müssen wie für diesen Mann.

Weiß Ihr Vater von Ihrer Beziehung zu diesem Mann?

Nein. Meine Mutter hat es ihm auch nicht erzählt. Ich könnte auch nie mit ihm darüber reden. Weil unser Vater eine Seele von Mensch ist, aber nie derjenige war, der für uns Anlaufstelle war. Ansprechpartner für persönliche Dinge. Und das tut mir heute noch leid. Aber er weiß das.

Fällt es Ihnen schwer, mit mir über so persönliche Dinge zu sprechen?

Ich bin Ihnen dankbar dafür, daß Sie sich so als Vorreiterin machen für mein Problem und das vieler betroffener Frauen. Ich bin auch dankbar dafür, daß unser Gespräch gerade zu diesem Zeitpunkt stattfindet. Das paßt gut in meine eigene Auseinandersetzung im Moment.
Dieses Buch war wie ein Signal in einer Entwicklung, die bei mir im Gange ist, und dadurch auch bei Matthias. Eine Entwicklung, die darauf hinausläuft, daß ich endlich den Mut habe, offen mit der Beziehung umzugehen. Zumindest offener und ehrlicher mir selbst gegenüber und gegenüber Matthias.
Seitdem wir uns bewußt für den sogenannten dritten Weg entschieden haben, ist mir klar, daß ich den nur gehen kann, wenn ich mir gegenüber, Matthias gegenüber und allen anderen gegenüber ehrlich bin. Das heißt, dieses Risiko eingehe, daß sich Menschen an uns reiben, auch daß sich die Kirchenbehörde an uns reibt, selbst mit der Möglichkeit, daß uns eines Tages eine Entscheidung aufgezwungen wird.
Es ist ein Weg, den wir bewußt gewählt haben unter den gegebenen Umständen. Kein feiger Weg und auch kein verschämter Weg. Häufig wird man ja als Drückeberger hingestellt in dieser Situation: entweder heiraten oder Zölibat halten. Was dazwischen ist, ist unanständig. Aber niemand scheint es zu interessieren, warum wir uns durch diese dritte Möglichkeit winden und quälen. Niemandem kommt offenbar die Idee zu fragen, warum wir *nicht* geheiratet haben. Es scheint so abseits zu liegen, daß es jemanden geben könnte, der – »trotz Frau« – Freude an seinem Beruf als Priester und an der Sache Gottes hat. Und daß es da eine Frau gibt, die das bejaht, weil ihr ebenfalls viel an dieser Sache liegt.
Ich glaube, wir haben durch unsere gemeinsamen Erfahrungen sehr viel voneinander für unseren jeweiligen beruflichen Alltag, die Begegnung mit Menschen und deren Fragen gelernt. Ich finde es schade, daß dieser Aspekt in der Diskussion um den Zölibat

eher verlorengeht: daß eine solche Beziehung zwischen zwei Menschen auch im Sinne des Evangeliums heilsame Auswirkungen haben kann.
Matthias hat keine eigene Pfarrstelle mehr. In seiner freien Zeit hilft er aus in einer Pfarrei. Seine Hauptarbeit ist die Lehrtätigkeit hier, in Osnabrück, an der Uni.
Wir haben uns vor 19 Jahren kennengelernt. Ich war damals zwanzig und hatte mein erstes Psychologie-Semester in Münster belegt. Er war neunundzwanzig und Kaplan in der Umgebung.
Vier Jahre dauerte es, bis aus unserer Freundschaft eine Liebesbeziehung wurde, sechs weitere Jahre, bis wir hier einzogen in dieses gemeinsame Haus.
Das ist unsere dritte Möglichkeit. Hier leben wir den dritten Weg. Seit 15 Jahren.

Hat sich die Kirchenbehörde jemals an Ihnen beiden gerieben?

An mir vor allem. Es gab eine Zeit, vor fünf Jahren, da habe ich mit dem Gedanken gespielt, eine Stelle als Psychologin im kirchlichen Dienst anzunehmen. Ich habe mich beworben und bin dann auch bei der Behörde vorstellig geworden. Da wurde mir deutlichgemacht, daß ich die Stelle nicht kriegen könne aufgrund dieser Beziehung zu Matthias. Das hat mich wirklich bis ins Mark getroffen, das hat mich sehr erschüttert damals. Es war die maßlose Kränkung, daß ich mich als Person wirklich reduziert fühlte auf diese Beziehung zu ihm. Und nicht mal das. Reduziert auf »Zölibatesse« oder irgend so eine Verdächtige, auf meine Anwesenheit in seiner Personalakte.
Ich hätte einen Handstand machen können, Herr Rogers oder Herr Freud persönlich sein können – das wäre überhaupt nicht wichtig gewesen. Ob ich den Job gut mache, wie ich mit den Leuten umgehe, jedwede Frage nach meiner Person, nach meinen Überzeugungen fiel völlig unter den Tisch.
Und das ist eben das, was mich in unserer gemeinsamen Geschichte immer gekränkt hat: Du wirst definiert, wieder einmal mehr, in bezug auf eine Vorschrift. Und das ist auch der Grund, warum ich es so wichtig finde, daß eine breitere Öffentlichkeit Einblick in meine persönliche Betroffenheit bekommt. Daß dieses Problem Zölibat endlich einmal nicht so akademisch verhandelt wird, wie es immer verhandelt worden ist. Vielleicht kann dieses Buch auch

Anstoß dafür sein, daß sich die kirchliche Öffentlichkeit wirklich einmal *ehrlich* mit diesem Problem auseinandersetzt, ich meine ehrlich mit der menschlichen Frage, die da drinnen steckt. Diese ehrliche Konfrontation mit dem Zölibat habe ich in der Amtskirche immer vermißt.
Bei den Kirchenoberen spüre ich da so viel Angst vor der Aufgabe ihres Absolutheitsanspruchs, so viel kleingläubiges und kleinkariertes Festhalten am Eingefahrenen. So viel Angst, daß irgend etwas kaputtgehen könnte, wenn man daran rüttelt. Und damit auch so viel Angst und so viel Mißtrauen diesem liebenden Gott gegenüber. Ich bin enttäuscht als Frau und Katholikin, wenn ich sehe, wie die offizielle Kirche mit diesem Problem umgeht.

*Wie erlebst du als Frau eigentlich den Zölibat?**

Mein Umgang mit dem Zölibat und seine Folgen waren für mich etwas Prozeßhaftes, wenn man es so sehen will. Ganz viel mit Schmerzhaftem verbunden, aber auch ganz viel mit Befreiung. Befreiend, weil ich durch diese Situation immer wieder herausgefordert war, neue Entscheidungen zu treffen. Immer wieder Klarheit zu finden für mich, meine Beziehung zu Matthias, meine Beziehung zu dieser Kirche, meine Beziehung zu Gott. Und das hat meinem Leben eine Richtung gegeben.
Am Anfang war noch meine eigene Verkapselung, die auf Erlösung durch den Partner wartete. Am Anfang habe ich mich nur dieser Öffentlichkeit ausgeliefert gefühlt; bin regelrecht über die Zäune gegangen, bei Nacht und Nebel, um zu ihm zu kommen; fühlte mich immer dieser Bedrohung von außen ausgesetzt.
Am Anfang habe ich unsere Beziehung auch stark idealisiert, um dieses vehemente Erleben überhaupt ertragen zu können: Liebe ist, wenn man an den anderen keine Erwartungen hat. Ich wollte ihn nicht verlieren, weil er auch meine eigene Sicherheit bedeutete. Ich hatte ihn sehr gern und habe ihn immer noch sehr gern, aber ein bißchen habe ich inzwischen für meine eigene Sicherheit getan.
Am Anfang habe ich auch dieses Leiden ein bißchen masochistisch ausgekostet, wie dies uns Frauen ohnehin anhaftet. Dieses Vielertragen-wollen, Leiden-können, Anpassen-sollen, Dinge, die zu

* An dieser Stelle unseres Gesprächs wechselten wir unvermittelt ins Du.

unserer weiblichen Sozialisation gehören und die ich auch beherrschte. Meine Mutter ist ja eine typische Frau im Sinne dieser Rollenbeschreibung. Und ich war eine vorbildliche Tochter, was die Übernahme dieser Konzepte betraf. Daraus nahm ich auch die Sicherheiten für meinen Lebensentwurf. Ich hatte sechs Geschwister, und es war mir klar, daß ich mehrere Kinder haben würde. Ich habe immer schon gerne gekocht, handwerkliche, schöne Dinge geliebt, auch Schöngeistiges, und es stand für mich fest, daß ich eines Tages Familie haben würde. In diesem Bereich habe ich immer die stärkste Fremdbestimmung durch den Zölibat und im Zusammenhang damit die stärksten Aggressionen verspürt. Den Verlust meiner weiblichen Möglichkeiten und Empfindungen als Konsequenz aus der Tatsache, daß ich einen Menschen liebe und treu zu ihm halten will, werde ich nie bejahen können und ihn immer als unmenschlichste und unchristlichste Konsequenz dieses Gesetzes empfinden.

Am Anfang, wenn ich die Babies von meinen Freundinnen sah, hat mir das unglaublich weh getan. Ich dachte, du kannst sie niemals haben, du wirst sie niemals haben.

Am Anfang war dieses Verlust-Gefühl noch sehr stark in mir: Ich habe alles verloren, ich habe den ganzen Traum von meinem Leben verloren. Ich wollte einfach eine normale Frau sein, so eine stinknormale.

In der Anfangszeit war ich bereit, ganz viel von mir zu lassen.

Ich erinnere mich an einen ganz bestimmten Abend. Matthias erwartete Gäste. Es war Samstagabend. Und als die Leute um halb acht klingelten, bin ich auf Socken die Treppe hoch und hab in seinem Schlafzimmer auf der Bettkante gesessen. Das Schlafzimmer war ein spartanischer Raum, da hat er wirklich nur geschlafen, es ist auch nicht seine Art, mit Büchern einzuschlafen. Es gab nichts zu lesen, ich habe auch gar nicht daran gedacht, mir irgend etwas mitzunehmen. Ich hab mich nur unsichtbar gemacht, das war die ganze Aufgabe, die ich meinte erfüllen zu müssen. Und ich habe da oben gesessen und habe gewartet, abgewartet und geweint, bis die Leute weg waren. Ich hörte die da unten lachen und erzählen. Ich kannte die Leute. Sie sind dann um ein Uhr gegangen.

Diese Situationen waren so selbstverständlich wie traumatisch für mich. Ich habe sie dann immer »Ölberg-Situationen« genannt. Damit war (und ist) die Frage verbunden, die mich in einem ganzen Lebensabschnitt beherrschte: Warum gerade ich?

In dieser Zeit merkte ich, daß sich etwas aufbäumte in mir. Ich habe begonnen, Feindbilder zu entwickeln, eine regelrechte Festungsmentalität. Ich hätte Bomben legen können. Ich war voller Aggressionen, die kein Ventil fanden, außer meinen eigenen Organismus, der krank wurde. Und je mehr schwierige Situationen wir zu bewältigen hatten, desto mehr war das vertrauensbildend. Wir hingen zusammen wie die Kletten. Es war eine Bereitschaft da, alles bis zum Äußersten, aber bis zum Alleräußersten zu geben, damit der Außendruck abgehalten werden konnte. Darin hab ich so viel Kraft gelassen, daß ich gar nicht sehen konnte, wer ich eigentlich bei dem Ganzen war.
Wichtig war mir nur die Frage, als wen mich die anderen sehen. Bin ich Köchin, bin ich Putzfrau, bin ich Haushälterin, Partnerin oder irgendeine verliebte Studentin?

War das ausschlaggebend für dich, daß du doch zu einer neuen Identität gefunden hast?

Sicherlich war diese Identitätsfindung und Identitätsveränderung sehr eng mit meiner beruflichen Tätigkeit verbunden. Allein schon von der Therapie-Ausbildung her hatte ich die Möglichkeit, wirklich in Bewegung zu bleiben. War gezwungen, nicht stehenzubleiben, sondern weiterzugehen. Mit den Jahren merkte ich auch, wie gewinnbringend es für mich ist, in Bewegung zu bleiben. Denn ich fühlte, ich kriege einfach mehr Sicherheit, ich verlasse mich wieder auf mich selbst. Ich muß mich nicht nur über Matthias definieren. Ich-mich-über-ihn-definieren, das war zu meiner Begrifflichkeit geworden. Heute bin ich Ruth. Und ich habe ganz bestimmte Fähigkeiten, die nur mich ausmachen.
Ich habe auch entdeckt: Mutter zu sein, das ist nur ein Teil von dir. Der Uterus gibt dir das Glück, als Frau auch Mutter zu werden. Ich habe es nicht. Ich habe was anderes. Ich bin doch noch so viel mehr als nur diese eine Möglichkeit.
Als mir vor sieben Jahren klar wurde, das wird nie sein, daß Matthias seinen Beruf aufgibt, als meine Hoffnung gestorben war, daß Matthias und ich je heiraten werden, stellte ich mich auf ein Leben als »berufstätige Frau« ein.
Dieser Prozeß ist mir sehr schwer gefallen, und er dauert an. Ich habe ungeheuer damit kämpfen müssen, um dieses Gesetzes willen meine Mutterschaft aufgeben zu sollen.

Vor drei Jahren habe ich mich selbständig gemacht mit einer eigenen Praxis. Diese Entscheidung war ein Meilenstein in meiner Entwicklung. Ich spüre jetzt deutlich, daß ich nicht nur verloren, sondern viel für mich gewonnen habe durch Standhalten und das Hindurchgehen durch manche Angst, durch unsere gegenseitige Hilfe im Aushalten und Durcharbeiten schwieriger Phasen, die jeder von uns hatte und immer wieder hat.

Heißt das, du wirst den »dritten Weg« ein Leben lang mit ihm gehen?

Das ist die Frage, die wirklich alles umfaßt, was mich im Moment bewegt. Wir haben uns unser Ja-Wort gegeben, und insofern ist das, was wir zu leben versuchen, für uns eine Ehe. Und insofern wollen wir uns unbedingt treu sein. Das finde ich auch heute noch richtig und wahr und gut. Was ich aber in mir immer stärker wahrnehme, ist dieses ganz, ganz vitale Bedürfnis nach jemandem, der sich zu mir bekennt. Ich möchte zu jemandem gehören und mich ihm zugehörig fühlen dürfen, dadurch, daß er vor anderen sagt: Wir zwei gehören zusammen.
Das ist so etwas, was ich immer vermieden habe deutlich zu machen vor Matthias. Davor habe ich immer eine ungeheure Angst gehabt, um ihn da nicht zu sehr einzuengen und ihm das Gefühl zu geben, ich häng mich an oder ich dräng mich auf. Beide haben wir oft die Angst gehabt und haben sie noch, jeder könnte dem anderen Lebenswichtiges nehmen. Es haftet einer Beziehung unter diesen Gegebenheiten an, daß sich immer einer am anderen schuldig geworden fühlt, da er zu seinem Leiden, seiner Identitätskrise, der Aufgabe seines Berufes oder des Lebensentwurfes beiträgt oder sich als Verursacher fühlt.
Fünfzehn Jahre hat es gedauert, bis es zum ersten Mal über meine Lippen kam: Eigentlich möchte ich dich gerne heiraten. Das ist noch gar nicht so lange her.
Was ich damit sagen will ist: daß du zu mir stehst. Ich möchte nicht die Alternative sein zu »Idealen«, zu einer »Sache«, zu einer »Berufung«. Kann das alles eine Alternative zu mir darstellen?
Mag sein, daß da ein Funken Größenwahn drin steckt. Da bin ich mir auch immer noch nicht ganz klar, ob dieses Grundgefühl meinem Anspruch auf Ihn-haben-wollen, Ihn-besitzen-wollen, der Kränkung meiner Person entspringt, oder, ob es einfach mein

elementares Bedürfnis nach Menschlichkeit, Angenommenwerden und Normalität ist.
Vielleicht ist es aber auch nur der Wunsch nach ausgleichender Gerechtigkeit: Ich hab dir jetzt gezeigt, wieviel ich bereit war einzusetzen, jetzt bist endlich mal du dran.
Im Moment spüre ich, daß ich nicht möchte, daß Matthias auf meine Kosten lebt. Das würde ich als etwas ganz Unwürdiges, ganz Schäbiges erleben und auch nicht der Beziehung entsprechend, die wir haben. Ich möchte nicht auf seine Kosten leben und möchte nicht, daß er auf meine lebt. Das ist mein Wunsch an unsere Beziehung augenblicklich, daß wir zu immer größerer Ehrlichkeit kommen in diesem Punkt.
Die Entscheidung für den dritten Weg haben Matthias und ich in der gemeinsamen Überzeugung getroffen, daß sein priesterliches Amt und die damit verbundenen Aufgaben für die Menschen, mit denen er zu tun hatte, wesentlicher waren als unsere Verheiratung. Das ist bis heute die Grundlage dafür, daß ich sein berufliches Wirken aufmerksam und kritisch beobachte. Wenn ich meine Identität in Frage stelle an ihm und dem, was er tut, dann für etwas, was größer sein muß als das, was ich aufgegeben habe. Es muß vor mir selbst dadurch bestehen können, daß ich es als etwas Größeres anerkennen kann.
An dieser Stelle habe ich mir viel Wachheit bewahrt. Das hat auch damit zu tun, daß ich nicht eine Frau sein möchte, wie es viele vor mir gab, opferbereit und gutgläubig. So eine Gummiwand, mit der alles gemacht werden kann.
Früher hat Matthias oft davon gesprochen, er müsse noch mehr Priester werden, das Wesentliche darin suchen, sich in dieses Eigentliche immer mehr vertiefen, damit unsere Entscheidung von daher immer wieder ihren Sinn bekommt. Das nehme ich ihm wirklich ab. Ich glaube ihm, daß er verliebt ist in diesen Gott und in seinen Beruf. Und die Leute, die mit ihm zusammenarbeiten, spüren das ebenfalls.
Ich habe seinen Priesterberuf immer als zu ihm gehörend und als sinnvoll erlebt, und meine Zugehörigkeit zu Matthias nie als etwas Widersprüchliches dazu wahrgenommen. Im Gegenteil.
Es packt mich der Zorn, wenn ich mir klarmache, daß dieses irrwitzige Gesetz uns darauf verpflichtet, mit einem Widerspruch zu leben, den es eigentlich nicht gibt. Und ich fühle mich ausgeliefert und unendlich hilflos dabei, daß wir zwei auf unserem schma-

len individuellen Rücken eine Last schleppen, die nicht nur wir uns aufgeladen haben. Es liegt zusätzlich die Last der ganzen Kirche darauf, die die Auseinandersetzung mit diesem Widerspruch, der keiner sein muß, scheut und sie deshalb unzähligen individuellen Rücken aufbürdet.

Wie sollte ich es mir denn wünschen, daß der Mann, den ich liebe, um meinetwillen seinen Beruf verläßt, der ihn erfüllt und in dem er Gutes leistet? Wie sollte er es denn wollen, daß die Frau, die er liebt, sich verstecken muß mit allem, was ihr Frau-sein ausmacht? Dennoch ist es die kraftverzehrende Arbeit, die wir zwei sehr einsam miteinander leisten müssen: Weil Matthias Priester sein möchte, fühlte und fühle ich mich in vielen Phasen meines Lebens zu kurz gekommen, er fühlt sich schuldig an mir. Komme ich mehr zu meinem Recht als Frau und Partnerin, stellt das seine Identität und Aufgabe in Frage, ich fühle mich schuldig an ihm.

Der durch den Zölibat zwanghaft aufrechterhaltene Widerspruch, der im Sinne des Evangeliums keiner ist, verhindert, daß wir gleichzeitig uns gegenseitig ernstnehmen und lieben können, und auf der anderen Seite die Menschen, mit denen wir uns in der Arbeit verbunden fühlen.

Manchmal weiß ich nicht, wie wir das aushalten. Wie wir die Kraft aufbringen,uns selbst dabei nicht zu verlieren, dem Partner gerecht zu werden und unsere schwierigen Aufgaben im Beruf zu erfüllen.

Es ist ein ständiger Balanceakt.

Durch die augenblickliche Entwicklung spüre ich deutlicher als früher, daß ich mich nicht verlieren möchte, mich nicht weiter verraten möchte mit allem, was mir wichtig ist. Darum sagte ich: Ich möchte nicht, daß Matthias auf meine Kosten lebt, unbehelligt von der Auseinandersetzung mit seinen eigenen Verlustängsten, oder mit der Frage, ob ihm das Amt wirklich so wichtig ist, daß es ihn in seinem Beruf hält. Das ist für Matthias eine Herausforderung. Ich bin sehr froh, daß er sie annimmt und wir uns wahrhaftig begegnen können.

Bei jenem Gespräch, als ich Matthias sagte, daß ich ihn eigentlich gerne heiraten möchte, habe ich gespürt, daß er trotz aller Angst bereit war, sich dieser Herausforderung zu stellen. Durch unser Gespräch machte er mir deutlich, daß ich ihn durch mangelnde Klarheit meiner Wünsche und durch meine Zurückhaltung eigener Forderungen immer nur gelassen habe. Das ist die Kehrseite der

Medaille bedingungsloser Annahme: daß ich ihm auf diese Weise nicht dazu verholfen habe, die Konfrontation mit sich selbst zu suchen und die Entscheidungen seines Lebens klarer zu sehen.
Ich war überrascht und froh, als er sagte: Du, Ruth, laß da nicht so einfach locker, bleib wach. So, als ob er sagen wollte: Ich brauche deine Herausforderung, damit ich meinen Weg besser sehen kann.

Vielleicht hat dein jahrelanges Ihn-sein-lassen überhaupt dieses Gespräch möglich gemacht? Für dich, für ihn gearbeitet?

Ja, ich denke, daß wir die fünfzehn Jahre brauchten, um an diesen Punkt zu kommen. An den Punkt der größeren Ehrlichkeit voreinander. Ich glaube, es wäre mir eine ganz, ganz große Hilfe für die Zukunft, zu erkennen, das wird langsam wirklich zu unserem gemeinsamen Problem. Nicht mehr fühlen zu müssen, ich bin der Störenfried im Zölibat, der Eindringling in eine zementierte Rolle.
Warum ich als Frau zunächst meine Wünsche aufgegeben habe, er seinen Beruf behielt, das liegt auf der Hand. Es hat auch etwas mit der Sozialisation von Frauen allgemein zu tun. Nur noch einmal zusätzlich »bereichert« durch diesen Aspekt der Bindung an das katholische Milieu und die Normierungen, die sich daraus entwickeln.
Die Tatsache, daß in diesen »unheiligen« Ehen einmal mehr die Frau den kürzeren zieht, tut mir zunehmend mehr weh. Sie haben – ich habe meine Vorstellungen vom Leben wirklich häufig diesem unsinnigen Gesetz geopfert. Ich habe ein Lebensopfer einer toten Sache gebracht.
Wir Frauen haben – ich habe dafür Sorge zu tragen, daß dieses Gesetz, zumindest nach außen, seine Legitimation hat. Ich habe daran gearbeitet. Ich habe daran getragen. Ich habe die Konsequenzen dafür übernommen.
Aus diesem Blickwinkel muß ich sagen: *Ich* halte den Zölibat.

Und warum hältst du ihn trotzdem, den Zölibat?

Ganz einfach, weil ich Matthias liebe. Ich habe ja zu ihm gesagt und will es aushalten mit ihm. Das ist so einfach und doch so bedrohlich, weil man sich in diesem Miteinander-aushalten so

unheimlich nahe kommt. Und das macht leiden, wenn ich mich auf jemanden so unbedingt einlasse.
Daraus will ich nicht mehr weglaufen, und darum ist es manchmal so schwer.
Das hat mir auch so manches vom Leiden Jesu neu erschlossen. Ganz viele Wahrheiten von Ihm habe ich in meinem Leben mit Matthias entdeckt. Jesus hat ja auch nichts anderes gemacht, als daß er es mit den Leuten ausgehalten hat. Sich eingelassen hat mit ihnen. Und er hat gespürt, daß er mitleiden muß bis zum Geht-nicht-mehr-am Kreuz.
Und davor habe ich auch Angst.
Sofern Glaube überhaupt eine Überlebensstrategie sein kann, ist er das für mich. Wenn ich die Existenz dieses liebenden Gottes voraussetze, sage ich mir, ich bin an Matthias geraten, weil Er es so wollte. Ich habe ihn mir nicht ausgesucht. Ich hatte mir wirklich damals ein anderes Leben vorgestellt.
Vielleicht bin ich dazu berufen. Vielleicht ist das mein Weg.